Sertão Cosmopolita
Tensões da modernidade de Corumbá
(1872 – 1918)

Programa de Pós-graduação em História Social
Universidade de São Paulo
Faculdade de Filosofia, Letras e Ciências Humanas
Departamento de História

Universidade de São Paulo
Reitora: Suely Vilela
Faculdade de Filosofia, Letras e Ciências Humanas
Diretor: Gabriel Cohn
Vice-Diretor: Sandra Margarida Nitrini
Departamento de História
Chefe: Modesto Florenzano
Vice-Chefe: Maria Lígia Coelho Prado
Programa de Pós-Graduação em História Social
Coordenador: Horácio Gutiérrez
Vice-Coordenador: Marina de Mello e Souza

João Carlos de Souza

Sertão Cosmopolita
Tensões da modernidade de Corumbá
(1872 – 1918)

Copyright © 2008 João Carlos de Souza

Edição: Joana Monteleone
Assistente editorial: Marília Chaves
Projeto gráfico e diagramação: Pedro Henrique de Oliveira
Assistente de produção: Christopher Franquelin
Revisão: Gabriela Ghetti de Freitas
Capa: Pedro Henrique de Oliveira

S715s

Souza, João Carlos de
   Sertão cosmopolita : tensões da modernidade de Corumbá (1872-1918) / João Carlos de Souza. - São Paulo : Alameda, 2008.
   330p. : il., mapas - (História social. Teses)

   Inclui bibliografia
   ISBN 978-85-98325-75-0

   1. Corumbá (MS) - História. 2. Comunidade urbana - Desenvolvimento - Corumbá (MS) - História. 3. Corumbá (MS) - Usos e costumes. I. Título. II. Título: Tensões da modernidade de Corumbá (1872-1918). III. Série.

08-2639.   CDD: 981.712
                        CDU: 94(817.12)

27.06.08   01.07.08   007393

Todos os direitos dessa edição reservados à
ALAMEDA CASA EDITORIAL
Rua Iperoig, 351 - Perdizes
CEP 05016-000 - São Paulo - SP
Tel. (11) 3862-0850
www.alamedaeditorial.com.br

Sumário

Lista de Abreviaturas 7
Lista de figuras, quadros e mapas 7
Apresentação 9
Prefácio 11
Introdução 15

Parte I Discursos 29
1. O progresso contra a natureza: vapor, fios e trilhos
2. Imprensa, representações e poder: elites em confronto 57

Parte II Espaços 93
3. A profilaxia da humanidade: higienização dos espaços e dos corpos
4. A cidade e seus espaços: tensões do viver urbano 125
5. O porto, o cais e os comerciantes: projetos e realizações 165

Parte III Sobrevivências 193
6. Alternativas de trabalho e sobrevivência
7. Festas e lazer no espaço urbano: modernização e conflitos 235

Considerações finais 275

Notas 283

Fontes e Bibliografia 307

Agradecimentos 323

Para Tereza,
amor de muitos anos,
de encantos.

Ao Leonardo,
pela força e esperança
que se renovam.

À Raquel,
guerreira,
brilho e luz.

Para meus pais,
Octávio e Gema
com quem aprendi a lutar pela vida.

Aos meus irmãos, Leonélio, Regina, Elizete e Marisete,
com quem compartilho a vida.

Lista de Abreviaturas

ACM : Arquivo da Câmara Municipal de Corumbá – MS.
AN : Arquivo Nacional.
APMT : Arquivo Público do Estado de Mato Grosso. Cuiaba – MT.
BEIP: Biblioteca Estadual Isaias Paim – Campo Grande – MS.
BN: Biblioteca Nacional
NDIHIR: Núcleo de Documentação e Informação Histórica Regional Universidade Federal de Mato Grosso- Cuiabá – MT.
NOB: Estrada de Ferro Noroeste do Brasil

Listas de figuras, quadros e mapas

FIGURAS

Figura 1 – Corumbá, A caixa d'água 157
Figura 2 – Apanhando água no rio Paraguai 158
Figura 3 – A distribuição de água pelas casas 158
Figura 4 – Casas para trabalhadores 159
Figura 5 – Rancheria pitoresca 159
Figura 6 – Corumbá pitoresco 159
Figura 7 – Porto de Corumbá Vista parcial 191
Figura 8 – Leopoldino "Bucho gordo" 233

MAPAS

Mapa 1 – Bacia do Alto Paraguai — 160
Mapa 2 – Planta da cidade de Corumbá (1875) — 161
Mapa 3 – Planta de Corumbá (1889) — 162
Mapa 4 – Planta de Corumbá (1914) — 163

QUADROS

Quadro 1 – Periódicos de Corumbá (1877-1918) — 90, 91, 92
Quadro 2 – Epidemias, Corumbá (1867-1920) — 124
Quadro 3 – População Urbana de Corumbá (1861-1920) — 142
Quadro 4 – Atividades Econômicas – Corumbá (1873–1911) — 232

Apresentação

A *Série Teses* tenciona colocar à disposição do leitor estudos significativos realizados no âmbito do Programa de Pós-Graduação em História Social da Universidade de São Paulo, resultantes da conclusão de trabalhos de mestrado e doutorado. Desde 1997, com o apoio da CAPES, numerosos textos já foram publicados.

Promover a divulgação de uma tese ou dissertação é sempre motivo de alegria e uma iniciativa importante em vários sentidos. Por um lado, é um registro da pluralidade de temas e enfoques que o Programa e seu corpo docente desenvolvem, bem como uma amostra da maturidade analítica alcançada por seus alunos. Mas, principalmente, a publicação representa para seus autores o coroamento de um longo percurso de leituras, pesquisa e escrita, e a possibilidade de colocar, em alguns casos pela primeira vez, os resultados de seu trabalho à disposição de um público amplo.

O livro ora apresentado revela um novo historiador com pleno domínio do seu ofício e permite que as suas reflexões sejam incorporadas aos debates em curso. Essa é também uma das funções da *Série Teses*, que tem como objetivo básico a difusão do conhecimento produzido na área da História.

Horacio Gutiérrez, Coordenador
Marina de Mello e Souza, Vice-Coordenadora

Prefácio

Muitos estudos históricos sobre o imaginário da Modernidade têm-se concentrado em metrópoles, explorando nuances de aceleração da experiência do tempo (transportes, comunicações, circulação de informações), do nascimento e do fascínio pelas novas técnicas (fotografia, telégrafo, vapor, eletricidade, rádio), das novas disciplinas do cotidiano (trabalho, saúde, moradia), da crescente impessoalidade nas relações sociais. O avesso desse imaginário seria o mundo de Tradições, dotado de um tempo muito mais lento e de técnicas reatualizadas por diferentes gerações, em sociabilidades comunitárias. Como conseqüência desses procedimentos, moderno e tradicional parecem associados a lugares e agentes fixos, reciprocamente excludentes, às vezes linearmente seqüenciais.

João Carlos de Souza, neste livro sobre Corumbá, explora, com sensibilidade e rigor, as misturas entre esses mundos supostos alheios um ao outro. O anúncio do novo se instala numa sociedade que mantém fortes tradições, presentes em diferentes suportes da Memória, mesmo muito tempo depois que seus sujeitos morreram. Ao mesmo tempo, aqueles grandes conceitos gerais (Modernidade, Tradição) merecem problematizações, a partir de suas existências nos fazeres históricos explorados. Afinal, o que são mesmo isso, a Modernidade, e aquilo, a Tradição? Alguma delas existe em estado puro, homogêneo, sem classes sociais, gêneros, grupos de idade? A experiência histórica não é marcada, antes, por mesclas, disputas, interpenetrações? Cosmopolitismo remete apenas a Nova Iorque, EUA, ou também precisa incluir Assunção, Paraguai? As tradições interessam apenas aos grupos dominantes ou podem incluir ainda lutas e saberes populares?

Saindo das metrópoles comerciais e industriais para uma cidade no "distante" (em relação aos centros hegemônicos da época) oeste brasileiro, o leitor pode refletir, de forma alternativa, sobre o que é ser moderno e/ou tradicional, e não apenas em função das peculiaridades locais do caso estudado: tópicos paralelos àqueles explorados pelo pesquisador (festas, religiosidade, alimentação, abastecimento), em Corumbá, podem muito bem ser localizados em ruas de Rio de Janeiro, Paris, Buenos Aires ou Londres... Assim como em cidades interioranas do Equador, de Portugal ou do Egito.

Nesse sentido, o estudo jamais confunde local com localista nem regional com regionalista. As elites de Corumbá, apresentadas no plural, englobam tanto os proprietários de terras e de empresas comerciais oriundos de famílias locais como militares e civis provenientes do Distrito Federal, de outras localidades brasileiras e até do exterior. O poder público é um espaço em que essa multiplicidade de origem das elites se verifica mais claramente, mas o universo das empresas privadas não permanece alheio a essa pluralidade.

Ao mesmo tempo, Cosmopolitismo e Modernidade (bem como Localismo e Tradição) jamais figuram neste estudo como lugares fixos do Bem, revelando-se, antes, universos de tensões e disputas sociais, que englobam cultura e luta de classes. Nesse sentido, o esforço para ir além da cultura letrada – mais própria aos dominantes – se constitui numa das principais contribuições de João Carlos, que já realizara um pioneiro estudo de História Oral, no livro *Na luta por habitação – A construção de novos valores*.[1]

As referências à Modernidade não se confundem com nenhum ingênuo e adjetivado fascínio, antes evidenciam um distanciamento, de leve sabor brechtiano e forte tempero crítico: ser moderno inclui violências, preconceitos, destruições – mas ser tradicional não remete para nenhum espaço de doçura, evidencia outros conflitos e disputas.

Se Corumbá não é o local biográfico de origem de João Carlos, constitui-se em seu espaço de opção para pesquisa, na região onde ele atua profissionalmente. As próprias dificuldades enfrentadas na formação de um acervo documental adequado para a realização deste trabalho já constituem parte daquela adoção e contribuem para outros pesquisadores que trilharem problemáticas similares, evidenciando as tarefas organizativas públicas de toda atividade de pesquisa histórica.

João Carlos apelou, em termos documentais, para registros de Imprensa, fontes governamentais diversificadas (textuais, visuais, relatórios, ofícios, legislação), escritos de memorialistas, referências a mundos das técnicas e das comemorações sagradas e profanas e tantos outros registros dessa (que são também interferências nessa) vida social local, nacional e cosmopolita. O livro se beneficia, portanto, de uma preocupação empírica que, sem se confundir com o Empirismo[2], permite identificar sujeitos e suas práticas.

Teoricamente, o pesquisador soube estar atento à historicidade das experiências estudadas, evitando rígidas interpretações prévias para as práticas humanas e articulando fazeres que, à primeira vista, podem parecer totalmente afastados.

Resultam desse percurso novas apreensões de Histórias locais, nacionais e mundiais, em que os pregões dos vendedores ambulantes de comida, por exemplo, pesam tanto quanto argumentos institucionais sobre cortejos religiosos, novas disposições das moradias ou disciplinas no trabalho e no lazer.

Corumbá, assim, apresenta-se num vasto mundo, que não existe sem ela. Essas são as tais da Modernidade e da Tradição, adensadas por grupos sociais, memórias, projetos.

O leitor sai da leitura deste livro pensando naquele período e nos espaços abordados de outras maneiras: há maior contribuição que um estudo histórico pode oferecer?

Marcos Silva
Departamento de História da FFLCH/USP

Introdução

Nas barrancas de calcário, à margem direita do rio Paraguai, engastada na sinuosidade que o rio descreve, está Corumbá, como se fosse uma jóia, já dizia o poeta Pedro de Medeiros. Os tripulantes do vapor Coxipó, em uma noite de janeiro de 1912, viram-na pela primeira vez iluminada pela energia elétrica: era a tecnologia realçando a impressão do poeta. Sentiram-na e descreveram-na como se fosse cidade grande.

Diante da cidade, o enigma. Há muitas portas de entrada, alternativas e possibilidades para conhecê-la. As perguntas são nossas. Não perdemos de vista o sábio conselho do experiente viajante Marco Polo a Kublai Khan: "De uma cidade, não aproveitamos as suas sete ou setenta e sete maravilhas, mas a resposta que dá às nossas perguntas" (Calvino, 1998, p. 44).

Não ousaríamos descartá-lo, mesmo porque entendemos a problematização como inerente ao trabalho do historiador. Retroceder, em mais de um século, para revisitar Corumbá, em parte, só foi possível por meio da imprensa periódica, a memória que legou, caminho trilhado com os cuidados que tal fonte requer, tentando superar suas armadilhas.

O mundo no qual Corumbá se constituiu como cidade era marcado, desde inícios do século XIX, pela integração dos mercados europeus e americanos, que se acentuaria ainda mais em meados daquele mesmo século, com a chamada Segunda Revolução Industrial. O capitalismo e a sociedade burguesa se mundializavam, a economia e os saberes técnicos científicos ganhavam novos espaços. Entre os vários fenômenos desse processo, a urbanização crescente foi singularmente sentida.

No Brasil, ainda em meados do século XIX, a maioria das comunidades urbanas vivia integrada apenas à sua região, a um porto no litoral, formando uma rede de interligação limitada, representada pelos "pés-de-galinha"[1]. As províncias e os futuros estados mantiveram-se isolados entre si, até as primeiras décadas do século XX. A situação era reforçada por um sistema de cobrança de taxas aduaneiras no comércio entre os estados. Não havia um mercado nacional integrado (Reis Filho, 2000, p. 88-89, 97).

Para algumas regiões, a navegação fluvial e a utilização de navios a vapor tiveram grande importância econômica. A liberação da navegação no sistema Paraná-Paraguai e da bacia Amazônica, em 1856 e 1867 respectivamente, além de possibilitar maior integração regional, criou a alternativa de ligação direta dessas regiões com outras capitais do país e mesmo do exterior, inserindo-as no mercado internacional (Mamigoniam, 1986, p. 53-56; Daou, 2000, p. 14). É nesse contexto que a vila de Corumbá se constituiu em porto de integração, via fluvial, a várias cidades e vilas de Mato Grosso e manteve sua conexão com as cidades platinas e com a Europa. De povoado destinado à defesa, tornou-se centro comercial, pólo de importação e exportação de mercadorias.

As raízes do grande crescimento das cidades, durante o século XIX, associam-se ao desenvolvimento do capitalismo e à Revolução Industrial. Londres foi uma das primeiras metrópoles desse processo e a Inglaterra transformou-se em palco do fenômeno da urbanização: sua população urbana superava a do meio rural, já em meados do século XIX[2]. Grandes cidades foram se constituindo nos países que se industrializavam, o adensamento da população nos meios urbanos era cada vez maior. As migrações internas, como também as imigrações, muito contribuíram com esse processo.

Assim, entendemos que a urbanização está associada ao que se convencionou denominar de modernização. Entretanto na linguagem do século XIX, e mesmo início do XX, o termo mais corrente, para expressá-la, utilizado também na imprensa corumbaense, era o progresso, em grande parte representado pela sujeição das forças da natureza ao homem. Nesse sentido, faz referência basicamente à industrialização, à incorporação de maquinários, ao navio a vapor, ao desenvolvimento das comunicações, telégrafo e telefone, e dos transportes, bondes e ferrovias. Isso tudo vinculado ao mercado mundial, à circulação do capital, ao crédito, à mercadoria, numa palavra, à modernização capitalista.

Esse processo de modernização vincula-se ao projeto de modernidade, cujos elementos podemos identificar com a racionalidade, os conhecimentos científicos, as formas racionais de organização social, a superação dos mitos, religião, superstições. Por sua vez, pressupõe uma nova concepção de sociedade, que requeria novos comportamentos da população, entre eles a incorporação da disciplina do trabalho, hábitos de higiene, de moradia, sobretudo de mudança de costumes considerados tradicionais. Numa palavra, civilização, a linguagem utilizada para representar esse conjunto de atitudes e práticas. A modernidade está associada, portanto, à racionalização que impunha a destruição de relações sociais, sentimentos, costumes e crenças tradicionais. Essa perspectiva sofrerá muitas críticas, pois corresponde a uma racionalidade que reprime e exclui os que considera como irracionais (Berman, 1992; Harvey, 1994; Touraine, 2002).

A outra face dessas transformações foi a constituição de novas relações sociais, especialmente entre burguesia e o proletariado, a formação de uma classe média, o surgimento dos movimentos sociais, especialmente dos trabalhadores, de nova cultura e valores, a luta por direitos. Corolário dessas disputas, pode-se dizer, são as questões urbanas.

É nesse processo que a cidade burguesa tenta se impor, colocando a seu serviço os saberes das ciências, especialmente quanto às reformas urbanas. A que se tornou principal referência foi a Paris do Segundo Império, especialmente pelos seus bulevares, sua concepção de circulação, arejamento, embelezamento e grandes obras. Haussmann foi seu principal idealizador (Berman, 1992; Needell, 1993).

Todos esses aspectos foram vivenciados numa velocidade que deixava os contemporâneos aturdidos, como num turbilhão. Uma nova sensibilidade se constitui, expressa na literatura, nas artes em geral, que captam e constroem essas experiências e suas diversas dimensões e formas. Nascia, assim, junto com movimentos sociais e outras manifestações coletivas, também a crítica a essa sociedade, especialmente por excluir de seus benefícios as populações pobres.

O crescimento das cidades se fez a partir de contradições e conflitos, não só em razão da forma rápida como ocorreu, mas também em função das disputas de poder presentes nas relações sociais. O surgimento de centros urbanos, com grande concentração de população, exigia uma aprendizagem, um modo "civilizado" de viver em cidade. Frente a toda uma gama de novas exigências, surgem as disputas de poder, de saber e imposição de formas de vida, hábitos, costumes da classe burguesa e burocratas de estado sobre as chamadas classes perigosas. Essas são associadas a e identificadas com alguns espaços tidos também como perigosos, especialmente as aglomerações de moradias insalubres, para mencionar um. É a partir desse conjunto de contradições que se começa a pensar a questão urbana (Chalhoub, 1996; Bresciani, 1994).

No Brasil, na passagem do século XIX para o XX, duas cidades destacam-se nesse processo de urbanização, modernização e transformações: Rio de Janeiro e São Paulo[3]. Essas cidades sofreram intenso processo de intervenção e reformulação dentro dos conceitos urbanísticos então em voga. Engenheiros e médicos sanitaristas obtiveram papel de destaque nas formulações ali propostas e realizadas. Portanto, não houve só uma intervenção no aspecto físico, paisagístico, de embelezamento e facilidade de circulação, mas envolviam-se concepções claras de constituição da cidade burguesa. Ou seja, havia intervenção no cotidiano da população, não só no aspecto da constituição de normas para construção de moradias, mas, principalmente, com relação ao comportamento e à conduta dos cidadãos, disciplinando as relações sociais, com as instituições e o poder público. É evidente nesse sentido, o caráter disciplinador das reformas, visando principalmente à classe trabalhadora, ao seu controle e à sua produtividade.

Outras cidades de diferentes regiões brasileiras também receberam impulsos de crescimento no período. Não se constituíram em grandes centros industriais e econômicos, muito menos em metrópoles, mas tiveram significativa importância em suas regiões. São pequenas cidades que requerem um olhar mais atento no estabelecimento de seu lugar no fenômeno da urbanização ocorrido no Brasil. Uma delas é Corumbá, na fronteira oeste do Brasil, divisa com a Bolívia. Ao ser elevada à condição de cidade, em 1878, era a segunda em população do estado de Mato Grosso.

O fenômeno não ficou restrito, portanto, a Londres, Paris e outras capitais ou cidades industriais européias ou dos EUA, estendeu-se também a regiões depois denominadas "periféricas" e "subdesenvolvidas", quer na Europa ou em outros continentes. Tão pouco, foi vivido e interpretado da mesma maneira, como se fosse mero reflexo, simples importação e transplantação da cultura moderna dos centros europeus. Segundo Berman, o modernismo do Subdesenvolvimento produziu os seus frutos, reflexão e análise a partir de seu contexto, resultando em interpretações próprias das experiências dessas sociedades, de suas relações sociais e culturais. Não se trata, portanto, de mera cultura importada (Berman, 1992, p. 167; Morse, 1995, p. 205-225).

As mudanças e transformações, onde quer que ocorressem, num centro europeu ou em regiões posteriormente qualificadas como periféricas, não passaram despercebidas dos vários segmentos da sociedade. Foram dialeticamente vividas e interpretadas, objeto de preocupação de intelectuais e escritores do período, que fizeram diferentes leituras, atribuíram valores às experiências sociais - vividas, sentidas, percebidas - em suas cidades: fossem elas pequenas ou grandes, próximas ou não de grandes centros.

Considerando-se a região de Mato Grosso, o contexto do início do regime republicano brasileiro e o fato de que a urbanização era um fenômeno pouco consolidado, inclusive no país,[4] podemos falar que se vivia uma experiência de aprendizagem, de apropriação de saberes, de como lidar com novas realidades nesse processo de constituição de formas do viver urbano pelos habitantes da cidade. O olhar sobre essas novas realidades, não o construímos apenas analisando os discursos e significados da incorporação de novas tecnologias, mas pelo viés das relações sociais. Como a população lidou, resistiu ou não aos processos de normatizações que se tentava impor; quais espaços de moradia constituía à revelia dos projetos de urbanização; como sobrevivia e quais as suas experiências de trabalho; em que termos vivenciava a cidadania, a conquista de direitos; quais os enfrentamentos, explícitos ou implícitos no seu modo de vida, nas suas festas e lazer. Assim, estamos de volta às perguntas, diante da cidade.

Para apreender de que forma se experienciou e interpretou esse processo, a imprensa periódica foi uma das portas de entrada. Os discursos veiculados pelos periódicos, de médicos sanitaristas, de engenheiros, de cronistas, de militares, apresentaram suas visões sobre a cidade, analisaram e fizeram propostas. Entre os periódicos, estabeleceram-se polêmicas sobre medidas e projetos apresentados pelos poderes constituídos.

A imprensa periódica, ao elaborar discursos sobre a cidade, fez sua leitura, participou do processo que a constituiu. Contudo, a identificação desses discursos não pode nos induzir à confusão de reduzir a cidade aos discursos que a descrevem. Decifrá-los, identificar seus limites, analisar criticamente, desconstruí-los são tarefas para o historiador, da qual nos ocupamos.

Pesquisamos os periódicos de Corumbá, entre 1878 a 1918, com o objetivo de analisar e apreender em que medida revelavam uma concepção de modernidade, principalmente por meio de suas abordagens das questões urbanas e do cotidiano. Compreender por onde passava a construção das representações da modernidade/modernização (civilização, progresso), por quais temas o faziam. Que relações mantinham com as elites locais e, por outro lado, como representavam e que tratamento dispensavam às camadas trabalhadoras dessa sociedade, às populações pobres? Em suas entrelinhas, buscamos marcas das estratégias, resistências e conformações dessa população: afinal, o projeto da cidade burguesa não se instalou sem conflitos.

Analisamos também o papel do poder público e dos empreendimentos privados, como alguns se arrastaram por anos para se concretizarem, enquanto outros sequer saíram do papel. Tais questões ganham maior dimensão considerando-se que na passagem para o século XXI, vivenciam-se as propostas de enxugamento do Estado e a privatização dos serviços.

No processo de implantação das maquinarias técnicas e de imposição de novos comportamentos à população, identificamos algumas de suas reações. Buscamos, portanto, para além da cidade visível, aquela que se queria ocultar por não se enquadrar nos novos padrões, além disso, analisamos os sinais de resistência da população trabalhadora, carente, em que condição vivia sua cidadania, seus direitos, quais espaços conquistaram e quais suas estratégias de sobrevivência.

A problemática e as perspectivas da pesquisa, em parte já mencionadas, colocaram-nos diante dos desafios de refletir sobre o significado de trabalhar com cidade, cultura, representações, política e suas relações com a experiência social; da necessidade de situar o debate em relação ao entendimento e vinculação da história social com a cultura.

Foi nos quadros da historiografia de matriz inglesa, associada à história social e cultural, que, em grande parte, fundamentamo nos, afinidade que data dos nossos primeiros trabalhos de pesquisa, por ocasião do mestrado (Souza, 1995). Entre outros aspectos dessa tradição historiográfica, destaca-se a preocupação em recuperar as experiências de vida. Nesse sentido, Thompson afirma que as pessoas "experimentam suas situações e relações produtivas determinadas como necessidades e interesses e como antagonismos, e em seguida "tratam" essa experiência em sua consciência e sua cultura [...] das mais complexas maneiras [...] e em seguida [...] agem, por sua vez, sobre sua situação determinada" (1981, p. 182).

Ao propor que se leve em conta as experiências humanas, Thompson vê a possibilidade de uma exploração aberta do mundo e de nós mesmos, entendendo que tal procedimento exige rigor teórico, diálogo permanente entre a conceptualização e a confrontação empírica. As experiências humanas possibilitam apreender a historicidade, o fazer-se de uma classe social, ou de outros sujeitos históricos, a dinâmica de suas transformações, reelaborações e permanências, mediatizadas pela cultura, que entende como um termo de junção, não como elemento externo, mas constituinte da realidade social[5].

Refletindo sobre a importância da cultura na recuperação do social, Déa R. Fenelon, fundamentada em Raymond Williams, comenta:

> Apresentada, pois, como capaz de possibilitar a investigação de um "modo de vida global", é importante aprender que não se quer pensar a cultura como elemento exterior a completar qualquer ordem social, mas ao contrário que ela é elemento importante na sua constituição e assim pode ser investigada como um "sistema de significações" de maneira ampla, de modo a permitir a inclusão de todas as práticas e assim definir-se com um "processo social constitutivo que cria diferentes e específicos modos de vida". (1993, p. 86)

Outro aspecto significativo lembrado pela autora, como sendo de inspiração dessa historiografia, é que os conceitos dos quais partimos não são apenas conceitos, mas problemas. Isso significa que devem ser recuperados nos movimentos históricos, e somente assim poderão ter apreendidos sua constituição e seus significados. Não se tratam, portanto, de problemas analíticos. Reiterando linha paralela de consideração, assim se refere Holien Gonçalves Bezerra:

> Um dado importante da obra de Thompson é a constatação de que a experiência e a cultura não são vivenciadas apenas como idéias e no campo do pensamento. A experiência passa a ser experimentada como sentimento, como parte da vida cotidiana, que é incorporada na cultura em seu sentido mais concreto: normas criadas, obrigações familiares e de parentesco, organização da vida urbana ou rural, etc. Passa a

constituir um conjunto de valores que atuam imperceptivelmente nos meandros da vida inteira dos indivíduos e das classes assim constituídas. Experiência que deixa suas marcas profundas também nas formas mais elaboradas da sociedade, como arte, o direito, a religião (1995, p. 126).

Em outro campo historiográfico, o da nova história francesa, Chartier prioriza a cultura como central na apreensão da história, e contribui com reflexões também significativas para a prática do historiador, a partir das categorias: representações, práticas e apropriações.

Roger Chartier considera que a história cultural tem por principal objeto identificar o modo como, em diferentes lugares e momentos, uma determinada realidade social é constituída, pensada, dada a ler. Dessa posição, decorre que as representações do mundo social são sempre determinadas pelos interesses de grupo que as forjam. Entende que as representações devem ser pensadas num campo de lutas, concorrências e competições, que, em última instância, podem ser postas em termos de poder e dominação. É nesse sentido que seu estudo torna-se relevante para o campo político. Chartier as equipara em importância às lutas econômicas:

> As lutas de representações têm tanta importância como as lutas econômicas para compreender os mecanismos pelos quais um grupo impõe, ou tenta impor, a sua concepção do mundo social, os valores que são os seus, e o seu domínio. [...] As percepções do social não são de forma alguma discursos neutros: produzem estratégias e práticas (sociais, escolares, políticas) que tendem a impor uma autoridade à custa de outros, por elas menosprezados, a legitimar um projecto reformador ou a justificar, para os próprios indivíduos as suas escolhas e condutas (1990, p. 17).

As representações sociais elaboradas e veiculadas pelos periódicos de Corumbá são reveladoras de projetos, de contradições, de conflitos, de resistências, como também de acordos, alianças e submissões vivenciados pelos agentes sociais daquele momento. Existem, em torno do espaço, mas também das relações sociais, claras disputas; dessa forma, os territórios vão sendo delimitados, as cidades vão se constituindo também como parte desse jogo, cabendo ao historiador desvelá-lo. Nessa perspectiva de análise, justifica-se a utilização privilegiada dos periódicos enquanto fonte.

Um elemento fundamental no processo de desvelamento das relações sociais é a linguagem constitutiva da realidade social: "A identidade social não é anterior às linguagens pois estas são partes constitutivas daquela. Isto porque, não apenas expressam e espelham o social, mas a identidade social é construída também pelas linguagens" (Viera et. al., 1991).

Tal perspectiva discute Marcos Silva, ao explorar vários temas do viver urbano por meio do estudo das charges e humor visual sobre o personagem Zé Povo, uma vez que, na discussão do artístico e do ideológico, apontou articulações com outros níveis da vida social brasileira, particularmente quanto à vivência da cidadania (direitos e restrições que os habitantes da cidade sofriam) no início da República. Assim refere-se o autor: "No caso específico de Zé Povo [...] Seu próprio nome fazia referência ao regime político (república, "coisa do povo"), aproximando-o do desengano crítico em relação a virtuais dimensões igualitárias anunciadas quando da luta por sua instauração" (1990, p. 10).

Ressaltamos, ainda, a consideração que Marcos Silva faz sobre a necessidade de não se ver a linguagem como neutra ou despolitizada, mas compreendida "dependendo de um mercado, garantindo certas modalidades de relações sociais e colaborando na constituição de certa memória" (1985).

Tivemos, ainda, a preocupação de recuperar a dinâmica das relações sociais presentes na sociedade corumbaense, levando em conta as críticas e observações realizadas por Raphael Samuel a uma certa história local, conforme imagens utilizadas, quais sejam: "o povo permanece escondido"; "os próprios trabalhadores podem permanecer como meras sombras"; "ficam distantes da realidade social que eles devem iluminar: o vai-e-vem das relações pessoais, a ida e volta do dia-a-dia"; "Ao invés do mundo de relações econômicas reais [...] oferecem-nos agregados estatísticos" (Samuel, 1989/1990).

É nessa perspectiva que ganha importância a análise do cotidiano, pelas possibilidades que abre ao historiador de apreender as diferenças entre os grupos sociais, as culturas e as múltiplas temporalidades na mesma conjuntura social. A hermenêutica do cotidiano pressupõe a crítica à cultura tradicional, que se apresenta como hegemônica e tenta ocultar outros projetos, modos de viver e de pensar (Dias, 1998, p. 223-258). A desconstrução de discursos dos periódicos foi realizada nessa perspectiva.

A opção pela imprensa periódica como uma das fontes, parte da memória de uma época, teve como objetivo identificar marcas das populações pobres da cidade, dos seus modos de vida no meio urbano. Sobre a experiência de trabalho com os periódicos, cabem, ainda, algumas observações. Apesar da perda de grande parte dessas publicações, acarretando lacunas para alguns anos, o acervo de microfilmes sobre essas é grande, em alguns casos existem mais de trezentas edições.

Na análise dos textos dos jornais, recorremos a alguns fundamentos da teoria do discurso, da área de lingüística (Barros, 1994 e Fiorin, 1996). Mais do que método e técnicas, buscamos uma melhor compreensão dos processos de produção de sentido. Mantivemos, nas citações transcritas de textos da época, a ordem dos discursos. Embora não seja objeto direto de análise, essa opção não deixa de nos colocar diante das diferenças culturais entre aqueles textos e os nossos, ajudando-nos a uma maior inserção naquele universo.

Recorremos, também, à documentação oficial, a relatos de viajantes e publicações de memorialistas. Não se tratou de mera opção para complementar ou confrontar com a imprensa, nem procurar provas ou contraprovas para estabelecer uma (a) verdade, mas instaurar a possibilidade de outras leituras, por vezes conflituosas, a fim de recuperar diferentes experiências, buscar outras significações, ampliando a compreensão dos temas.

Com relação ao Arquivo da Câmara de Corumbá, trata-se de acervo com muita riqueza de documentação, preservadas de forma inadequada, não dispondo de uma organização que facilite o acesso aos documentos. Nas caixas onde estão acondicionados os documentos, não há organização sistemática de assunto e período. Tal circunstância impossibilitou um levantamento mais sistemático desses.

Destacamos, entre os memorialistas, as publicações de Renato Báez, que produziu uma coleção sobre Corumbá, composta de mais de vinte livretos. São publicações iniciadas em 1963 e que se estendem até fins da década de 1990[6]. O autor publica também outros gêneros, como livros de poemas e sobre temáticas diversas. Associou-se à várias academias literárias e institutos, dentre eles o Instituto Histórico e Geográfico de Mato Grosso. Báez viveu em Corumbá por 46 anos e exerceu mandato de vereador na década de 1950. Deixou a cidade na década seguinte, fixando-se em São Paulo. Formado em direito, foi procurador autárquico federal.

Na elaboração de seus livros, Renato Báez não segue uma organização cronológica nem desenvolve um tema específico na mesma obra, tanto que em alguns casos o mesmo assunto é recorrente em diferentes volumes. Reproduz noticiários da imprensa, artigos por ele escritos e publicados em diferentes jornais, poemas e crônicas de diversos autores sobre a cidade. Menciona entrevistas que realizou com moradores de Corumbá, sem explicitar as condições em que ocorreram, e apartir delas e de seus conhecimentos pessoais, reconstrói cronologias, listas de profissionais de diversas áreas, notícias de eventos, informações sobre personalidades e tipos populares etc. Dedica também espaços para as suas realizações profissionais e correspondências com autoridades, políticos e literatos.

Sem dúvida, trata-se de um conjunto de volumes que oferece ao historiador algumas possibilidades de leitura da cidade. O autor realiza registros de diferentes memórias, em torno das quais, tece poucas observações, e são constantes as representações de enaltecimento e idealizações em relação a Corumbá. Desde os primeiros volumes, explicita sua perspectiva, a preocupação de manter viva a "verdadeira história". Nesse sentido, cumpre o papel de suporte de identidade, uma história homogênea, sem rupturas. Ao recorrer a fontes com essa natureza, como é o caso das obras de memorialistas, dos jornais, tivemos a preocupação, na análise dessas, de realizar a crítica, a necessária contextualização e desconstrução dos discursos.

Retomando a temática deste livro, quanto ao período abordado, inicia-se na década de 1870, que abarca a reconstituição da vila após a Guerra do Paraguai, a efetivação da navegação internacional na região, o movimento de imigrantes, a fundação dos primeiros periódicos e a elevação da vila à condição de cidade. Fechamos o recorte nos anos 1910, quando houve, de forma mais intensa, melhorias na infra-estrutura urbana, a incorporação de maior conforto (comodidades) e de lazer, mas também ficou mais delineada a segregação espacial de certas parcelas da população. As temáticas tratadas nos capítulos, em função de suas especificidades apresentam recortes temporários diferenciados. Assim, o período estudado circunscreveu-se entre 1872 e 1918, com flexibilizações, quando a contextualização o exigiu.

O presente trabalho foi dividido em três partes, sendo a primeira, a análise dos discursos sobre a concepção de progresso e civilização, a partir, principalmente, das representações sobre a incorporação de novas tecnologias da modernidade, como o telégrafo, o trem e a imprensa. Na segunda, discute-se a cidade, seus espaços e as segregações vinculadas a essa constituição, abordados em três capítulos. A terceira parte, composta dos dois últimos capítulos, analisa as alternativas de trabalho, as experiências de sobrevivência, de lazer e de festas das populações pobres, imbricadas com as práticas modernas que se queriam instalar.

No capítulo primeiro, examinam-se os sentidos atribuídos às tecnologias do vapor, da ferrovia e do telégrafo. São discutidas e apresentadas como símbolos da inserção de Corumbá no progresso e na civilização. Buscamos responder em que termos foram colocados pelos contemporâneos, que leitura fizeram das mesmas, quais projeções estabeleceram, a euforia despertada. A força dessas representações ganha em dimensão e significado ao se constatar que geraram tentativas de hegemonia regional e de exclusão de outro pólo desse processo, os trabalhadores. No primeiro caso, estas são identificáveis nas disputas que estabeleciam com Cuiabá, pela hegemonia administrativa do Estado e, no segundo, a atribuição de papel secundário aos trabalhadores, apenas de executores de tarefas, vistos como meros coadjuvantes no processo. A natureza, a ser vencida, é colocada como inimiga da civilização, nesse contexto.

No segundo capítulo, a discussão recai sobre um outro aspecto da modernidade, que está associado ao alargamento da cidade letrada, ou seja, a imprensa. Os jornais veicularam discursos sobre sua função civilizatória, como universal e neutra, operação tipicamente ideológica acobertada pela linguagem, discurso que se manifestava como de luta pelo povo, sem o definir. A vinculação dos periódicos, a grupos e partidos políticos, desnuda essa perspectiva: fazemos a desconstrução desse discurso ao apontar a real inserção da imprensa junto aos grupos de disputa de poder local e às oligarquias estaduais. A imprensa também tinha seus veículos marginalizados, os pasquins, que atingiam diferentes camadas de leitores, como a juventude escolarizada. Representava, ainda, um alargamento da cultura letrada, pois constatamos que além de existirem leitores operários, algumas rivalidades de grupos populares foram tratadas em suas páginas.

As experiências de surtos epidêmicos sofridos pela população são tratadas no terceiro capítulo, momentos nos quais afloram debates sobre como administrar e ordenar a cidade. Os higienistas apresentam discursos com propostas para ordenamento dos espaços e exigências de novas atitudes e hábitos comportamentais, identificados como mais adequados a uma sociedade civilizada. O poder constituído é chamado a intervir no espaço público e privado. São situações privilegiadas para se perceber como novos paradigmas são pensados para impor alterações no espaço e no comportamento. Entretanto, há resistência a essa subtração do saber popular e suas práticas, muitas persistindo ao longo das décadas. A vitória dos higienistas não é sem percalços.

O detalhadamente sobre os espaços da cidade é abordado no quarto capítulo: a concepção inicial de sua planta e os problemas de sua infra-estrutura, especialmente os relativos à água potável encanada, ao esgoto e à iluminação elétrica. A rotina da cidade era marcada pela presença dos aguateiros, e a obtenção da água encanada tornou-se o "sonho dourado" da população. No processo de constituição dos bairros, alguns formados pelas camadas pobres, os trabalhadores autônomos, os praças e também os imigrantes foram considerados pela elite local como não adequados aos padrões de uma cidade civilizada, focos de epidemias e de feiúra. Houve tentativas de negar esses espaços, retirá-los do centro, enquadrá-los nas posturas municipais. Havia descompasso entre as normas e sua aplicação.

No capítulo cinco, o porto e os projetos de remodelação de seu espaço são analisados, revelam os desejos da burguesia comercial local de projetar o seu espaço nos moldes de uma cidade moderna, com cais, mercado, trilhos de ferrovia para transportar as mercadorias, não descuidando de outras comodidades, como elevadores, túneis e bosques. O *locus* do comércio e seu poder se expressam nesses projetos, em sua maioria não concretizada naquele período, alguns nem posteriormente.

A cidade contou com os inúmeros trabalhadores anônimos, cujas atividades em serviços gerais garantiu grande parte do funcionamento da infra-estrutura urbana. Sobre esse aspecto, discorre o capítulo seis. Os trabalhadores do transporte de cargas em carroças e carros de boi transitaram pelo porto e pela cidade alta, trasladando todo tipo de mercadoria. Foram responsáveis pelo funcionamento da vida cotidiana, carregando água, lenha, materiais de construção etc. Além destes, os carregadores braçais, inclusive indígenas, também deram sua cota de suor no andamento das atividades. Os vendedores ambulantes e toda uma categoria de trabalhadores, que não se enquadravam nos padrões disciplinares da cidade ordenada, sem a regularidade desejada, constituíram-se também na mão-de-obra barata, sem a qual, vários tipos de produtos, alimentos e serviços não chegariam aos pontos mais distantes. Esses trabalhadores desenvolviam suas estratégias de sobrevivência.

Finalmente, no capítulo sete, debatem-se as formas de lazer exigidas pela cidade progressista e o confronto com as antigas. Os defensores de novos hábitos e comportamentos não queriam conviver com formas e costumes que teimavam em persistir, como a do banho nu à beira do rio, os jogos de azar e as corridas de cavalos pelas ruas. Além dessas práticas, a população tinha meios de se expressar em suas festas, desafiando autoridades religiosas, fazendo desses momentos de intensa sociabilidade, como na festa de São João, espaços de esperança e alegria, novas energias para enfrentar a vida, ganhar novos amores, festejar a possibilidade da fartura. Outra festa, o carnaval, ganhou certo ar de ordenamento e comercialização, com seus carros alegóricos de críticas bem comportadas, de humor dentro de limites e bailes de salão. O entrudo, contudo, mantinha-se vivo, com seus limões de cheiro. As simbologias dessas festas foram interpretadas no quadro geral das condições de vidas de seus habitantes.

Parte I - Discursos

O progresso contra a natureza: vapor, fios e trilhos

Só então com propriedade de expressão poderemos dizer que pertencemos a uma sociedade civilizada; por enquanto, não. Venha, pois, quanto antes o telégrafo.
O Brazil, 11 jan. 1903

A terra é, naturalmente, desgraciosa e triste, porque é nova. Está em ser. Faltam-lhe à vestimenta de matas os recortes do trabalho.
Euclides da Cunha
À margem da história

O ano de 1904 abriu-se para Corumbá com grandes festividades. Uma novidade era causadora do entusiasmo: a inauguração do telégrafo a primeiro de janeiro. Concretizava-se, assim, a possibilidade de comunicação de forma mais ágil e imediata com Cuiabá e os grandes centros do país. A imprensa periódica local saudou o evento com muita euforia. Vislumbrava-se, a partir dele, uma era de progresso para a cidade e, mais significativo ainda, ele era associado ao sentimento de pertencimento à civilização.

Um ano antes de sua inauguração, a imprensa de Corumbá já se manifestava, fazendo uma elegia ao tema das comunicações, dos meios que possibilitavam sua rapidez. Abordando a história da ciência da eletricidade, tecia considerações sobre seu desenvolvimento e sua aplicação:

> Novas experiências se sucederam até Franklin, tendentes todas ao enriquecimento da importante ciência (ciência da eletricidade) que tanto permite conjurar-se os maléficos efeitos do frio, como aproveita para o assombroso efeito da transmissão do pensamento, o raio que ilumina os povos, atravessa a vastidão dos mares e dos rios e as mais vastas campinas e florestas, levando-lhes a palavra que é a luz, porque é a expressão do pensamento; a luz que é progresso em seu fecundo desdobramento (*O Brazil*, n. 16, 11 jan. 1903, p. 1)[1].

Para explicar a importância do telégrafo, era recorrente na imprensa o emprego de imagens de fenômenos da natureza ou relativas ao meio geográfico. Senão, vejamos: através da eletricidade dinâmica, é possível a assombrosa "transmissão do pensamento como raio que ilumina os povos." Associava-se nessa comparação o telégrafo, que transmite a palavra através da eletricidade, com o raio que percorre qualquer distância, pois parte da abóbada celeste, não encontrando obstáculo à sua ação de iluminar, chegando a qualquer canto, como nas florestas, nos rios, nos mares e nas campinas. Assim também acontecia com a palavra, levada por esse raio que é a eletricidade, palavra que é luz, enquanto expressão do pensamento. Luz que é progresso e que igualmente atinge a todos, independente dos obstáculos. Dessa forma, concluía o articulista, o telégrafo "dá asas ao pensamento", conquistando lugar proeminente na vida dos povos (*O Brazil*, n. 16, 11 jan. 1903, p. 1). É como se ninguém pudesse escapar à sua ação civilizatória.

Enaltecia-se, por meio dos periódicos locais, a rapidez das comunicações entre a Europa e a América do Norte. Numa perspectiva geográfica, significava o encurtamento das distâncias. Os novos meios e possibilidades de comunicação provocaram alteração nas percepções e noções de espaço e tempo e foram objeto de admiração e comentários na imprensa corumbaense. Como exemplo, referia-se ao fato de que a transmissão de uma mensagem de um ponto qualquer a um outro, longínquo, chegava horas antes da sua expedição, em função dos diferentes fusos horários. Isso, segundo os periódicos, colocava em evidência a teoria da redondeza da terra. O tema suscitava euforia e admiração.

São imagens sem conflitos, como num desencadear líquido e certo de ocorrência das possibilidades projetadas. Evolução mecânica e inexorável, ausência total da ação humana e de seus conflitos. Um progresso automático, linear como defendiam, de modo geral, as diversas correntes do cientificismo então em voga na sociedade brasileira de fins do século XIX e início do século XX, entre as quais: o positivismo, o evolucionismo spenceriano, o haeckelismo e outras correntes monistas (Collchio, 1988, p. 17) [2].

A concepção de progresso defendida e constituinte do cientificismo era compartilhada pela imprensa de Corumbá. Por isso mesmo, apesar do entendimento de que a evolução aconteceria, de que todos participariam dela, e nesse caso também a sociedade corumbaense, desejava-se apressá-la. Eram freqüentes nos periódicos, as referências sobre o papel econômico representado por Corumbá no contexto do então estado de Mato Grosso, razão pela qual defendiam que a cidade poderia e merecia ter um maior progresso ou adiantamento, pois estava *atrasada* sob vários aspectos: ou seja, a civilização precisava chegar de forma mais rápida naquelas paragens. Assim, em editorial "Autonomia

Municipal", de 9 de junho de 1909, o *Correio do Estado* concebia que a evolução era natural e fatal, mas afirmava:

> Não queremos que a natural evolução venha desajudada do auxilio, operoso e eficaz, que se lhe possa prestar, visto como, se o progresso é fatal e segue a sua marcha, a despeito de embaraços quaisquer que lhe oponham, não há dúvida, ninguém pode contestar que os seus passos se estendem gigantescos aos impulsos sinceros e leais dos seus constantes servidores.

O referido editorial trabalha com o referencial determinista e otimista de progresso, pois ao analisar a situação da cidade, embora identificasse vários problemas, entendia que seriam fatalmente superados. Outro componente nesse discurso, já mencionado, era a intenção de acelerar o processo, os estágios do progresso. Nesse sentido, o periódico manifesta sintonia com a chamada "geração de 1870", intelectuais brasileiros que tinham por projeto analisar o país com base nas leis positivas da ciência e propor soluções[3]. Dessa forma, compreendiam o papel de sua geração como sendo o de apressar a marcha do país no sentido do progresso, tido como uma fatalidade (Oliveira, 1990, p. 85).

Nessa perspectiva, a história brasileira era vista como parte integrante da história universal, obedecendo às mesmas leis fatais que a regiam; assim, o país deveria repetir a experiência do Ocidente, porém com uma variante, apressando o processo. Enfim, o projeto era "colocar o país ao nível do século, superar seu atraso cultural e acelerar sua marcha evolutiva a fim de que o Brasil pudesse alcançar a parcela mais avançada da humanidade" (Oliveira, 1990, p. 81). É desse ponto de vista que o *Correio do Estado* pensava Corumbá, inseri-la na civilização, para compartilhar do progresso dos centros urbanos mais adiantados do Brasil e, quiçá, de outros países. Daí, o sentimento de pertencimento à civilização com a chegada do telégrafo.

O progresso e a civilização, de certa forma, eram concebidos pelo periódico como se fossem mercadorias que se adquiriam no e do exterior, desconsiderando o movimento de produção cultural local. Tal concepção revela uma vontade de desvinculação das relações sociais e dos conflitos gerados na sociedade.

É possível entender, então, porque o progresso, no pensamento e nas representações dos contemporâneos corumbaenses, estava sempre por chegar ou incompleto, algo para o futuro, certo, mas não presente. Exemplos dessa concepção identificamos em algumas situações, tais como: a abertura da navegação internacional pelo rio Paraguai em 1856, aclamada como um dos primeiros ares da modernidade que sopraram sobre Mato Grosso; o início das atividades da imprensa corumbaense, em 1877, visto como mais um elo da corrente para o estabelecimento da civilização; a inauguração do telégrafo, saudada, conforme já mencionamos, como o que faltava para atingir aquele grau e status; e o projeto da ferrovia *Noroeste do Brasil,* que ganharia de todos os anteriores em expectativas e representações. Vamos percorrer esses momentos, ainda que brevemente, com o intuito de apreender como a imprensa os representava e quais discursos veiculava.

A abertura da navegação internacional pelo Rio Paraguai, em 1856, minimizou um problema de comunicação da então Província de Mato Grosso com a Corte, no Rio de Janeiro: as vias de acesso até então utilizadas, quer as terrestres como a fluvial das monções, demandavam entre quatro a seis meses de viagem (Queiroz, 1997, p. 18) sendo que, pela via fluvial do Prata, o trajeto até Cuiabá passou a ser realizado em torno de 30 dias. Porém, a navegação por essa rota ainda estava ensaiando seus primeiros movimentos quando foi interrompida por ocasião da Guerra do Paraguai (1864-1870). Na década de 1870, foi restabelecida e constituiu-se na principal rota de chegada à Província. É nesse contexto que a vila de Corumbá ganhará importância como pólo comercial significativo para Mato Grosso. Seria, após breve período, elevada à condição de cidade em 1878.

A navegação proporcionou um grande impulso à região. Além da redução no tempo do transporte e da maior tonelagem de cargas transportadas pelos vapores, o governo imperial instituiu subsídios e isenção de tributos. Com isso, várias mercadorias chegavam por preços bem mais acessíveis do que em períodos anteriores, e novos produtos passaram a estar disponíveis para consumo. Houve também impulso às exportações[4].

Contudo, a navegação por essa rota também apresentava os seus percalços. Apesar de ter proporcionado uma redução de tempo em, no mínimo, dois meses nas comunicações e na circulação de pessoas e mercadorias, ainda assim, os quase trinta dias que a via fluvial demandava, entre Cuiabá e Rio de Janeiro, considerados os padrões da segunda metade do século XIX, eram percebidos pelos contemporâneos corumbaenses como defasados. Ressentiam-se da demora nos contatos, especialmente nas épocas em que a vazante ficava menor e o leito do rio, pouco profundo, prejudicava as embarcações de maior calado.

Um outro fator, porém, também interferia na precariedade e menor rapidez nas comunicações, ou seja, os serviços de navegação não eram mantidos com a regularidade desejada, prejudicando o fluxo das transações comerciais. Com freqüência, ocorriam reclamações em relação às companhias de navegação[5].

Três espécies de empresas de navegação atuaram na região: a pública, a privada nacional (companhias regionais, freqüentemente ligadas às casas comerciais) e as estrangeiras. As companhias públicas realizavam o trajeto mais extenso, até Montevidéu e o Rio de Janeiro. As queixas com relação à atuação das companhias de navegação, principalmente das públicas, eram constantes, pelas razões já mencionadas e, segundo Nei Iared Reynaldo, ocorriam desde a década de 1870. Comenta, por exemplo, que *O Republicano,* de Cuiabá, edição de 22 de dezembro de1895, reclamava que a Cia Lloyd Brazileiro fazia apenas uma viagem mensal ao Rio de Janeiro, enquanto pelo seu contrato deveria promover a partida de dois vapores por mês[6].

Em razão dos serviços irregulares de navegação, muitas casas comerciais passaram a adquirir suas próprias embarcações. Tal alternativa lhes assegurou, por um bom período, um certo monopólio da navegação e do comércio na bacia do Paraguai, em amplas regiões do Oeste de Mato Grosso, impondo um regime de trocas comerciais que lhes era favorável, em detrimento dos pequenos produtores e extrativistas, carentes da navegação oficial regular para escoar suas mercadorias. Essa medida também se fundamentava num sistema de informações e controle pelas casas comerciais do que se produzia na região. Conheciam a época propícia para o contato com os produtores e exerciam a especulação[7].

Nessa mesma perspectiva, Lúcia Salsa Corrêa comenta que, após a liberação da navegação internacional, surgiu um novo componente na estrutura comercial que se implantava, a figura do mascate fluvial, que se dedicava ao comércio de retalho ambulante:

Esta atividade permitia uma rápida e considerável acumulação de riqueza, em vista das condições peculiares da região sul de Mato Grosso onde era escasso o meio circulante e a transação comercial se fazia com base na troca de mercadorias. Dessa maneira, o mascate impunha os mecanismos de troca com grande vantagem e em detrimento da população ribeirinha, uma vez que detinha o controle sobre o meio de transporte e comunicação (possuía uma embarcação que acumulava as funções de residência e armazém), e de pequenos estoques de gêneros de primeira necessidade importados e de consumo local garantido (Corrêa, 1980, p. 41)[8].

Outro aspecto do problema da navegação era o fato de que para se chegar ao Mato Grosso, passava-se por três países estrangeiros: Uruguai, Argentina e Paraguai. Os conflitos envolvendo esses países, especialmente o Paraguai, sempre constituíram motivos de preocupação aos brasileiros.

É significativo que a navegação internacional, que tinha seu ponto terminal em Corumbá e era realizada por navios de maior calado, já na primeira década após a guerra com o Paraguai, contribuiu para que a cidade se tornasse pólo de distribuição das mercadorias para a capital Cuiabá, bem como para outras regiões da Província.

A diversificação das atividades urbanas, especialmente seu setor terciário, e a presença de diferentes segmentos sociais, associados à chegada de imigrantes, tornaram as relações cada vez mais complexas e suscitaram outras formas de comunicação. Foi nesse período, de crescente recuperação e desenvolvimento da então vila de Corumbá, que veio a lume, para usar a linguagem da época, em 18 de janeiro de 1877, o seu primeiro periódico, denominado sugestivamente de *O Iniciador* (Mendonça, 1919, p. 54)[9]. Instalava-se com uma defasagem de 38 anos em relação a Cuiabá, que teve o seu primeiro periódico publicado em 14 de agosto de 1839, denominado *Themis Mattogrossense,* de caráter oficial (Juca, 1986, p. 6)[10].

A imprensa, porém, que se auto proclamava como a luz dos povos e do progresso, enfrentaria igualmente o mesmo problema de demora na circulação de pessoas e mercadorias pela rota já mencionada. As notícias sobre os acontecimentos nacionais e internacionais eram veiculadas em Corumbá após muitos dias do ocorrido. O telégrafo oferecerá novas possibilidades. Nesse ponto, retomamos a discussão do significado de sua implantação na cidade. A tão esperada inauguração da linha telegráfica, a primeiro de janeiro de 1904, foi assim anunciada pelo *O Brazil:*

> A laboriosa cidade de Corumbá acordou hoje, pela primeira vez, sacudida violentamente pelo calafrio de uma emoção estranha, e ainda estremunhada, sentiu-se estreitar pelo poderoso vínculo da eletricidade, na extrema aproximação de um frenético abraço ao mundo civilizado: fora a inauguração do telégrafo que, às primeiras manipulações operara esse encontro, no seu assombroso poder de vencer num lapso de tempo às mais dilatadas distâncias (n. 66, 1 jan. 1904, p. 1).

A imagem "um frenético abraço ao mundo civilizado" é forte o suficiente para avaliarmos o significado que os setores político e comercial dessa sociedade atribuíam ao evento. Cabe alguma análise de seus elementos, que não são só figuração. Esse fato que consolidava pela primeira vez a comunicação de Corumbá, de forma imediata, com outros centros do país e do exterior, eliminando outros mediadores, foi vivenciado, segundo o editorial, como se a cidade fosse sacudida violentamente pelo calafrio de uma emoção estranha. Tal estranhamento diante das maravilhas da ciência moderna, das potencialidades do homem e sua ciência interferirem no mundo, é componente freqüentemente mencionado nas experiências da modernidade (Berman, 1992). No caso, era ressaltada a importância da eletricidade, que possibilitaria a comunicação imediata por meio do telégrafo elétrico instalado em Corumbá, quase 70 anos após seu desenvolvimento pleno, na década de 1830[11].

Em relação ao Brasil, a defasagem da instalação em Corumbá cai para 50 anos, uma vez que a primeira linha da rede nacional data de 1852. Quanto à ligação por cabo submarino entre o Brasil e a Europa, ocorreu em 1874. Embora o governo Imperial tenha investido na expansão da rede telegráfica, ao ser proclamada a República, as províncias de Mato Grosso, Goiás e Amazonas ainda não estavam interligadas à rede nacional. Contudo, como afirma Laura Maciel, a interiorização das comunicações no Brasil só ocorreu com a República, constituindo-se em uma de suas principais marcas, pois lhe atribuía o papel de integração do território nacional e sua ocupação efetiva (1998, p. 47, 52, 71).

No editorial anteriormente mencionado, o jornal *O Brazil* destacava que o telégrafo inauguraria uma nova fase de prosperidade para a cidade, favorecendo o surto de muitos empreendimentos. Reconhecia que o principal beneficiário seria o comércio, considerado como "a maior artéria de progresso material de um povo", mas referia-se também à utilidade do telégrafo para os governos civil e militar nas suas contínuas relações de interesse público.

Outro aspecto ressaltado foi a possibilidade de permuta de idéias e interesses, o que significaria, nessa visão, economia de tempo, que, por sua vez, redundaria em vantagens de oportunidades. O editorialista afirmava que Corumbá contava com elementos de vida ainda em existência latente, pela carência de semelhante propulsor, qual seja, a possibilidade de estabelecer comunicação mais rápida com outros centros do país e do mundo. Nessa perspectiva, uma das beneficiárias seria a própria imprensa, conforme menção de *O Brazil:* "E nesse concerto harmônico, a Imprensa, principalmente, participará dos enormes benefícios da grandiosa conquista, que lhe virá dar nova seiva de vida e prosperidade" (n. 66, 1 jan. 1904, p. 1).

Para o editorialista, o telégrafo inaugurava um novo tempo para a imprensa corumbaense e projetava-lhe um futuro de prosperidade, pois através dos fios do telégrafo, acabava de receber uma nova seiva de vida. A possibilidade de recepção e transmissão de informações imediatas à distância, portanto seu aspecto tecnológico, era valorizado como suficiente para produzir qualidade à imprensa. Trata-se de um encantamento com a tecnologia, tão ao molde de época.

A partir da instalação telegráfica, o principal fator de mudança na imprensa foi tanto a recepção como a veiculação de informações de forma mais imediata. Antes disso, as principais notícias atingiam Corumbá com defasagens de 20, às vezes 30 dias, pois dependiam da chegada dos navios do Rio de Janeiro ou daqueles que vinham da região do Prata com informes recebidos pelo telégrafo dessa região. Até o final do século XIX, essa defasagem de informações marcou situações tais como a notícia da abolição, a da proclamação da República ou de morte de personagens políticos ou literários, como José de Alencar. Era como se o tempo se prolongasse em Mato Grosso.

Os periódicos criaram uma seção de telegramas, na qual noticiavam informações sobre o Rio de Janeiro e outras localidades do Brasil. Também veiculavam notícias internacionais, tipo *drops*: informações curtas sobre assuntos econômicos, políticos, religiosos, artísticos etc. Dessa forma, davam início ao que o jornalismo televisivo realiza hoje, mensagens curtas e variadas, superficiais, sobre vários temas e regiões do mundo.

Entre as finalidades da linha telegráfica, *O Brazil* já havia destacado, em editorial de novembro de 1903, sua importância para as comunicações militares. Para tanto, fez referência a um discurso do deputado estadual Major Lindolpho Serra, em uma sessão de setembro daquele ano, quando apresentou emenda autorizando o governo a despender a quantia de 150 contos com a linha telegráfica de Cuiabá a Corumbá e seu prolongamento para Miranda, Nioaque e Porto Murtinho. O deputado lembrara ao Presidente do Estado que a situação dos Fortes das referidas localidades permanecia igual à de 1864, quando da invasão paraguaia, ou seja, sem comunicações telegráficas. Dessa forma, naquela ocasião, até que o governo fosse comunicado, vários fazendeiros já tinham ficado na miséria, com suas propriedades saqueadas (n. 58, 8 nov. 1903, p. 1).

O fantasma da guerra sempre esteve presente nos discursos da imprensa e das autoridades de Corumbá. A possibilidade de novas invasões por parte do vizinho Paraguai, mesmo que o país não representasse qualquer ameaça pela sua própria condição econômica, era sempre objeto de lembrança.

Um outro elemento a destacar nas representações sobre o telégrafo era a imagem de que seus fios venciam a vastidão do território matogrossense, em sua maior parte desabitado, estreitando a comunicação com os demais povos civilizados. Tal concepção de vazios territoriais e populacionais, também associada à idéia de sertão, deve ser objeto de questionamentos, inclusive no interior da própria historiografia, como afirma Lúcia Salsa Corrêa, em *História e Fronteira:*

> Na Historiografia tradicional sobre a região mato-grossense foi bastante comum o uso dos conceitos desbravamento e vazios territoriais e populacionais, com o intuito de justificar o processo efetivo de ocupação do sertão que ocorreu nesse período. A idéia de um deserto de homens difundida por CORRÊA FILHO, menospreza o papel desempenhado pelas comunidades indígenas e pelas tentativas

anteriores de fixação de espanhóis, sertanistas do século XVI e XVII e jesuítas, das quais restaram apenas vestígios após as investidas dos bandeirantes paulistas. Essa visão mítica, reproduzida de modo recorrente na visão tradicional da Historiografia mato-grossense, derivou também da ótica dos viajantes estrangeiros, sobretudo europeus, que utilizavam um padrão de comparação estabelecido na dicotomia selvagem-civilizado. Por essas razões, desbravamento e vazio não são os termos mais apropriados para explicar tal processo, que teve um nítido caráter de conquista e expropriação das comunidades indígenas, há muito estabelecidas na região. Além do mais, essa penetração pelos sertões mais remotos do continente foi reflexo inerente do sistema mercantil exportador que caracterizou a época (1999, p. 92).

O vazio era associado à idéia de sertão, identificado com barbárie e incivilização. Portanto, a interiorização da civilização deve ser considerada numa visão mais ampla, enquanto projeto de construção da nação civilizada. Entendido dessa forma, era o projeto republicano. A sua concretização era concebida por muitos contemporâneos como missão da ciência, que, nesse caso, tomaria o lugar das antigas missões religiosas, superando-as, para realizar um transplante ainda mais radical da cultura, um projeto integral de civilização. Encontramos essa concepção expressa de forma sucinta e direta na observação de Euclides da Cunha, ao tratar de "um clima caluniado", em *À margem da história*:

> Abra-se qualquer regulamento de higiene colonial. Ressaltam à mais breve leitura os esforços incomparáveis das modernas missões e o seu apostolado complexo que, ao revés das antigas, não visam a arrebatar para a civilização a barbaria transfigurada, senão transplantar, integralmente, a própria civilização para o seio adverso e rude dos territórios bárbaros (1946, p. 52).

Vencer a vastidão implicava em transpor os obstáculos ao progresso impostos pela natureza. Progresso material, como construções de ferrovias e linhas telegráficas, era sinônimo de civilização, identificada basicamente com a utilização de novas tecnologias.

É nesse contexto que podemos ler o anúncio da inauguração oficial das obras da Estrada de Ferro Noroeste do Brasil em Porto Esperança, em 03 de maio de 1908, divulgado na véspera pelo *Autonomista*. O tom do editorial "Acontecimento Notável" foi o de exaltar o feito, a primeira estrada de ferro de Mato Grosso: "Inicia-se, por tanto, amanhã [...] o mais seguro caminho da prosperidade e engrandecimento deste feracíssimo território da comunhão brasileira". Informava, entre outros aspectos, que a obra estaria concluída em 30 meses e que, a partir de então, apenas 72 horas de viagem uniriam Mato Grosso aos principais centros da República (n. 141, 2 maio 1908, p. 1)[12].

O início do "mais seguro caminho da prosperidade e do engrandecimento" tinha data marcada, era como se, por si só, a presença da estrada e do trem fosse suficiente para implantar o progresso. A concepção de progresso, entendida como processo automático e sem limite, é criticada por Walter Benjamin ao tratar em seu texto "Sobre o conceito da História", pois está vinculada à idéia de marcha no interior de um tempo vazio, assim, qualifica-a como um conceito dogmático, sem vínculo crítico com a realidade, e associado a uma idéia de humanidade em si (1993, p. 229).

Pouco mais de um ano após a inauguração das obras, comentando sobre a frente de trabalho de Itapura a Porto Esperança, em carta publicada pelo *Correio do Estado*, em 26 de junho de 1909, sob o título "Carta de Porto Esperança", um missivista identificado apenas pelas iniciais do nome J.S.M. noticiava que os trabalhos estavam sendo desenvolvidos com aceleração e, ainda em 1909, seria estabelecido o tráfego regular até a vila de Miranda, "que já sente o bafejo do progresso". Nota-se a mesma tônica no discurso sobre o significado da ferrovia. Quanto aos trabalhos no trecho seguinte, isto é, de Miranda a Porto Esperança, afirmava: "a construção ataca com intensidade o pantanal terrível".

A concepção do pantanal como obstáculo ao progresso foi também abordada por outro periódico, em editorial "Estrada de Ferro Noroeste do Brazil", que criticava, contudo, a posição de quem afirmava que seu trecho era invadeável e insuperável. Ao mesmo tempo, colocava em questão a representação corrente de "má fama" do pantanal.

> Aí vimos irmanados pela noção nítida do cumprimento do dever, engenheiros e operários, que com uma tenacidade e dedicação digna dos mais merecidos louvores, conquistando com sacrifícios inauditos, não poupando esforços, e até esgotando as suas melhores energias, pretendem remover o obstáculo oposto pelo injustamente mal afamado pantanal, demonstrando aos cépticos a exeqüibilidade e praticabilidade oportuna do traçado que exigindo menor distância total e melhores probabilidades de remuneração do capital empregado, alia também ótimas qualidades estratégicas (*O Brazil*, n. 347, 16 dez. 1909, p. 1).

As representações sobre a conquista do pantanal pela tecnologia, conceito associado à civilização, como já comentamos, podem ser melhor captadas na referida carta de J.M.S., quando comenta a existência de linhas provisórias e de locomotivas na região de Miranda, que operavam para auxiliar no transporte de material para os trabalhos que ali se desenvolviam, nos seguintes termos:

> [...] Trens de lastro chegam, em linha provisória até ao quilômetro 14, levando material para o avançamento da linha, que prossegue com celeridade.
> [...]
> Três possantes locomotivas enchem de fumo a atmosfera, levando o seu alvo civilizador ao inóspito pantanal, que será, em breve dominado por completo (*Correio do Estado*, n. 14, 26 jun. 1909, p. 1).

Ao saudar as locomotivas que enchem de fumaça a atmosfera, trazendo a civilização ao inóspito pantanal, anunciando que este será dominado por completo, o missivista explicita a oposição fundamental presente no discurso predominante dos periódicos de Mato Grosso, qual seja: entre civilização e natureza. É significativa a questão desse encantamento com a presença da tecnologia e seus signos, assim analisada por Nastalio R. Botana:

Os poderes saídos da fábrica tinham seu próprio arsenal de signos. Fazia-se mister desfraldar suas bandeiras até nos recantos mais obscuros e inóspitos. Mesmo que ninguém a visse. Com efeito, haveria que vencer a vertigem do vazio, exatamente às custas dessa outra miragem forjada pelos trilhos, pelas quimeras de ferro.

O Transtorno que a máquina a vapor produzia na quietude da selva era um dos símbolos da transição industrial. Um artefato toma posse da terra virgem, afugenta com seu som a velha natureza e navega o rio como se tivesse alma própria [...] Que maior encantamento, para quem padecia o vazio do deserto, do que essas máquinas capazes de formar o novo mundo a golpes de energia?[13]

Ao nos determos um pouco sobre o discurso do missivista J.M.S., constatamos as marcas do encantamento apontadas por Botana, das máquinas vencendo o vazio. Em sua carta, J.M.S. estabelece nítida relação de conjunção com a civilização e disjunção com a natureza. Ou seja, existe uma qualificação semântica eufórica, marca de um valor positivo para civilização e disfórica para natureza, que é vista como um valor negativo, obstáculo a ser vencido. Seus traços nos ajudam a elucidar as concepções então subjacentes a esse discurso.

O Pantanal, que figurativiza a natureza, é representado como "terrível", "inóspito", "maldito", "produtor de febres", "ceifador de vidas", enfim, "inabitável". Em contrapartida, a civilização ganha marcas positivas, figurativizada por ferrovia, trilhos, locomotiva, o fumo (fumaça), equivalentes do progresso, da vida e do trabalho.

A narratividade presente nesse discurso se coloca nos seguintes termos: antes da ferrovia, não havia porto, navegação, vida, cultura, civilização. Como uma espécie de varinha de condão, para J.M.S. a ferrovia tudo transforma, traz o progresso e a civilização:

> Em breve, estou certo, este pantanal, ora maldito, produtor de febres e ceifador de vidas, há de transformar-se pelo trabalho persistente e patriótico do homem inteligente e ativo, em belas plantações de arroz, que ao meu ver profissional, progredirá aí facilmente, só com o auxílio do arado e ligeira drenagem (*Correio do Estado*, n. 14, 26 jun. 1909, p. 1).

Outro aspecto recorrente nesse discurso é o da dominação da natureza pelo homem. A natureza deve ser subjugada e o progresso é visto exatamente como um componente desse processo. A dominação tecnológica sobre a natureza é que proporcionará o paraíso. Não há a idéia de inclusão, convivência e relações de necessidade. Deriva de seus pressupostos a visão negativa sobre o pantanal, os sertões e inclusive seus habitantes, quer as nações indígenas, vistas como selvagens, desprovidas de progresso e civilização, quer os demais habitantes mestiços.

A forma como Euclides da Cunha refere-se à natureza em "Um Clima Caluniado", ao descrever a região do Acre no início do século XX, é bem típica da concepção mencionada, e já citada em epígrafe: "A terra é, naturalmente, desgraciosa e triste, porque é nova. Está em ser. Faltam-lhe à vestimenta de matas os recortes do trabalho" (1946, p. 48).

Tal forma de se expressar revela uma visão negativa de natureza, como se estivesse incompleta, em função do vazio, da ausência de tecnologia, do trabalho humano, mesmo que desordenado. O que pode ser apreendido na seqüência do mesmo texto, quando Euclides da Cunha refere-se aos imigrantes cearenses, paraibanos e aos sertanejos nortistas que, embora tenham ocupado o Acre de forma desordenada, conseguiram se estabelecer e sobreviver naquelas paragens longínquas, cumprindo um papel importante, sem o saber, qual seja, na expressão do autor, "estão amansando o deserto"(1946, p. 49).

O trabalho humano é enaltecido por Euclides da Cunha em razão de estabelecer o controle sobre a selvagem natureza, função que cumpre mesmo quando realizado de forma inconsciente. Esta perspectiva, de um conceito de trabalho que visa à mera exploração da natureza, é criticada por Walter Benjamin por tratar-se de uma concepção de traços tecnocráticos, cujo interesse se dirige apenas aos progressos na dominação da natureza, de viés positivista. Contrapõe, a essa concepção, o tipo de trabalho que "longe de explorar a natureza, libera as criações que dormem, como virtualidades, em seu ventre". Visão que resgata das fantasias das utopias socialistas anteriores a 1848. Benjamin questiona o conceito corrompido de trabalho do filósofo Josef Dietzgen, pois corresponde a um conceito complementar de natureza, sobre a qual o filósofo afirmava: "que está ali, grátis". Ou seja, disponível, pronta para ser explorada pelo homem. (Benjamin 1993, p. 228).[14]

A visão de Euclides da Cunha sobre a atuação do sertanejo é positiva, porém fundamentada em princípios racistas. Em *Os Sertões*, referia-se ao sertanejo como "um forte" e ao mencionar sua presença no Acre, em "Um clima caluniado", enaltece sua participação como imigrante. É significativo registrar que o autor operou uma inversão sobre as concepções então correntes de valorização do litoral em detrimento do interior[15]. Contudo, conforme Roberto Ventura, essa inversão foi possível porque Euclides via na miscigenação entre branco e índio um resultado mais positivo do que entre o branco e o negro, chegando a referir-se aos mulatos como mestiços neurastênicos do litoral, portadores de raquitismo. A defesa que fazia do sertanejo fundamentava-se na idéia de que este possuía uma evolução racial e cultural mais estável do que os mulatos do litoral, em função do isolamento histórico e a ausência de componentes africanos. É evidente em seu discurso, portanto, o pressuposto da inferioridade das raças não brancas e dos prejuízos da mestiçagem. Foi com base neste que negou a primazia evolutiva das populações litorâneas (Ventura, 1991, p. 55).

As concepções correntes sobre a necessidade de conquistar a natureza, implantar o progresso e a função do trabalho nesse processo, defendidas por engenheiros como Euclides da Cunha, também faziam parte dos discursos veiculados pela imprensa corumbaense. As considerações, a seguir, sobre o significado da Noroeste e sua presença no Pantanal, publicadas em artigo do jornal *O Brazil*, expressam essa idéia:

> Foi nessa zona privilegiada em pastagens infinitas, possuindo terras feracíssimas e providencialmente irrigadas, onde o arroz seria uma riqueza real, do mesmo modo que os outros cereais e os leguminosos, que tivemos o indiscritível prazer de verificar como a dupla corrente de homens e capitais, podem guiados pelo lábaro de bem servir a Pátria, fecundá-la, benéfica e dignamente, espalhando por toda parte, o húmus do trabalho e da vida (n. 347, 16 dez. 1909).

As afirmações de J.S.M. em sua já mencionada carta publicada em junho de 1909, sobre o relativo progresso vivenciado por Porto Esperança, ponto terminal da Ferrovia Noroeste no trecho Itapura - Corumbá, corroboram essa perspectiva. Lembrava que um ano antes, a localidade não passava de uma barranca, onde apenas uma ou outra embarcação (chalana ou pequena lancha) chegava para trazer mantimentos aos poucos moradores da região, que possuíam reduzida quantidade de gado. Desde então, apresentava bom movimento de navios que traziam cargas para a construção, descarregando material fixo e rodante para realização dos trabalhos. Afirmava que raro "é o navio que sulca o majestoso Paraguai, que não nos traga cargas ou pessoal, dando-se com isto grande impulso à navegação fluvial" (*Correio do Estado*, n. 14, 26 jun. 1909, p. 1).

Descreveu também uma série de construções de edifícios, que passaram a compor a localidade: escritório, almoxarifado, elegante casa de residência do chefe do escritório e casas para os empregados de categoria, barracões para materiais e máquinas. Concluiu com essas considerações sobre o porto: "Agora o olhar perscrutador dos inúmeros viajantes que constantemente passam por aqui, sente com prazer que em Porto-Esperança já existe progresso, vida, animação" (*Correio do Estado*, n. 14, 26 jun.1909, p. 1).

Em sua descrição das construções que passaram a compor a paisagem local, nota-se um "esquecimento": não faz menção a abrigos para os trabalhadores em geral (operários braçais), apenas refere-se às casas dos empregados de categoria. Também quanto às condições de trabalho dos operários e dificuldades enfrentadas: doenças, falta de alimentos, atrasos no pagamento, jornada de trabalho etc., o missivista prima pela ausência de referências. Contudo, expressa o orgulho de fazer parte de uma "falange de pioneiros do progresso". Seu interesse se dirige apenas aos progressos na dominação da natureza, e não, por exemplo, aos retrocessos na organização da sociedade, situação que se pode identificar no tratamento dispensado aos trabalhadores. Omite, inclusive, os espaços onde e como viviam os operários.

Em reportagem sobre a construção da ferrovia, realizada pelo periódico de Corumbá, *O Brazil*, a tônica foi desmentir as acusações contra a Noroeste sobre as más condições de trabalho, às quais os operários eram submetidos e inclusive a exploração destes por meio do esquema dos armazéns, que amarrava o operário pelas dívidas. O periódico legitimava o discurso oficial, divulgando que as condições de trabalho eram boas, a liberdade plena e que grande parte dos operários não queria saber de trabalhar[16].

As dificuldades enfrentadas pelos trabalhadores podem ser apreendidas mais explicitamente através de fontes que revelam as manifestações dos sindicatos e periódicos a eles associados; contudo, mesmo as fontes que divulgavam os discursos oficiais, deixam pistas e referências nas entrelinhas. Além disso, encontramos outras brechas nessas fontes. Em crônicas ou esparsas notícias dos periódicos locais, há marcas de situações que indiciariamente nos levam a desvendar circunstâncias adversas que foram enfrentadas pelos trabalhadores desamparados da assistência prometida pela Noroeste. Um cronista de pseudônimo Gavião, por exemplo, em seu texto *Impressões da Semana*, descreveu o diálogo que manteve com dois ex-trabalhadores da ferrovia Noroeste com os quais se deparou em Corumbá e, de certa forma, o surpreenderam, como se fossem espectros, uma alucinação:

> Só, absorto e trêmulo leio notícias de bens do coração, muito distantes, tremendamente distantes. E fito um retrato que me olha também com os olhos vivos onde flutuam uma mágoa, uma repreensão, a exigência de uma explicação para uma ausência tão longa.. ..E prossigo nessa espécie de êxtase, quando batem. 'Dá licença!' Parece alucinação: dois homens escaveirados e maltrapilhos solicitam minha misericórdia. 'Somos da Noroeste. Estivemos na Saloba e como *ficamos com febres perdemos o emprego. Somos mineiros e queremos trabalho!*' *Tenho a visão de* certo bando de famintos, que vinham da Índia e que vi em Londres, a opulenta cidade deixando-os morrer sem socorro e uma grande vergonha dolorosa entenebresse minha alma. Procurem o dr. Penido, que ele lhes favorecerá. Os espectros saem desalentados deixando-me envenenado para o resto do dia!...(*Correio do Estado*, n. 14, 26 jun. 1909, p. 1), [Grifo Nosso].

A razão da perda do emprego, segundo o relato do cronista que divulga a versão desses trabalhadores, foi a febre. Os relatórios médicos sobre as condições de trabalho dos operários nas construções de ferrovias do período, como também das Linhas Telegráficas em Mato Grosso, apontam as doenças como uma das principais causas de queda na produtividade do trabalho, mortalidade e abandono das atividades, inclusive através de fugas.

Os cuidados da Noroeste com as condições de salubridade dos trabalhadores eram precários. Conforme Maria Inês de Castro, as normas mais elementares de saneamento, já conhecidas naquela época, foram ignoradas. O descaso da companhia foi objeto de um aviso do ministro da Viação e Obras Públicas, de fevereiro de 1910, lamentando o fato de que trabalhadores adoecidos em serviço fossem transportados para a cidade de Assunção, sem os necessários recursos[17]. Frente a esse quadro, é possível concordar com Foot Hardman quando afirma que o saber médico-sanitário (que administrou as doenças em níveis toleráveis para as companhias empreiteiras) foi responsável pelo triunfo da técnica e do maquinismo nas grandes construções pelas selvas (1988, p. 138)[18].

Considerando o exposto e retomando os artigos publicados pelo jornal *O Brazil*, em novembro/dezembro/1909, sobre a construção da ferrovia Noroeste, podemos concluir que, ao afirmar que os operários não sofriam qualquer tratamento desumano e que o maior problema eram os próprios trabalhadores, o periódico revelava nítida intenção de legitimar o discurso oficial daquela Companhia.

Ao indagarmos sobre o lugar dos trabalhadores no processo de construção das linhas telegráficas, também constatamos que não passou de um apêndice nas representações discursivas.

Os periódicos, tanto de Corumbá como de Cuiabá, destacaram que a construção da linha telegráfica que percorreria o estado de Mato Grosso tinha um responsável, devia-se aos "inautos esforços" do mato-grossense Sr. Major do Corpo de Engenheiros, Candido Mariano da Silva Rondon. Apresentavam-no como constituindo-se no mais "alentado paladino do progresso e engrandecimento da sua terra natal". À sua capacidade profissional, atribuíam, em tão pouco tempo, a ligação de Cuiabá a Corumbá. Essas homenagens e referências são explícitas:

> Secundado eficazmente, na sua proveitosa ação diretora, pela ilustre comissão que chefia, o ilustre engenheiro mato-grossense jamais encontrou embargos naturais à sua extraordinária atividade na prossecução corajosa dos penosos trabalhos a seu cargo, submetendo-se com a mais serena resignação a todas as intempéries, através dos pantanais e das florestas dos nossos ínvios sertões, cujo seio exuberante

e virgem rasgou num longo sulco por onde hoje, circula, silencioso e rápido o pensamento humano (*O Brazil*, n. 66, 1 jan. 1904).

No mesmo editorial, também mencionaram-se as ações ininterruptas dos seus auxiliares engenheiros, agrimensor, médicos, telegrafista e feitores, qualificadas de vigorosas. Finalmente, fez breve registro do pessoal braçal, referência a 110 homens do 21º Batalhão de Infantaria e de outros pequenos contigentes.

Nenhuma menção se fazia aos trabalhadores que, compulsoriamente ou não, formaram as equipes da Comissão que realizaram tão extenso trabalho de construção das linhas telegráficas ao longo das fronteiras de Mato Grosso, muitos dos quais faleceram durante os trabalhos em função das precárias condições em que desenvolviam as atividades.

A forma como se constituiu a Comissão e as condições em que se realizaram os trabalhos não foram objeto de comentário. O custo do "progresso" e, por vezes, a "suspensão da civilização", que, contraditoriamente, esse mesmo progresso deveria trazer, não sensibilizaram e não se tornaram objeto de análise. O caso dos ex-marinheiros, "anistiados" pelo governo federal após a Revolta da Chibata, em seguida deportados para a Comissão das Linhas Telegráficas em 1911, representa um exemplo típico do tratamento dispensado aos trabalhadores[19].

Assim como o telégrafo, a ferrovia gerou expectativas de grande progresso para a região sul do estado e a imprensa identificava essas novas tecnologias de comunicação e transporte como o ingresso, o passaporte que colocaria Mato Grosso no nível da civilização. Cada um desses acontecimentos provocou análises que partiram de pressupostos comuns sobre o significado desses símbolos da modernidade, mas com percepções diferenciadas quanto aos seus resultados com relação ao futuro das duas principais cidades de Mato Grosso, a capital Cuiabá e a portuária Corumbá.

Com freqüência, a imprensa periódica de Corumbá referia-se à cidade como a mais importante de Mato Grosso, especialmente ao comentar a incorporação do telégrafo e da ferrovia, esses elementos da modernidade, em sua paisagem. Os periódicos geralmente destacavam sua posição geográfica e estratégica privilegiada, o porto, a importância do comércio atraindo capital, viajantes, estrangeiros e o crescimento populacional (*O Brazil*, n. 16, 11 jan. 1903 e *Correio do Estado*, n. 1, 12 maio 1909).

Os editoriais do jornal *Correio do Estado*, em suas primeiras edições dos meses de maio/junho de 1909, destacavam a importância do desenvolvimento da navegação e da futura ferrovia para o crescimento de Corumbá. Previam que a ligação com os centros mais adiantados do Brasil duplicaria ou até triplicaria a população da região (*Correio do Estado*, n. 1, 12 maio 1909, p. 1).

Frente ao otimismo ufanista da imprensa corumbaense, a cuiabana se apresentava reticente quanto aos destinos de sua cidade. A imprensa de Cuiabá, às vésperas da inauguração da linha telegráfica de Corumbá, reconhecia a importância dessa aquisição para a acentuação do progresso e expansão do desenvolvimento comercial desta última. O jornal cuiabano *O Matto-Grosso*, de 8 de novembro de 1903, entre as razões para essa previsão, apontava a rapidez nas comunicações, útil e necessária, independente de sua natureza, mas principalmente na de caráter comercial, cujo bom êxito freqüentemente dependia da presteza com que se realizava (apud *O Brazil*, n. 61, nov. 1903).

O periódico cuiabano *O Matto Grosso*, por exemplo, bem expressou essa problemática ao revelar a preocupação com o futuro de Cuiabá, após o melhor aparelhamento de Corumbá com o telégrafo, pois, a partir de então, esta deixaria de depender da capital, bem como de Assunção (Paraguai), para expedir os seus despachos. Na avaliação do referido jornal, a capital do estado estaria perdendo uma de suas únicas vantagens sobre Corumbá, que era exatamente a facilidade de se corresponder pelo telégrafo com os outros centros e praças da República e do estrangeiro[20]. Em razão disso, previa que: "[...] em breve tempo terá Corumbá absorvido e concentrado em si toda a importância e quase todo o resto de preponderância que até aqui gozamos como Capital, sede de governo, e primeira cidade do Estado" (apud *O Brazil*, n. 61, nov. 1903). Em tom de lamento, nesse mesmo editorial, o jornal cuiabano ressaltava que a única vantagem que restaria a Cuiabá seria a de melhor clima em certas épocas do ano. Essa afirmação, por sua vez, suscitou uma série de artigos e editoriais contestando-a, publicados no periódico corumbaense *O Brazil*.

Outro momento que ganhou destaque na imprensa, acentuando a discussão sobre essa polarização, foi o do anúncio da construção da ferrovia Noroeste. Nessa circunstância, o editorial "Do Norte ao Sul", do *Correio do Estado* de 29 de maio de 1909, previa um grande movimento de progresso para o sul do Estado de Mato Grosso e, assim, recolocava o problema das diferenças entre regiões. Interpretou como natural o entusiasmo que tal perspectiva proporcionava, ressaltando a finalidade da ferrovia na ligação do noroeste brasileiro aos centros mais adiantados do país, tornando a região um foco permanente de feliz prosperidade, pois nascentes povoados cobririam as terras baldias, valorizando os campos. A presença do trem constituiria uma nova situação, que na visão do editorialista, incentivaria o trabalho do homem no desenvolvimento da agricultura, considerando-a como uma das principais fontes de riqueza, propiciando a criação de estabelecimentos industriais, como também maior facilidade no transporte dos produtos, contribuindo com o aumento nas exportações. Afirmava que os capitais e braços encontrariam, no território de Mato Grosso, os meios para alcançar resultados compensadores. O texto, porém, encerra-se com um lamento sobre a situação do norte do estado e sua capital, nos seguintes termos:

> [...] repletos do natural entusiasmo pelo grandiloque movimento progressista que move-nos para o vasto, rico opulento e futuroso Estado de Mato Grosso, repetimos, sentíamos, no entanto, viva contrariedade em nossa alma, vendo que ficava segregada da grande comunhão a ser felicitada pelo promissor melhoramento, a nossa capital e com ela o Norte inteiro do Estado, que as bate, altivo e sincero como o Sul, nas lutas dignificadoras do trabalho, da civilização e do progresso. (Correio do Estado, 29 maio 1909).

Ressaltamos que o telégrafo não era um artefato da modernidade que faltasse a Cuiabá, pois ali já fora instalado em 1891. Mesmo assim, sua chegada em Corumbá, mais de dez anos depois, foi lamentada pelos cuiabanos, conforme sua imprensa, pois significava que Corumbá ganharia maior autonomia, acelerando seu desenvolvimento. Poucos anos depois, essa percepção se aguçou ainda mais, por ocasião do anúncio da chegada dos trilhos da Noroeste a Corumbá, símbolo da modernidade do qual a capital era carente, ato contínuo dessa percepção: a inviabilização do desenvolvimento de Cuiabá, ameaçada enquanto sede administrativa. Alguns jornais, ao comentarem que Cuiabá ficaria fora do traçado da Noroeste, definiram a situação como injusta, mesmo porque o sul estava mais próximo da civilização. Havia, portanto, além do sentimento de estar "afastada", uma segunda percepção, a de um grau maior de distanciamento interno entre regiões do próprio estado (Galetti, 2000)[21].

Em dois editoriais, de abril de 1908, o jornal *O Cruzeiro*, nos oferece a perspectiva de análise dos setores cuiabanos sobre a questão:

> O ser capital somente não impedir-nos-á a decadência que em breve estará entrando pelo mesmo porto por onde saíram o nosso progresso e a nossa vida. A bancarrota será fatal. O comércio que é a mola da prosperidade das nações e das cidades, morrerá. [...] Não resta dúvida alguma que o sul que também é nosso, progredirá imensamente. Mas de que serve isso se tem de despir-se um santo para cobrir outro...? Nada mais é que suma injustiça, quanto mais sendo o sul uma zona que independente de qualquer auxílio tem-se mantido e adiantado bastante; e não assim a zona norte, que conquanto rica, não poderá viver sem o auxílio que a tem conservado, porque a sua topografia é muito inferior à outra, desprovida de meios fáceis de comunicação, completamente sem centros vizinhos que lhe enviem os reflexos do seu progresso, afinal – é um oásis na grande extensão árida do deserto (apud Galetti, 2000, p. 271).

O mesmo jornal, voltando ao tema, em 30 de janeiro de 1910, afirmaria que os dois extremos do estado, ao ganharem suas ferrovias (ao norte, a Madeira Mamoré, e, ao sul, a Noroeste), atrairiam a atividade industrial e se tornariam centros da vida econômica. A capital, entre essas duas regiões de futuro promissor, permaneceria a mesma, abandonada da natureza e dos homens (apud Galetti, 2000, p. 270).

Compartilhando das expectativas de desenvolvimento da região sul de Mato Grosso, o bispo de Cuiabá, D. Carlos Luiz d'Amour encaminhou à Santa Sé pedido de desmembramento de sua diocese. Assim, em 05 de abril de 1910, foi criada pelo Papa Pio X a diocese de Corumbá, através da Bula *Novas Constituere*, pela qual instituiu também a diocese de São Luiz de Cáceres. Para Jérri R. Marin, "a divisão eclesiástica não ocorreu em virtude do desenvolvimento religioso da diocese, mas de uma política de expansão institucional". A área da nova diocese de Corumbá correspondia a 450.000 km², um pouco maior que o atual Estado de Mato Grosso do Sul (2000, p. 199-202).

Em razão desses fatores, Laura Antunes Maciel considerou a primeira década do século XX privilegiada para se perceber como se construiu essa oposição entre Cuiabá e Corumbá e suas representações:

> Enquanto a primeira era representada através da decadência, do ócio e do atraso, a segunda crescia sob o signo do trabalho, do movimento crescente de mercadorias, forjando uma imagem de progresso. Corumbá estava associada ao presente e aguardava um futuro promissor com a chegada da estrada de ferro, enquanto Cuiabá ligava-se ao passado e às experiências fracassadas do século XVIII, sem perspectivas e sem promessas (1992, p.68).

Contudo, essa disputa se iniciara no final do século XIX. Segundo Jesus da Silva Brandão, o desenvolvimento de Corumbá foi tão significativo que seus habitantes passaram a reivindicar para a cidade, desde a última década do século XIX, "a condição de sede político-administrativa de Mato Grosso, já que desfrutava a situação de capital econômica de fato", pois nela se concentravam as maiores casas comerciais, importadoras e exportadoras, e sua arrecadação era a maior do estado (Brandão, 1991, p. 9). Além disso, devido a sua posição estratégica, abrigava a sede militar do comando da fronteira.

Os políticos e a elite corumbaenses manifestaram-se, em meados de 1889, propondo a transferência da capital para a cidade, alegando, entre outras razões, a falta de assistência político-administrativa a Corumbá e o seu crescente e significativo aumento demográfico. Tal reivindicação se constituiu em objeto de análise de editoriais de *A Gazeta*, periódico cuiabano, rebatendo as argumentações dos políticos (Weingartiner, 1995, p. 37).

Maciel afirma que Cuiabá viveu sob a ameaça de ser suplantada a qualquer momento por Corumbá e perder seu status de capital e temia que seu destino fosse idêntico ao da antiga capital Vila Bela, desaparecendo esquecida e abandonada por todos (1992, p. 68).

Essa disputa se estendeu por décadas, do final do século XIX até início dos anos 20. Por ocasião da inauguração da iluminação elétrica de Cuiabá, em agosto de 1919, os artigos pela imprensa nos oferecem elementos de análise sobre essa rivalidade. Assim, em texto intitulado "Melhoramento Notável", publicado pelo jornal *O Matto Grosso*, em 3 de agosto de 1918, um cronista atribuía um significado que ia além do conforto proporcionado por esse melhoramento urbano:

> Por certo que Cuiabá, a cidade intelectual por excelência, não poderia permanecer em posição de menor destaque, na ordem material das conquistas da civilização ao lado das suas jovens irmãs. *A sua merecida condição de metrópole* matogrossense, trazendo-lhe pois situação sem par dentre as outras cidades do Estado, *exige-lhe decerto, as mais estreitas relações com as incomparáveis comodidades do progresso material, com esse conforto macio que a civilização nos proporciona.*
> Se bem que Corumbá com a sua magnífica posição geográfica, e facilidades de transporte daí decorrentes, ainda ocupe a vanguarda, naquele terreno, Cuiabá, com os seus projetados melhoramentos e os já em execução, em tempos que já vem breve, terá a sua invejável primazia (apud Maciel, 1992, p. 68 e 94, nota 12) grifos da autora].

Há o reconhecimento, pelo cronista, de que Corumbá ocupava a vanguarda no estado, crescia e modernizava-se, figurando como sua principal rival. Referências de viajantes, sobre esse período, também acabam por estabelecer comparativos entre Corumbá e outras localidades do estado, acentuando impressões sobre sua modernização. Um exemplo encontramos em Jacomo Vicenzi, procedente do Rio de Janeiro pela ferrovia Noroeste, visitou o interior do Mato Grosso em 1918. Dessa experiência, entre outras, teceu as seguintes considerações:

> As saudades do Rio, e mesmo a necessidade que sentia de um demorado repouso, não me desviaram do plano traçado de passar alguns dias nessa cidade também [Corumbá]. Depois de quase dois meses e meio, passados no centro do estado, sem estradas, sem calçamento e sem iluminação, parece-me agora que estou passeando numa das mais belas metrópoles do mundo. Corumbá progride a olhos vistos. Nela constroem-se continuamente casas e palacetes: as ruas são

largas e bem calçadas e há passeios ladrilhados que podem rivalizar com os melhores do Rio (Vicenzi, [1922], p. 285).

É exatamente esse período, próximo às comemorações do bicentenário de fundação de Cuiabá, em 1919, que Laura Antunes Maciel identifica como um momento de reação. Os discursos, principalmente na imprensa, tentavam "fazer ressurgir no cuiabano a crença num futuro promissor"(Maciel, 1992, p. 69).

A rivalidade, da qual tratamos, não se reduz às questões urbanas entre duas cidades, requer uma contextualização mais ampla, da disputa entre as oligarquias do norte e do sul de Mato Grosso. Esta questão não é objeto do presente estudo, contudo, uma referência parece-nos significativa deixar registrada: nesse jogo, na argumentação das partes, houve a utilização de concepções etnocentristas. Ou seja, por um lado, os do sul enalteciam a sua formação, considerando, em parte, a migração gaúcha, enquanto que os do norte valorizavam sua ascendência bandeirante. Eram tentativas de constituir identidades e desqualificar o outro.

Para além das diferenças, forjar-se-ia uma identidade mato-grossense, com hegemonia das representações elaboradas entre as frações sociais dominantes da região de Cuiabá. Nesse processo, entre outros aspectos, Osvaldo Zorzato destaca os papéis do Instituto Histórico de Mato Grosso, fundado em 1919, e do discurso historiográfico, os quais contribuíram para elaborar uma representação de "mito das origens", vinculando os mato-grossenses à "epopéia bandeirante". Identifica, também, três idéias principais, comuns nas construções identitárias regionais no Brasil, a partir do final do século XIX: a de conquista, a de civilização e a de modernidade (Zorzato, 1998, p. 17, 62).

As matrizes discursivas, veiculadas especialmente pelos periódicos mato-grossenses da época, trabalhavam as idéias de progresso e civilização na perspectiva de uma evolução em estágios automáticos e necessários, pelos quais todas as sociedades passariam, cabendo ao homem apenas apressá-los. Em parte, era esse o esforço que marcava as disputas referidas, pelo menos quanto às suas representações, o de estar enquadrado, o quanto antes, no seio da civilização, mesmo que para trás ficassem os adversários da outra região do estado, ou aqueles próximos, como os trabalhadores e os indígenas.

O sentimento de pertencimento à civilização tinha outro componente significativo, embora ambíguo, era marcado pelo desejo de compartilhar do progresso técnico ocidental. Tal sentimento se revelou especialmente com os anúncios da chegada dos dois grandes símbolos da modernidade do século XIX, o telégrafo e o trem, que venceriam a natureza, naquilo que os contemporâneos mato-grossenses entendiam como obstáculos à civilização, ou seja, o "vazio" territorial, o pantanal, a natureza selvagem e "intocada".

Imprensa, representações e poder: elites em confronto

De todos os círculos, de todos os esplendores do espírito humano, o mais largo é a imprensa; o seu diâmetro é o próprio diâmetro da civilização.
Victor Hugo
Sertanejo, Corumbá, 16 mar. 1898.

A ação do pasquim, nas sociedades que evoluem, é idêntica à das pestes nos lugares insalubres...
Gavião
Correio do Estado, Corumbá, 21 ago. 1909

O jornal é um dos símbolos da modernidade, assim como outros produtos tecnológicos já mencionados - o trem e o telégrafo. O jornal era o meio de comunicação mais eficiente no final do século XIX. A imprensa periódica se constituiu em Corumbá em fins da década de 1870, em pleno processo de reconstrução da vila, após o término da guerra contra o vizinho Paraguai. A navegação internacional e o crescimento das atividades comerciais ganharam grande impulso nesse momento. É o contexto em que comerciantes portugueses fundam, em 18 de janeiro de 1877, o primeiro periódico local, sugestivamente denominado *O Iniciador*.

Ao título, como em geral nos periódicos da época, seguia-se, o subtítulo: *Legalidade, Justiça, Ordem e Liberdade*. Tratava-se de jornal ligado aos comerciantes portugueses de Corumbá - Manoel Antonio Guimarães e Silvestre Antunes Pereira da Serra. Sob o ponto de vista técnico, era impresso em prelo Marinoni, o primeiro a ser utilizado em Mato Grosso, tendo sido adquirido em Assunção. Uma de suas peculiaridades era o fato dos tipógrafos utilizarem o algarismo 5 invertido, para substituir o c cedilhado ç (Mendonça, 1919, p. 54).

Em Mato Grosso, a imprensa foi introduzida primeiramente em Cuiabá, com o jornal *Themis Matogrossense*, aos 14 de agosto de 1839. Tratava-se de folha de caráter oficial, para publicação dos atos do Governo Provincial. A tipografia onde se editava o jornal foi adquirida no Rio de Janeiro, através de subscrição proposta em março de 1837, pelo Presidente da Província, Dr. José Antonio Pimenta Bueno, futuro Marquês de São Vicente[1].

O periódico *O Iniciador*, assim como os demais que foram surgindo em Corumbá, possuíam algumas seções relativamente fixas: opiniões do jornal (editorial), notícias (em algumas edições, denominada de gazetilha), seção paga, anúncios, folhetim etc. Isso não significava, porém, que em todas as edições essas seções fossem apresentadas, havia variações, supressões[2].

A diagramação era muito limitada, compunham-se os textos em três ou quatro colunas estreitas, padrão que alguns periódicos mantinham inclusive na seção de anúncios, única a apresentar algumas ilustrações, através de desenhos. A fotografia era ainda ausente. Em geral, os jornais possuíam quatro páginas, impressas em tipos miúdos, o que dificultava a leitura. Quanto à distribuição, a principal forma de aquisição era através de assinaturas, embora existisse a venda avulsa.

As características gerais desses jornais corumbaenses são idênticas às dos editados no mesmo período na capital, Cuiabá, ou em outras cidades brasileiras. Conforme Walnice Nogueira Galvão (1977, p. 15-23), que pesquisou periódicos de várias regiões brasileiras da última década do século XIX, tanto os que eram publicados na Capital Federal, como em outros centros urbanos ou mesmo no interior, eram muito semelhantes. As características descritas, sobre os jornais de Corumbá e Cuiabá, são, em linhas gerais, as mencionadas pela autora, ao apresentar os jornais de 1897.

A linguagem polêmica era outra característica comum aos periódicos da época, além dos aspectos formais já comentados, uma vez que o jornalismo era essencialmente opinativo. Divergiam muitas vezes, não sobre questões de fundo teórico, mas em relação a detalhes, a partir dos quais deslizavam para acusações de ordem pessoal e moral, atingindo a honra dos adversários, em nada relacionadas com o ponto de discordância inicial. Rubens de Mendonça menciona as impressões de Karl Von Den Steinen sobre a imprensa de Cuiabá no verão de 1884, e suas referências, exatamente quanto a esse aspecto; transcrevemos trecho desse comentário, por expressar, de forma paradigmática, tal característica:

> A polêmica dos redatores ocupa grande espaço: com aprumo clássico do retórico penetrado da perfeita elegância de seu estilo, atira-se um adversário atrevido, e mede-o, fulmina-o, aniquila-o. Depois sobe do palco uma nebulosa de incenso de erudição tão pujante de concentração filosófica tão profunda que o pobre leitor passa por um arrepio de febre de devoção...
>
> Por toda a parte exageros bombásticos (Mendonça, 1963, p. 11).

Ao refletir sobre a natureza da polêmica no século XIX, Roberto Ventura também constatou que havia artigos contra artigos, réplica e tréplicas, de questões secundárias que se desviavam para debates de erudição e defesa da honra. Afirma que metáforas de luta proliferavam nas abordagens apologéticas, a linguagem de luta era parte do discurso da polêmica. A explicação do autor sobre a natureza desse tipo de abordagem polêmica é que "a proximidade entre os oponentes nos debates formou um padrão reflexivo e dual de debate, que pode ser relacionado às formas horizontais e pouco diferenciadas de conflito social e político à época" (Ventura, 1991, p. 78-80).

Outro aspecto dessa questão é tratado por Isabel Lustosa, que, ao analisar a imprensa à época da independência, identificou nas polêmicas e em sua linguagem uma possibilidade para que o campo divisor entre a linguagem literária e a linguagem popular fosse reduzido, pois a língua vulgar não ficava confinada à oralidade ou à epistolografia familiar, mas passava a freqüentar as páginas impressas, o que obrigou também a elite a participar do grande debate na arena popular, não só para se fazer entender, mas para despertar identidades, provocar paixões (Lustosa, 2000, p. 36).

Sob o ponto de vista dos conteúdos veiculados pelos periódicos em fins do século XIX, concordamos com Walnice Galvão que a monotonia do visual não se repetia quanto a esse aspecto, pois o material abordado era variadíssimo e de natureza díspar. Para expressar essa variedade, a autora recorreu à imagem utilizada por Macluhan: "O jornal é um mosaico" (1977, p. 18). Daí a cobertura do cotidiano, os periódicos tinham especial atenção para com seus assinantes e a elite que compunha a sociedade local, sempre tecendo cumprimentos aos visitantes que chegavam, aos moradores que viajavam a negócios ou estudos, aos aniversariantes, como também manifestavam os parabéns aos nubentes, aos pais etc.

Deter-nos-emos inicialmente em apreender a auto-representação desses periódicos, a identidade que tentavam criar junto ao público leitor, e ao fazê-lo, o discurso que veiculavam, como se apresentavam ideologicamente. Discutiremos quais os seus limites, para, em seguida, abordar o significado da imprensa no meio urbano, na cidade letrada.

Os periódicos, ao se apresentarem para o público leitor, especialmente em seu primeiro número, faziam-no através de carta-programa, expondo seus objetivos e ideal na imprensa, apresentavam seu programa, seu projeto, afirmando suas intenções, o porquê de *virem a lume*, como se expressavam então. Elaboravam imagens e representações sobre a sua atividade.

Apesar de não possuirmos, no acervo microfilmado dos periódicos de Corumbá, do período estudado, o primeiro número da maioria deles, tal circunstância não inviabilizou a análise, mesmo porque os periódicos revelavam suas concepções através de uma outra prática, também comum, a de iniciar um artigo, sobre um determinado tema, com algumas considerações sobre o papel da imprensa e sua importância, como que justificando a legitimidade de sua opinião. Havia, além disso, a prática de citar opiniões e afirmações de autores clássicos sobre a imprensa, como, por exemplo, as de Victor Hugo. Das referências diretas ou indiretas que temos disponíveis, notamos pouca variação de estilo e conceitos, a tônica de alguns deles nos fornece um quadro geral da forma como a imprensa se representava, pois uma certa linguagem, *formação discursiva*, predominava[3].

Em seu primeiro número, editado em 12 de maio de 1909, o *Correio do Estado* apresentou sua carta-programa, "Nossos Intuitos", mas não parou por aí: nos números subseqüentes, voltou a discutir o significado da imprensa. Eram artigos de primeira página, opinativos, ao estilo de editorial, nos quais abordou vários temas relativos a problemas e questões do cotidiano de Corumbá ou do estado de Mato Grosso, que, na visão do periódico, causavam transtornos à população. Esses artigos chamam a atenção do leitor, pois eram iniciados com uma longa assertiva sobre o papel da imprensa e os propósitos do periódico. Nessas considerações, que por vezes correspondem à metade do espaço destinado ao tema do artigo, o periódico revela a visão que possuía da imprensa, da sociedade e as concepções sobre civilização, progresso, evolução, modernidade.

Assim, as cartas-programas ou, na ausência destas, outras práticas textuais nos permitiram reconstruir parte desses discursos, como os periódicos se auto-apresentavam e a partir de quais valores buscavam legitimar sua atuação na sociedade. Identificamos algumas marcas do discurso dos periódicos, que nos possibilitam comparativos com matrizes discursivas e, efetivamente, com a prática jornalística destes. Com alguma variação, assim se exprimiam:

O *ideal* da imprensa - o progresso e o bem:

> A imprensa é a santa e imensa locomotiva do progresso...[4]
> Ao entrarmos para a luta árdua da imprensa, um único ideal nos move – o progresso – uma única estrela nos conduz – o bem[5].

O *compromisso e função vital* – a identificação com o povo e a defesa dos seus direitos, de suas aspirações:

> Neste propósito, firme, inabalável, sem desfalecimentos nem receios, aqui estaremos, em todos os tempos e em todos os casos, ao lado do povo, como sentinela vigilante dos seus direitos, das suas aspirações, dos seus interesses[6].
> [...] salvaguarda dos direitos da coletividade[7].

A *profissão de fé* - imprensa e razão iluminada:

> Pela sancção da consciencia illuminada. É com a eterna verdade, sempre a verdade, que os povos se levantam na historia, na sciencia, na philosophia, nas indústrias, nos commettimentos altruisticos, na pratica moral. El baluarte inexpunable de la verdad, en donde no puenden tener asilo ni la mentira, ni la calumnia, ni la maledicencia[8].

Baluarte da *liberdade* e garantia de *civilização*:

> Contemporânea da liberdade, a imprensa é também o seu indispensável complemento nas lutas pacíficas da civilização e nos gloriosos certamens do trabalho intelectual, que precedem às grandes transformações sociais[9].
> A imprensa é a voz do mundo...[10]

É como a tribuna, órgão essencial em civilização, é a primeira, a mais segura das garantias individuais ou públicas[11].

Imprensa, a *tribuna* na qual se proclamam as idéias:

Vais á empuñar la espada de la idea em el gran escinario de la prensa; vais á templar el alma en esa alta tribuna em donde se proclama la virtud ciudadana; vais á defender la patria com el grito de paz en los labios, sin esperar el toque del clarin para volar al combate, no donde la sangre enrojece el suelo, sino donde las ideas alumbran el espacio[12].

Imprensa, a garantia da *imparcialidade*, da neutralidade:

Não nos movem preocupações hostis [...] Somos infensos aos elogios pomposos e às polêmicas desabridas, porque não queremos fazer da imprensa um balcão de difamação[13].

São aspectos do discurso que pretendem legitimar a atuação da imprensa e criar credibilidade junto ao seu público leitor. A partir dessas marcas, examinaremos alguns de seus componentes[14].

Ao comentar a importância da imprensa e de seu aparecimento na sociedade, o *Correio do Estado* utilizou um componente narrativo argumentando sobre a situação do mundo antes e depois de sua invenção. Identificou a imprensa com a conquista da civilização, da liberdade e do surgimento do mundo moderno. Interessam-nos particularmente essas concepções, pois o crescimento da urbanização também se vincula a esse momento.

Nessa perspectiva de retomada histórica, o articulista afirma que, nas civilizações antigas, existia a tirania, o despotismo que guardava silêncio sobre os seus atos, daí a força de sua política opressora: as trevas do segredo, a ausência de publicidade. Os povos sempre lutaram contra essa situação e, mesmo em Roma, com a República, manteve-se a escravidão[15].

Após muitas lutas, quando os fundamentos do edifício passado ruíram e as cadeias da tirania foram despedaçadas, a consciência desopressa, livre, reivindicou o direito de pensar, dia em que a imprensa surgiu ao lado da liberdade. A imprensa, assim, é vista como um poder que as antigas sociedades desconheceram, mas que nos últimos séculos tem acompanhado a transformação das idéias e o progressivo caminhar da civilização.

Considerando-se essa narrativa, podemos dizer que, antes da imprensa, as civilizações antigas estavam em disjunção com a consciência iluminada. A imprensa instaura uma nova era, um novo fazer, de conjunção com a razão, a liberdade, o direito, o progresso, a verdade. São valores considerados como as marcas da sociedade moderna nos discursos dos periódicos. Dessa forma, a existência da imprensa, em Corumbá, representaria a maior garantia de que a cidade também ingressara nessa nova era.

A imprensa surge com a sociedade moderna, como uma de suas conquistas, pois é detentora da razão, que leva a sociedade a atingir o progresso e a liberdade. Como mencionou em seu n. 28, o *Sertanejo* (16 mar.1898, p. 2), citando Victor Hugo:

> A imprensa é a força, porque é a inteligência. É o clarim vivo da humanidade: toca a alvorada dos povos anunciando em voz alta o reino do direito; não conta a noite, se não para, no fim dela, saudar a aurora; advinha o dia e adverte o mundo. A imprensa é a voz do mundo.

Essa representação era recorrente na imprensa: colocar-se como a inteligência, a razão, o sol que ilumina os povos e seus caminhos. Enfim, um poder social capaz de conduzir a humanidade para um novo tempo e para a felicidade.

A liberdade é outro acento do discurso. A imprensa se arvora em defensora, guardiã da liberdade, pois se apresenta como sua contemporânea, e o seu indispensável complemento nas lutas pacíficas da civilização e do trabalho intelectual, que precedem as grandes transformações sociais. Aqui, estabelece-se a sua relação com o progresso, sinaliza que as transformações da sociedade ocorrem a partir de uma arena superior, o campo das idéias, são frutos de uma *luta pacífica* (sem conflito, isto é, derramamento de sangue), na qual, a razão iluminada, o trabalho intelectual exercido pela imprensa, é indispensável. Ou seja, o mundo transforma-se pelas idéias e, ao mencionarem a "batalha árdua que se constitui a imprensa", é dessa perspectiva que falam.

Outra função vital é apresentar-se como a salvaguarda dos direitos da coletividade. Coloca-se como a primeira e a mais segura das garantias individuais ou públicas. Apresenta espaço para as pessoas manifestarem-se, um recurso contra a opressão dos poderosos, mas cada um deve responder pelos abusos que cometer no exercício desse direito, pela forma da lei (*Autonomista*, 27 jun. 1908).

Essas qualidades da imprensa é que a qualificam como uma das mais significativas conquistas da sociedade moderna, pois a impulsionam para que atinja o progresso. Sem ela, este não aconteceria, a imprensa entende-se como um dos "elos da cadeia do progresso" (*Correio do Estado,* n. 4, 22 maio 1909, p. 1). Na sociedade moderna, reserva-se um lugar de destaque. *O Correio do Estado,* logo em seu primeiro número, afirma que o ideal que o move é o progresso e a estrela que o conduz é o bem (n. 1, 12 maio 1909, p. 1).

Para cumprir programa de tal dimensão, a imprensa necessita de credibilidade e, assim, um outro componente de seu discurso é a vinculação com a verdade. Uma carta de um escritor paraguaio, exilado no Brasil, publicada com o título "Dos palabras", pelo *Correio do Estado,* revela o que se pensava a respeito:

> Si! La tribuna de la idea necessita del concurso de corazones nobles y puros, que no estén contaminados con el fango de la vida, que no estén infiltrados de las mezquindades de los hombres, porque la prensa es el santuario del honor y la virtud, el baluarte inexpunable de la verdad, en donde no puenden tener asilo ni la mentira, ni la calumnia, ni la maledicencia (*Correio do Estado*, n. 2, 15 maio 1909, p. 2).

Com todas essas qualidades que a imprensa se atribuía, é de se supor que tinha um destinatário especial. Busca, então, uma insistente identificação com o povo. *O Correio do Estado* menciona de forma direta o compromisso com o povo. Promete em seu programa empunhar "o labor santo das grandes aspirações populares" (n.1, 12 maio 1909, p. 1), cujas conquistas de direitos compara a uma estrada luminosa, aberta pelo sangue dos mártires, desde os circos infamantes de Roma, passando pelo antigo regime, no qual triunfou a Enciclopédia. Ao propor essa identificação, recorreu à história em larga escala, ao passado das civilizações clássicas... Procura, dessa forma, uma legitimidade para falar em nome do povo, assim em seu segundo número, no editorial Juiz Substituto, ao comentar a necessidade de um substituto para a região, justifica seu interesse na questão nos seguintes termos:

> Ainda que cheguemos extenuados ao fim de nossa missão, não deixaremos de clamar constantemente pelos altos interesses populares, o intuito grandioso que nos trouxe aos arraiais da imprensa.
> [...]
> Neste propósito, firme, inabalável, sem desfalecimentos nem receios, aqui estaremos, em todos os tempos e em todos os casos, ao lado do povo, como sentinela vigilante dos seus direitos, das suas aspirações, dos seus interesses (*Correio do Estado*, n. 2, 15 maio 1909, p. 1).

O compromisso é claro, estar sempre ao lado do povo, lutando pelos seus interesses, reivindicando direitos postergados, reclamando novas fontes de vida, de paz e da justiça. A essa altura, não poderíamos deixar de perguntar: quais são os limites dessa identificação?

O discurso opera com uma categorização unitária, não estabelece as diferenças sociais: comerciantes, trabalhadores, patrões, assalariados. Homogeneiza o social através do lexema *povo*, desconsiderando intencionalmente a pluralidade, pois apesar de expressar os interesses das elites, quer passar efeito contrário, falar em nome de todos. Universaliza para parecer o que não é (universalidade abstrata). Opera com uma universalidade abstrata, *povo*, para mascarar a realidade social (Fiorin, 1988, p. 43).

Marilena Chauí, ao discutir as formas como o Estado se legitima, aparecendo como um poder uno, identifica que este trabalha no sentido de ocultar a realidade social composta por divisões, afirmando uma homogeneidade da sociedade. Identificamos esse mesmo mecanismo operando em relação à imprensa e o seu discurso sobre a categoria povo. Trata-se de uma representação, de um discurso ideológico, a-histórico e descontextualizado:

> [...] O social histórico é o social constituído pela divisão em classes e fundado pela luta de classes. Essa divisão, que faz, portanto, com que a sociedade seja, em todas as suas esferas, atravessada por conflitos e por antagonismos que exprimem a existência de contradições constitutivas do próprio social, é o que a figura do Estado tem como função ocultar. Aparecendo como um poder uno, indiviso, localizado e visível, o Estado moderno pode ocultar a realidade do social, na medida em que o poder estatal oferece a representação de uma sociedade, de direito, homogênea, indivisa, idêntica a si mesma, ainda que, de fato, esteja dividida. A operação ideológica fundamental consiste em provocar uma inversão entre o "de direito" e o "de fato". Isto é, no real, de direito e de fato, a sociedade está internamente dividida e o próprio Estado é uma das expressões dessa divisão. No entanto, a operação ideológica consiste em afirmar que "de direito" a sociedade é indivisa, sendo prova da indivisão a existência de um só e mesmo poder estatal que dirige toda a sociedade e lhe dá homogeneidade (Chaui, 1989, p. 20).

Assim, ao trabalharmos com o discurso da imprensa e sua linguagem, não se trata de trazer o exótico, o inexplorado, ou um conjunto de seu vocabulário, mas de desvelar o nível básico das relações entre os homens, na perspectiva crítica apontada por Marcos Silva, ou seja, superando a concepção de relações naturalizadas, que: "realiza em larga escala tarefas ideológicas de dominação ao se fazer passar como dado neutro da vida social" (Silvia, set. 85/fev. 86, p. 52).

A sociedade burguesa nega a existência das classes sociais e seus conflitos, fundamenta-se na igualdade de todos os cidadãos. Assim, essa recategorização de povo, no discurso da imprensa, tem a função nítida de operar a unidade daquilo que é diferenciado (Fiorin, 1988, p. 41). Contudo, há momentos em que caem as máscaras, e o discurso se revela desnudo, como no texto abaixo, de um periódico:

É assim que o Correio do Estado quer ser, pugnando altiva e sinceramente pela realização a mais completa dos majestosos ideais mato-grossenses procurando na luta pelo bem rasgar à terra futurosa dos Ponce, dos Murtinho, dos Antonio Maria, novos e mais brilhantes horizontes que iluminem os seus formosos destinos na via da civilização e do progresso (*Correio do Estado*, n. 4, 22 maio 1909, p. 1).

É sintomático, portanto, que ao falar dos destinos da terra mato-grossense, de seu futuro, identifique-a apenas com famílias pertencentes as suas oligarquias, especialmente os Ponce e os Murtinho, nelas depositando os ideais de progresso e civilização. Comentaremos algumas situações dessas elites que ajudam a desmistificar o discurso.

Apesar de o discurso acentuar a importância da inteligência, da razão, das ciências em geral na construção da sociedade moderna, a linguagem que veiculavam, em muitos pontos, apresentava características do discurso religioso, linguagem predominantemente simbólica, de imagens do sagrado. Esse processo de inserção de marcas do discurso religioso em outros discursos pode ser denominado de sacralização (Fiorin, 1988, p. 147)[16].

Tal linguagem é empregada para ressaltar a missão da imprensa, o que já denota a relação com o religioso, uma vez que missão pressupõe o envio por parte de "um alguém", que atribui legitimidade à realização de uma tarefa. Sob o ponto de vista retórico, a linguagem simbólica é empregada no discurso e ligada ao universo religioso cristão.

Em vários momentos, os periódicos de Corumbá fizeram uso desse recurso de linguagem simbólica, do discurso ligado ao universo religioso cristão para qualificar o papel da imprensa, citando terceiros, como no caso de Victor Hugo: "A imprensa é a santa e imensa locomotiva do progresso, que leva a humanidade para a terra de Canaã – a terra futura onde não haverá em torno de nós, senão irmãos, e por cima de nós, o céu." (*O Sertanejo*, n. 28, 16 mar. 1898, p. 2). Ou em texto de própria lavra, manifestando a crença numa missão:

> É esta nossa profissão de fé.
> Sacerdote da mesma missão augusta que encetamos, o nobre

paladino das idéias aplaude e anima a fé que juramos lealmente ao externar nossos intuitos, consagrados no programa do Correio.

Ardendo em desejos veementes de bem servir aos fins sacratíssimos da imprensa, teremos em nossa alma, bem impressas, as bondosas expressões que nos enviam o correto escritor. (*Correio do Estado*, n. 2, 15 maio 1909, p. 2).

Fundada em nome da razão iluminista, em que busca sua fonte genuína, a sua origem histórica que legitima o seu fazer na sociedade, seu lugar na corrente do progresso, procura também persuadir os leitores sobre sua função, tendo-a por inquestionável, atribuindo à sua missão um caráter sagrado; daí, o vocabulário simbólico/religioso empregado. Ao requerer a fé, une dois termos contrários, razão e fé, e se apresenta como mito. É nesses termos que se apresenta como veiculadora da verdade. Como se fosse possível um discurso neutro, aos moldes do positivismo, isento da visão de mundo, da ideologia e dos interesses de classe. Já vimos como o lexema *povo* era utilizado também para produzir esse efeito.

Correlato a essa proposição, embora o discurso da imprensa seja político, há a pretensão de se apresentar como apolítico. O editorial de apresentação do *Correio do Estado* usa desse expediente

Não nos seduzem as lutas de partidos, e somente quando se tratarem de assuntos palpitantes, de questões capitais, em que entrem como objetivo os interesses do povo, seremos obrigados a analisar os atos dos depositários dos poderes públicos, afim de contribuirmos com a nossa opinião para a realização serena do progresso, que acima de tudo, é o nosso escopo (n.1, 12 maio 1909, p. 1).

O mecanismo discursivo que opera com esses elementos e produzem seus efeitos, que auxiliam na compreensão deste, é fundamentalmente a partir de duas modalizações, a veridictória e a mentirosa. Aplicando-se a relação imprensa/política, temos uma modalização secreta, ser político, mas não parecer (trata-se da modalização veridictória); já na relação imprensa/neutralidade, temos a modalização do discurso mentiroso, parecer neutro, mas não ser (Barros, 1994, p. 45-46).

Na prática, os periódicos de Corumbá analisados estiveram direta ou indiretamente associados a partidos políticos ou grupos comerciais que lhes deram sustentação. À parte essa vinculação, a visão de mundo desses jornais expressava a identificação com as elites locais. A forma despolitizada de se apresentar compõe parte do discurso lacunar. O mesmo não resiste a uma análise mais detida e contextualizada.

Sobre esse aspecto do discurso, que se pretende universal, voltado para o povo, colocando-se como o representante da sociedade no seu todo, podemos concluir, mais uma vez recorrendo a Marilena Chauí, que necessariamente precisa ser ideológico: "na medida em que este se caracteriza, justamente, pelo ocultamento da divisão, da diferença e da contradição" (Chaui, 1989, p. 21).

Ao levantarmos as publicações dos periódicos em Corumbá, identificando a vinculação destes, quer a grupos ou partidos políticos, aquela apregoada imparcialidade não se sustenta. O primeiro jornal, *O Iniciador*, editado em janeiro de 1877, era ligado aos comerciantes, particularmente, aos portugueses. Teve uma existência relativamente longa, de quase dez anos (1877 – 1886), considerando-se que a grande maioria dos periódicos da época, no Brasil, tinha vida efêmera, alguns não passavam de um único número. Um ano depois, em 1º de janeiro de 1878, surgia em Corumbá, o segundo periódico, denominado *A Opinião*, editado por dois anos e meio, quando em julho de 1880, teve a sua tipografia vendida para Antonio Joaquim Malheiros, que passou a editar *O Corumbaense*, a partir de 25 de julho de 1880[17] (Quadro 1).

Os primeiros periódicos da imprensa de Corumbá nos permitem apreender os focos de tensões então vivenciados pela nascente cidade. As divergências nem sempre eram de fundo, predominavam ataques pessoais, acusações entre os redatores dos periódicos, a partir de uma discordância sobre alguma obra do município ou atitude de determinado político, arrastando-se a polêmica por semanas.

As tensões, porém, extrapolaram a retórica em 1879, pois na noite de 25 de maio daquele ano, conforme Estêvão de Mendonça ocorreu um atentado ao *O Iniciador*. Sua tipografia, de propriedade de Silvestre Antunes Pereira, foi assaltada. Tratou-se do primeiro periódico em Mato Grosso a sofrer um atentado dessa natureza. O presidente da província encaminhou o chefe de polícia para apurar o ocorrido, e ele constatou:

foram os militares, oficiais e praças do terceiro regimento, os protagonistas da ação, armados de espadas e revólveres, por desavenças com comerciantes cuja causa entendiam ser patrocinada pelo jornal *O Iniciador*. Daí, o ato contra o periódico. Nessa ação, os militares contaram com o apoio de uma outra gazeta. Houve também ameaças ao cônsul português (Mendonça, 1919, v.1, p. 274-275)[18].

O atentado foi objeto de menção pelo presidente da Província, João José Pedrosa, em seu relatório à Assembléia Legislativa Provincial, do dia 1º de outubro de 1879:

> O fato revestia-se de muita gravidade, pois que além da audácia com que fora praticado, invadindo um grupo armado de espada e revólveres, um estabelecimento dessa ordem, o primeiro da província, e onde residem as famílias dos proprietários, acrescia que semelhante fato mais que tudo, exprimia o iminente perigo que corria a segurança pública, quando a exacerbação dos ânimos, que já se notava, poderia trazer como conseqüência um conflito sério entre militares e os comerciantes portugueses e seus aderentes. O próprio agente consular português, o mais ameaçado, já havia recebido avisos de que pretendiam quebrar o escudo da Agência (apud, Mendonça, 1919, v. 1, p. 274-275).

O presidente da província informou no mesmo relatório, entre outros aspectos, que existia uma situação anormal em Corumbá, a qual carecia de sérios cuidados administrativos e que comunicara os fatos ao Governo Imperial. Esclareceu que o chefe de polícia permanecera um mês averiguando os fatos, mas teve dificuldades para levantar provas contra os autores, que só entre os militares poder-se-ia obtê-las[19].

As desavenças entre comerciantes portugueses e setores militares, em pleno Império, indicam que a animosidade, em parte, concentrava-se na disputa por influência e poder nessa sociedade. Corumbá havia se constituído como uma frente avançada da fronteira, inicialmente como povoado destinado a base de apoio e abastecimento de gêneros ao Forte Coimbra, abrigando posteriormente quartel de guarnição militar e o comando da fronteira[20].

A situação de predominância militar, de certa forma, começou a ser quebrada com a liberação da navegação no Prata, em 1856, e a chegada dos primeiros comerciantes. O processo de intensificação do desenvolvimento comercial ocorreu com o término da Guerra do Paraguai, a retomada da navegação internacional, a reconstrução da povoação e os incentivos fiscais que atraíram comerciantes. Em poucos anos, o desenvolvimento se fez notar e a vila foi elevada à condição de cidade em 1878. Nesse processo, a instalação de casas comerciais de importação e exportação teve significativa participação.

Dessa forma, Corumbá, anteriormente comandada pelos militares de forma hegemônica - o comandante da fronteira, inclusive, é que distribuía terras, administrava, até que se instalou a câmara da Vila, aos 17 de agosto de 1872 –, passou a contar com a composição de outros segmentos sociais, entre eles, os comerciantes estrangeiros, detentores da principal fonte de recursos econômicos e responsáveis pela dinamização da cidade.

Conflitos latentes, nesse processo de adaptação e ajustamento, certamente vieram à tona em alguns momentos de crise. Os periódicos interferem nas divergências e tensões vividas pelos grupos de interesses, no seio da sociedade na qual estão inseridos [21].

Ainda na década de 1880, Corumbá abrigou periódicos que representaram um dos partidos existentes no Império, condição a qual se identificavam explicitamente pelo subtítulo: foi o caso da *Gazeta Liberal*: Órgão do Partido Liberal, fundada em 1884, circulou até 1888; já o periódico *Corumbaense*: Órgão do Partido Conservador foi editado entre 1886 e 1890, de propriedade do Ten. Gregório Henrique do Amarante. Ao final dessa década, surgiram também periódicos que se preocuparam em defender a causa abolicionista, entre eles: *Oasis* (1888-1896), fundado por Manoel Costa Pedreira, e *O Escravo* (1888).

No início da República, *O Lidador* (1891-1892) fez oposição ao presidente do estado Manoel Murtinho, defendeu uma ação de tomada de poder, que na literatura regional e pelos memorialistas é denominada de Revolução, iniciada por Corumbá, em 22 de janeiro de 1892.

Essa tensão teve origem por ocasião do apoio de Manoel Murtinho aos atos do presidente Marechal Deodoro, que dissolveu o Congresso Nacional, mas acabou renunciando. Assim, assumiu a Presidência da República, o vice, Floriano Peixoto. Nessas circunstâncias, Manoel Murtinho passou a ser considerado indesejável pelos seus opositores, ligados a Floriano e ao Partido Nacional Republicano local e foi deposto.

Os comerciantes, especialmente os ligados ao comércio importador e exportador, apoiaram o movimento, assim como os militares, que tiveram ampla participação. Durante o processo, chegou-se a ventilar a formação da República Transatlântica[22]. *O Lidador* foi considerado o divulgador desse movimento. Sobre seu desfecho, o líder político Generoso Ponce, então em aliança com os Murtinhos, arregimentou forças, retomou o poder e reconduziu Manoel Murtinho ao governo[23].

Poucos anos depois, em 1894, assistiu-se a uma disputa acirrada, de âmbito local, entre o Intendente e a Câmara de Vereadores. Nessa disputa entre os dois poderes municipais, os periódicos *Echo do Povo* e *Oasis* tomaram parte ativa. O proprietário deste último era o próprio Intendente Manoel Costa Pedreira, enquanto que o primeiro, de propriedade de João Antonio Rodrigues, defendia em linhas gerais as decisões da Câmara. A razão principal do conflito, entre outros aspectos, foi a suspeita de desvios de verba por parte do Intendente e a não prestação de contas sobre o exercício de 1893. Para melhor compreensão do caso, em 22 de abril de 1894, o *Echo do Povo* noticiou que havia uma diferença de mais de 13 contos nas despesas de 1893, não autorizadas pelo legislativo. O secretário, Antonio Miguel da Silva, foi demitido pelo Intendente, sob acusação de diversas faltas e não repasse de emolumentos dos títulos de registros das posses de terra. Esse se defendeu e foi mantido pela Câmara e, entre outras acusações ao Intendente, afirmou que existiam, nos arquivos da intendência, conta e recibo de um conto trezentos e dezoito mil reis, relativos a serviços de transporte de terra, depositada em duas ruas da cidade, que não valiam mais do que 50 mil réis[24].

As alianças entre as oligarquias estaduais ou rompimentos entre elas também podem ser acompanhadas pela extinção e/ou fundação de novos periódicos, inclusive editados no estrangeiro. Enquanto as principais oligarquias do estado formavam o Partido Republicano, seu órgão de imprensa em Corumbá era o jornal *A Federação* (1896–1899), comandado pelo Ten. Cel. Pedro Paulo de Medeiros. Este periódico deixará de circular em 1899, em razão de alterações na composição política: os Murtinhos romperam com Generoso Ponce e se aliaram aos Barros, o que resultou na criação do Partido Republicano Constitucional. A nova composição partidária fundará o jornal *A Pá-*

tria, para representá-la em Corumbá, que na sua primeira fase circulou de 1899 a 1902[25].

Em decorrência desse rompimento e por perseguições políticas ao seu grupo, Generoso Ponce e Antonio Corrêa da Costa fundaram e editaram, a partir de 30 de junho de 1902, um periódico em Assunção, denominado *A Reacção,* com o subtítulo Órgão do Partido Republicano de Matto-Grosso. Em vários números, o periódico veiculou denúncias contra Antonio Paes de Barros, mais conhecido por Totó Paes, seus crimes políticos, como também a forma de administrar sua Usina de Itaici, onde os trabalhadores eram tratados em regime de escravidão. A outra frente de batalha era contra os Murtinho, quer em relação ao Banco Rio Mato Grosso, como também à atuação da Mate Laranjeira[26].

O retorno da aliança das oligarquias dos Ponce, Corrêa da Costa e dos Murtinhos, agora contra os Barros, criou o Partido da Coligação Mato-grossense. Mais uma vez, os periódicos também acompanharam esse processo. Assim, *A Patria,* que era ligado aos Murtinhos e ao Partido Republicano Constitucional, deixou de existir, tendo sua tipografia vendida. Nela, passa a ser editado um novo periódico, *O Brazil* (1902-1909), que inicialmente apresenta-se como independente, mas depois se assume Órgão do Partido da Coligação. O periódico veiculou a necessidade de nova intervenção no poder executivo provincial, o que acabou acontecendo em 1906, e sua participação nos acontecimentos foi reconhecida pelos periódicos da época. Assim, houve o confronto armado entre as citadas oligarquias, ocasião em que Totó Paes foi destituído do poder e assassinado [27].

De natureza bem diferente dessas publicações periódicas, cuja prática cotidiana e cujo atrelamento a grupos hegemônicos de interesse deixam transparecer fissuras naquele discurso universal e homogêneo, destacamos o *Album Graphico do Estado de Matto-Grosso,* publicado em Hamburgo, janeiro de 1914. Trata-se de obra no formato 30x40 cm, de quinhentas e trinta e duas páginas. Produzido em papel couché e com quase 1400 fotografias.

Os editores explicitam a finalidade da obra na introdução, afirmando que se destinava a ser um guia de informações sobre as riquezas naturais, as potencialidades dos meios de comunicação e da indústria de Mato Grosso. Enfim, a intenção explicitada era a de incrementar a economia, vender a imagem de um estado moderno e progressista aos que o desejassem conhecer. A utilização das fotografias cumpriu importante estratégia nesse processo, como afirma Arruda: "o de transformar o Estado de Mato Grosso em uma imagem-mercadoria para ser vendida a quem pudesse se interessar pelos seus recursos naturais e o de anunciar que a obra do homem, ou da civilização imperava sobre a natureza"[28].

Uma outra função, mais sutilmente elaborada, é abordada por Osvaldo Zorzato, que analisa a obra como um conjunto de representações, formando um quadro de referências, a partir do qual os mato-grossenses constroem sua identidade[29]. A narrativa das origens, a conquista do território e os feitos dos grandes homens são contados em tom épico e fazem parte daquela construção. Apesar de demonstrar distinções entre os mato-grossenses, tenta apresentar um discurso homogeneizador, aplainador das diferenças[30].

Entre seus vários temas, o *Album* apresenta monografias sobre cada município. Ganharam destaque Cuiabá e Corumbá, esta última sendo tratada em mais de trinta páginas e com farta ilustração. Sem dúvida, expressam o poder econômico de seus comerciantes e veiculam a idéia de cidade empório, moderna, porta de entrada do estado.

Os empresários de Corumbá tiveram significativa participação na iniciativa de sua produção, figurando entre seus editores principais o empresário Feliciano Simon. Para as empresas que o patrocinaram, foram reservadas sessenta e nove páginas para propaganda de suas marcas e produtos. O *Album* também contou com a participação oficial do governo.

Após essa digressão, retomamos questões relativas à imprensa periódica. Ainda que correndo o risco de simplificação, apontamos a existência de vínculos entre alguns periódicos de Corumbá e as oligarquias que disputavam o poder e a hegemonia na Província e no estado. Trataremos, a seguir, e de forma mais detalhada, de uma situação em que as disputas locais inserem-se em questões mais gerais, sobre a consolidação da República em sua primeira década, e os projetos que estavam em disputa. Destacaremos, nesse processo, como a imprensa teve acentuada participação política.

Os grupos sociais e políticos de Corumbá, em disputa por espaço e poder, tiveram na imprensa periódica seu principal meio de manifestação. As relações entre os grupos, que atingiram diferentes graus de tensões, não se limitaram, em certos momentos, à troca de acusações, mas chegaram à prática de violência, ameaças de morte e instalação de processos através de ações judiciais. O episódio revela também que tensões mais gerais da nascente República também eram vivenciadas na região. O ano de 1897 foi particularmente agitado em Corumbá. Na noite de 8 para 9 de outubro daquele ano, por exemplo, houve tiroteio nas ruas da cidade. A primeira manifestação sobre o caso, um dia depois do ocorrido, foi do Club Nativista Corumbaense, através de um folheto intitulado "A anarchia em acção", no qual protestou, entre outros aspectos, contra a falta de providências por parte das autoridades em relação ao referido tiroteio, ocorrido na rua Treze de Junho, esquina com a Sete de Setembro. Acrescentou que os participantes gritavam: "Vivam os jagunços! Morram os jacobinos"[31].

A resposta veio por meio de outro folheto, o *Boletim D'A Federação*. Em seu teor, rebatia as acusações do Club Nativista, afirmava que as autoridades haviam tomado providências imediatas, enviando, inclusive, 25 praças para o local, que ao chegarem lá, porém, não mais encontraram os criminosos. Completou as informações nos seguintes termos: "Declara-se ainda que esse tiroteio foi dado de encontro a casa de nosso chefe, o tenente coronel Pedro P. de Medeiros, aos gritos de: 'Vivam os jacobinos e morram os jagunços!'". Em seguida, o Boletim arrolou algumas testemunhas[32].

O caso foi retomado pelo *O Tiradentes* em sua edição de 14 out. 1897, fornecendo uma descrição mais detalhada dos acontecimentos. Acusou as próprias autoridades locais de terem planejado e contratado baderneiros, que, dessa forma, teriam agido livremente, sem qualquer repressão. A ação teria sido projetada com a finalidade de intimidar os partidários do grupo nativista corumbaense. Afirmou que o tiroteio teve por alvo principalmente o flanco esquerdo e parte da retaguarda da casa do tenente coronel Frajado, membro do referido grupo nativista. Enfatizando suas denúncias, o periódico ainda registrou que: "Todas as testemunhas são acordes em terem ouvido os desordeiros darem *calorosas vivas à Federação, aos jagunços e a Conselheiro, e morras UNIDOS aos JACOBINOS*"[33].

Há, portanto, duas versões diferentes sobre o mesmo caso, uma representada pelo periódico O *Tiradentes* e o Folheto do Club Nativista (vinculado aos florianistas), e outra pelo *Boletim d'A Federação*, vinculado ao jornal *A Federação* e ao Partido Republicano.

Além da inversão dos *slogans* gritados durante o episódio, da atribuição de responsabilidade do tiroteio aos adversários, e indicação diferenciada do local visado, certamente, um outro aspecto chamaria a atenção do leitor que tivesse na íntegra os mencionados textos: os dois grupos arrolaram as mesmas pessoas por testemunhas dos acontecimentos, só que em cada texto afirmando exatamente o oposto.

Nesse caso, não se trata de desvendar qual dos periódicos, boletim ou folheto disse "a verdade": o que de fato ocorreu naquela noite, quem gritou o quê, quem organizou o tiroteio. Tal tarefa não cabe em nossos propósitos. A importância dessa situação reside antes no contexto da disputa, na forma de tratamento estabelecido pela imprensa de então.

As referências aos jacobinos e aos jagunços marcam dois campos de disputas que havia naquele momento, em que se desenrolava no país uma Guerra Civil: do governo Republicano contra a Canudos de Antonio Conselheiro, no estado da Bahia, acusada de identificação com a monarquia.

O movimento jacobino, conforme Suely Robles, aparece no cotidiano do cenário político a partir do governo Floriano e perdura até praticamente o final da presidência de Prudente de Morais, em 1898. Os jacobinos, insatisfeitos com Prudente de Morais, pretendiam reverter a situação civil a uma nova ditadura de caráter militar. Assim, exaltavam a figura de Floriano e manifestavam sua ira contra os monarquistas (Queiroz, 1986, p. 17)[34].

A autora define o caráter desse movimento como marcado por um discurso militar-positivista. Afirma que os jacobinos eram vistos e viam-se como bloco à parte, em que não cabiam matizes ou transigência. Possuíam a crença na deterioração da ordem civil e na superioridade moral da ordem militar. Decorrente disso, tinham-se por verdadeiros patriotas, dispostos ao sacrifício pela República, ao contrário dos bacharéis e civis em geral, ambiciosos, vaidosos, que agiam por conveniências. Assim, concebiam um sistema de governo republicano, em que nada lembrasse a Monarquia e os bacharéis que a dirigiram (Queiroz, 1986, p.211-220)[35].

Outro pilar ideológico do jacobinismo era o nacionalismo. Esse aspecto, inspirado no Estado soberano, indissociável da unidade do grupo nacional, levava à intolerância e à repressão a grupos supostamente prejudiciais à mesma. É evidente, quanto a este aspecto, a intolerância dos jacobinos em relação principalmente aos portugueses, que eram identificados como monarquistas (Queiroz, 1986, p. 220-221)[36].

O Club Nativista de Corumbá, por meio de *O Tiradentes*, explicitou sua xenofobia em vários artigos, sem meias palavras, especialmente com relação aos portugueses:

> É este estrangeiro [os portugueses], que tão mal tem feito à nossa pátria com sua política atrasada, desorientada, que surge para nos guerrear, para nos hostilizar, os nossos princípios republicanos, é este estrangeiro que se empenha para a perdição da República, é este estrangeiro que quer empolgar-se e um artigo de nossa constituição, julgando nele encontrar o direito do seu procedimento, contrário ao direito das gentes (14 out. 1897).

Os jacobinos mantiveram clima generalizado de tensão política durante a campanha de Canudos, especialmente a partir das derrotas das duas primeiras expedições, estopim da violência contra os monarquistas e contra Prudente de Morais, considerado traidor da República. Suspeitavam que os monarquistas estavam mancomunados com os conselheiristas e que premeditavam uma ação revolucionária, um movimento restaurador da monarquia (Janotti, 1986, p. 113, 135). Conforme Suely Robles R. de Queiroz (1986, p.45, 212), o temor constante de uma improvável restauração monárquica levou os jacobinos a tornar sinônimos: Restauração e Antônio Conselheiro.

A questão é entender como tensões mais gerais, vivenciadas pela nascente República, são usadas para justificar disputas de ordem local.

Um dia antes do mencionado tiroteio, o então Juiz de Direito de Corumbá, bacharel Ignácio Maranhão da Rocha Vieira, tomara ciência de que o Tribunal da Relação do Estado de Mato Grosso havia concedido *habeas corpus*, suspendendo as prisões do Capitão Mariano Rostey e do Tenente-Coronel Salvador Augusto Moreira (membros do Club Nativista), ambos afastados de seus cargos/funções municipais em Corumbá, respectivamente de Intendente e vereador. Naquele momento, encontravam-se em Cuiabá, onde tinham se refugiado após ter prisão decretada pelo referido Juiz. A razão da decretação de prisão, que originou o pedido de *Habeas Corpus*, foi a acusação de que ambos ameaçaram de morte o português

Henrique Augusto de Santana, suplente de vereador. Além disso, apontavam-se os réus como cabeças de sedição, crime inafiançável.

Situando melhor o caso, convém retroceder a cinco meses do ocorrido. Os dois acusados tinham organizado o Club Nativista Corumbaense entre maio e junho daquele ano de 1897. Era composto por vinte integrantes, conforme ofícios do Juiz Ignácio Maranhão. O Tenente Coronel Salvador Augusto também adquirira uma tipografia em Cáceres para editar *O Tiradentes*, que ostentava como subtítulo: "periódico nativista: pela pátria – *Libertas quae será tamen* – tudo pela República". Tratava-se de veículo de comunicação do referido Club, no qual encontramos, em linhas gerais, algumas propostas do grupo e comentários que ajudam a compreender os conflitos daquele momento.

Em seus artigos, definiu o nativismo como uma necessidade, que surgira em defesa da pátria, em apoio e sustentação aos brasileiros, ameaçados pelos estrangeiros envolvidos na política, especialmente, portugueses monarquistas. Tais concepções se encontram, por exemplo, em dois artigos do periódico, publicados na mesma edição, respectivamente "Boateiros sem Ventura" e "Contristador", conforme segue:

> [...] o nativismo é a base, o alicerce das nações e por conseguinte no momento em que ele morrer no coração de um povo, esse povo deixará de constituir uma nação e o território será finalmente dominado por aqueles que o possuam (*O Tiradentes*, 14 out. 1897, p. 2). [...] Na nossa terra, neste canto do Brasil, onde a voz do Republicano não encontra eco em todos os peitos é que se nota o mais contristador estado político, é que se vê boateiros por uma ambição natural pretenderem acompanhar o esquife da República, caracterizado na intervenção dos estrangeiros nos negócios políticos da nossa Pátria.
>
> O nativista tem a sua espada levantada contra o estrangeiro político, por absoluta necessidade, porque não obstante a manha política, conhecemos que, todo estrangeiro que se intervem em os nossos negócios políticos, é monarquista; este fato que não passa desapercebido ao Republicano vigilante, obriga-o, sem remissão a ser nativista e sem o que não é Republicano convicto, ou não tem compreensão política, ou vende-se hipócrita e miseravelmente (*O Tiradentes*, 14 out. 1897, p. 2-3).

O discurso veiculado por esses artigos caracteriza-se pela xenofobia e o movimento nativista requer análise no quadro das tensões do início da República. Nesse contexto, o movimento jacobino no Rio de Janeiro elegia como principal alvo de seus ataques os portugueses, considerados usurpadores de empregos e exploradores dos brasileiros. No bojo da xenofobia florianista, conforme José Murilo de Carvalho, pequenos proprietários organizaram clubes jacobinos e batalhões patrióticos. O clima de tensão existente pode ser avaliado considerando-se que, durante o governo Floriano, 76 estrangeiros foram expulsos do país (Carvalho, 1997, p. 21, 24). Assim, constatamos por meio dos periódicos, dos ofícios e relatórios do caso que temos relatado que as características do Club Nativista de Corumbá não se diferenciavam do movimento no Rio de Janeiro, no qual identificamos sua matriz discursiva. Sob esse aspecto, a incorporação do referido discurso se explica pela constante e permanente relação de Corumbá com a então Capital Federal, não só pelo comércio, mas particularmente pelos militares.

Sobre a imprensa jacobina do Rio de Janeiro, Maria de Lourdes M. Janotti ressalta que foi composta de pasquins de curta duração, com o intuito de desmoralização dos monarquistas e que, para tanto, utilizavam-se de linguagem virulenta, denominando os monarquistas de ratazanas. Em Corumbá, além do jornal *O Tiradentes,* que circulou por breve período, seis números entre set. e out. 1897, um segundo pasquim também foi editado em 1897, de título *O Jacobino,* redator Capitão Deocleciano Martyr[37]. Quanto à linguagem virulenta, para designar os monarquistas, era também uma marca do periódico *O Tiradentes,* conforme pode ser constatado nos textos já citados, ou especificamente em trecho de seu artigo "Boateiros sem ventura": "Por todos os meios procuram os micróbios da falecida *bragança* empestar a atmosfera política de nosso país, impregnando-a de boatos insinuantes, lançados a efeito."(14 out. 1897, p. 2.) [grifo orig.].

A organização do Club Nativista pelo Tenente Coronel Salvador Augusto Moreira despertou curiosidade, especulação e desconfianças entre junho e julho de 1897. Segundo o periódico *Echo do Povo,* que também circulava na época, não se sabia ao certo as intenções da criação do clube, pois as reuniões não eram precedidas de convite pela imprensa e nem havia qualquer manifesto por parte dele. Entre as possíveis razões, afirmava que: "Diziam uns que o clube tinha por objeto opor-se que os brasileiros adotivos e estrangeiros se envolvessem na política e exercessem cargos públicos; outros, que o clube tinha em vista depor o dito diretório e autoridades d'esta cidade que não fossem elas brasileiros natos." (*Echo do Povo*, 31 jul. 1897).

Uma motivação de ordem mais prática, local e pessoal, foi também aventada pelo periódico: a razão da organização do referido Club seria o despeito do Tenente Coronel Salvador com os membros do diretório político do Partido Republicano da cidade, pela demissão do cargo de coletor das rendas estaduais.

As divergências e o rompimento com o Diretório do Partido Republicano são mencionados também pelo Tenente Coronel Salvador Augusto Moreira e pelo Sr. Mariano Rostey, nos depoimentos aos juízes. Contudo, atribuíram o fato à tentativa dos portugueses obterem o predomínio sobre os brasileiros, disso nascendo rivalidades pessoais, que se agravaram com os "festejos estrondosos" que fizeram os portugueses por ocasião da chegada da notícia, em Corumbá, do fracasso de Moreira Cezar no ataque a Canudos. Afirmaram, também, que o português Henrique Augusto de Sant'Anna, suplente de vereador, não tendo como assumir um lugar na Câmara Municipal, por meios legais, acusou-os de ameaça de assassinato, o que originou um inquérito policial e o pedido de prisão preventiva pelo Juiz Ignácio (TRMT, Doc. 506, Cx. 44, APMT).

Mais uma vez, podemos registrar as imbricações desse movimento com as tensões vividas naquele momento pela República. O anúncio do fracasso da terceira expedição a Canudos, em março de 1897, inflamou os republicanos de todos os matizes e houve inúmeros focos de manifestações e violência em todo país. No Rio de Janeiro, vários jornais, identificados como monarquistas, foram atacados e o proprietário de um deles, Gentil de Castro, assassinado[38].

Assim, quanto à criação do Club Nativista de Corumbá, abordada pelos periódicos, embora o episódio apresente vínculos com disputas locais, conforme temos apontado, estes não são suficientes para explicá-lo, uma vez que possui outras dimensões políticas, ao envolver principalmente militares, ligados ao jacobinismo, e comerciantes, comprometidos com outros projetos republicanos ou identificados com monarquistas. Vivia-se um período em que o regime republicano, em seu início, tentava se constituir. Havia projetos republicanos em disputa, como também certo temor com relação a grupos monarquistas, restauradores.

Ao identificar e analisar o quadro das disputas que ocorriam nos primeiros anos da República, Maria de L. Janotti (1986, p. 115, 138), em linhas gerias, aponta: a existência de relações e conflitos de interesses entre o jacobinismo (e suas diferentes vertentes), a burguesia agrária, a classe média urbana e os monarquistas. Afirma que havia, basicamente, três projetos em confronto: o castilhista, o militarista-florianista e o da burguesia cafeeira paulista, que acabou vitorioso.

É nesse contexto que tentamos compreender a atuação de uma das frações da então elite corumbaense, os oficiais militares, que participaram ativamente da vida social e política e se filiavam ora a esse ou àquele setor das oligarquias dominantes da Província/estado de Mato Grosso, especialmente sensíveis ao florianismo e ao nacionalismo. A presença de militares, vindos do Rio de Janeiro, foi significativa após a Guerra do Paraguai e contribuiu com a elaboração de novas concepções sobre a vida em Mato Grosso.

Consideremos, por exemplo, o final do período do Império. Nos meios militares, houve grande trânsito de oficiais na região, exatamente por ser esta considerada distante da Corte, pois o governo a julgava propícia para enviar temporariamente lideranças indesejadas. Foi o caso, por exemplo, de Deodoro da Fonseca e de seu sobrinho Hermes da Fonseca, que estiveram em Corumbá no primeiro semestre de 1889, para saírem da cena política do Rio de Janeiro, em razão do apoio que manifestavam ao regime republicano. A influência dos militares e suas concepções na política e na vida social de Mato Grosso ainda não mereceram um trabalho de sistematização e não se trata de campo de investigação desta pesquisa. Contudo, em razão da atuação de vários deles na imprensa, é necessário identificar alguns aspectos dessa participação, para entender seu envolvimento nas várias crises locais de poder.

Retomando os acontecimentos de Corumbá, a situação descrita teve desdobramentos que originaram outros casos e processos, que foram parar no Tribunal da Relação de Mato Grosso - TRMT[39]. Dentre outros, destacamos alguns, ainda que de forma sucinta, para complementar informações que facilitam o entendimento das disputas.

O juiz de Direito de Corumbá, Ignácio Maranhão da Rocha Vieira, sofreu processos relacionados aos casos acima abordados, por abuso de autoridade. O Procurador Geral do Estado o acusou de crime de responsabilidade, por ter excedido os limites de suas funções, cuja competência seria do Juiz de Paz, ao julgar e pedir prisão preventiva de Salvador A. Moreira e Mariano Rostey (TRMT, 1898. Doc. 529, maço 781, APMT).

O primeiro escriturário da Alfândega, Antonio Olegário de Souza, denunciou o Juiz por crime de prevaricação, perseguições, arrancar folhas de autos e modificar libelo original de processos (TRMT, 1898, Doc. 532, maço 784, APMT).

O envolvimento do Juiz Ignácio Maranhão em casos polêmicos e violentos não parou por aí. Foi também acusado de co-autoria de assassinato em 31 de agosto de 1899, em Cuiabá, juntamente com o Senador Generoso Ponce e seus correligionários. A vítima foi o agrimensor Ramon Jackwski. O caso teve início quando o Sr. Ramon, tendo sido chamado de gringo pelo Senador Generoso Paes Leme de Souza Ponce, sentiu-se ofendido, pois naturalizara-se brasileiro (era imigrante polonês), e entrou em luta corporal com esse. Ponce foi ajudado por três amigos e a vítima escapou, refugiando-se numa casa. À noite, o Senador e mais de quarenta correligionários de seu partido, entre eles o Juiz Ignácio, cercaram a casa e assassinaram o agrimensor a tiros e facadas (TRMT, 1899, Doc. 557, maço 808 e Doc. 560, maço 811, APMT).

Esse caso, além do envolvimento do referido Juiz, revela as tensões então existentes com relação aos estrangeiros. Contudo, embora não tenhamos localizado outros indícios, pode ser que tenha relação também com a profissão exercida pela vítima, um agrimensor, pois as disputas entre as oligarquias pela questão da terra, estavam na ordem do dia.

A documentação disponível do Tribunal da Relação não apresenta os resultados finais desses processos, assim não foi possível concluir se houve punições, e de qual natureza. Contudo, ultrapassadas as turbulências políticas daquele momento, parte desses personagens volta à cena política a partir das diferentes alianças entre as oligarquias estaduais. O Juiz Ignácio, atuará em Cuiabá junto ao Coronel Generoso Ponce, enquanto o Capitão Mariano Rostey voltaria a ser Intendente de Corumbá em 1899.

A imprensa foi um dos meios de expressão dos setores militares em Corumbá, e por meio dela, pode-se apreender a contínua importância que tiveram na elaboração de representações sobre a história local e seus vínculos com a nação.

Quanto ao papel da imprensa naquele momento, articulado à modernização das cidades nas últimas décadas do século XIX, há outros aspectos a se considerar. A imprensa torna-se um veículo de divulgação, demonstrando que a cultura letrada começava a alargar-se em Corumbá, mesmo porque, além dos periódicos, já notamos a difusão de folhetos, em função de prováveis vantagens: mais curtos e diretos, distribuídos em maior número e com mais penetração na sociedade, uma vez que de forma gratuita.

A imprensa em Corumbá começou a se constituir, conforme já mencionamos, no momento em que o setor comercial – especialmente, o importador/exportador, dominado por empresas estrangeiras - impulsionou o desenvolvimento da vila e, desse modo, passou a representar o principal segmento urbano.

O meio de comunicação de massa mais eficiente, nas metrópoles, em fins do século XIX e nas primeiras décadas do XX, era a imprensa. Qual o seu lugar, o seu alcance em Corumbá? Que público ela atingia? Apesar das dificuldades, por falta de informações sobre tiragem e número de assinantes, foi possível, a partir da identificação de algumas práticas sociais, a seguir mencionadas, inferir que a imprensa periódica não circulou apenas junto às elites locais, particularmente comerciantes e oficiais militares, mas atingiu outros segmentos sociais. Dentre as situações identificadas, que são indícios de que começava a ocorrer uma democratização de acesso à imprensa em Corumbá, destacamos: a distribuição de panfletos por ocasião de movimentos políticos, como também nos préstitos de carnaval; a existência de pasquins produzidos por jovens e funcionários de gráficas; a elaboração de jornal exclusivo de reclame; a troca de acusação entre grupos populares, veiculada em jornais, como o caso das discussões e práticas entorno das danças do Cururu e da Gomba, assim como a presença de estrangeiros e operários especializados do Arsenal da Marinha, potenciais leitores[40].

Dos periódicos a que tivemos acesso por meio dos microfilmes, apenas um nos ofereceu pistas mais concretas sobre seus assinantes e um provável público leitor: trata-se do jornal *Autonomista*, que circulou de 1904 a 1909. Retiramos os indícios dos sorteios promovidos pelo periódico entre os seus assinantes, cujo intuito era incentivar o pagamento das mensalidades e estimular novas assinaturas. Os prêmios eram concedidos uma vez por mês e normalmente constituíam-se em valores fixos em dinheiro, de cinqüenta, trinta e dez mil réis.

O jornal comunicava previamente o dia do sorteio para quem se interessasse em acompanhar. Divulgava, no número subseqüente ao sorteio, a relação dos ganhadores, nome, local onde residia e profissão. Infelizmente, nem sempre as publicações vinham acompanhadas de todas essas informações, o que prejudicou, em parte, uma visão mais completa de quem eram os leitores do periódico.

Foram possíveis, porém, algumas aproximações que nos trazem referências úteis. Nos microfilmes dos números disponíveis, tornou-se viável obter informações sobre dezessete sorteios, de um total de trinta, cobrindo o período de dezembro de 1907 a maio de 1909[41]. O assinante de numeração mais elevada, contemplado nesses sorteios, foi o de número 423, um comerciante de Cáceres. Considerando-se, além dessa informação, que também havia a venda avulsa e o costume de enviar exemplares para redações de outras localidades, podemos afirmar, sem grande margem de erro, que a tiragem do periódico chegava a pelo menos quinhentos exemplares. Sobre os locais de residência dos assinantes, a maioria constava ser de Corumbá e Ladário. Existiam, também, assinantes de Cuiabá, Miranda, Cáceres e, Montevidéu etc.

Quanto ao perfil dos assinantes/leitores, sua profissão, as premiações também ofereceram algumas pistas. Dos oitenta e cinco premiados, não constava a profissão de trinta e nove, dentre os quais, cinco mulheres. Com relação aos demais quarenta e seis, a maioria era de negociantes, comerciantes e militares. Registramos, além disso, dois mestres-construtores de obras, um construtor, um construtor naval, um barbeiro, um açougueiro, dois operários do Arsenal da Marinha, um guarda da alfândega, um escriturário, um empregado da E. F. Noroeste, um oleiro e um marítimo.Os assinantes trabalhadores, operários, eram sete, o que correspondia a 15% daquele universo de quarenta e seis contemplados dos quais consta a profissão. Se projetarmos esses percentuais para o total provável de assinantes/compradores do periódico (quinhentos), chegaria a 75 trabalhadores/operários. Não se deve confundir esse número com o público leitor de baixa renda, presumivelmente maior, considerando-se a circulação dos exemplares entre familiares, amigos, vizinhos, nas tavernas etc. Há que se considerar, também, que outra forma de divulgação era a leitura oral, prática comum à época, que certamente existia entre as camadas populares de Corumbá.

Essas informações não deixam dúvidas sobre a circulação dos periódicos, que se fazia principalmente entre os políticos, comerciantes e proprietários da então Corumbá, mas não exclusivamente nesse meio, pois havia, conforme apontado, leitores entre os trabalhadores. Notamos também o pequeno número de mulheres assinantes, embora isso não signifique que outras mulheres deixassem de ter acesso aos periódicos, não fossem leitoras, pois as publicações lhes chegavam pelos maridos, irmãos, pais. Tal situação deveria ocorrer, pois alguns periódicos manifestaram certa preocupação em oferecer leitura mais direcionada às mulheres, especialmente do crônicas e mesmo artigos destinados à saúde e higiene femininas.

Pelo exposto, podemos afirmar que a imprensa corumbaense, no período estudado, avançava além das elites tradicionais[42]. Não se trata de fenômeno local, ela está relacionada ao processo de urbanização e modernização das cidades da América e do Brasil, especialmente a partir de 1870, e à expansão do capitalismo pelo globo. Como afirma Heloisa de Faria Cruz, as décadas finais do século XIX são surpreendidas pela turbulência das transformações sociais:

> [...] Nessa época, em ritmo acelerado, no compasso de um modo de vida que exporta capitais e invade rapidamente inúmeros espaços do planeta, a história da formação das metrópoles brasileiras multiplica o tempo e a experiência social.
>
> O tempo se condensa. As grandes transformações econômicas, políticas e sociais (a abolição da escravidão, a proclamação da República, os processo de industrialização, a ampliação acelerada do mercado interno, a imigração massiva) lançam algumas cidades brasileiras num acelerado processo de urbanização. Agitada por novas formas de viver e de pensar, novas situações e projetos sociais, questionada pela emergência das linguagens da modernidade e de projetos de contenção à sociedade burguesa, a cidade letrada, ainda moldada nas tradições elitistas da colônia, enfrentaria inúmeros embates e desafios (1994, p. 35).

É nesse contexto que Rama aponta o desenvolvimento do setor terciário das cidades, do qual trataremos, especificamente sobre Corumbá, nos capítulos três da Parte II e um da Parte III deste trabalho. O autor destaca que as atividades intelectuais corresponderam a uma parte considerável desse terciário, no qual se insere a imprensa.

> Às já existentes na administração, as instituições públicas e a política, acrescentaram-se as provenientes do rápido crescimento de três setores que absorveram numerosos intelectuais, estabelecendo uma demanda constante de novos elementos: a educação, o jornalismo e a diplomacia (Rama, 1985, p. 79).

Para Rama, "De todas as ampliações letradas da modernização, a mais notória e abarcadora foi a da imprensa[...]" Acrescenta que, a partir do início do século XX, ela foi beneficiada com as leis de educação, que possibilitaram uma imprensa popular. Por outro lado, também comenta que a visão idealizada das funções intelectuais que viveu a cidade modernizada fixou mitos sociais derivados do uso da letra – a letra apareceu como a alavanca de ascensão social, da respeitabilidade pública e da incorporação aos centros do poder, mas também de uma relativa autonomia com relação a eles, sustentada pela pluralidade de centros econômicos que a sociedade burguesa em desenvolvimento gerava (1985, p. 79, 83).

Os periódicos, com certa freqüência, manifestavam-se preocupados com a situação local do ensino público, quanto à falta de escola e professores. Fundamentavam suas cobranças afirmando, em geral, que a instrução era a base dos povos civilizados. Entendiam que o ensino era importante para os jovens não caírem na ociosidade, adquirirem uma profissão e levarem uma vida útil para a sociedade. Referiam-se principalmente aos pobres, defendiam que a instrução para eles seria uma forma de adquirir disciplina e fugir das companhias perigosas[43]. Este viés está presente nos comentários do periódico *Autonomista* ao noticiar o início das atividades da Escola de Aprendizes Marinheiros em maio de 1908, transferida de Cuiabá para Ladário (*Autonomista*, 13 maio 1908, n. 144, p. 1).

Em geral, os artigos fundamentavam-se nos princípios liberais, preocupados com a formação do cidadão, que deveria ser capaz do exercício dos seus direitos e deveres, com vistas ao funcionamento do sistema de governo. Esse debate ocorria em Corumbá no último quartel do século XIX, em pleno Império, como pode ser apreendido no artigo "Instrução popular", publicado pelo periódico *A Opinião*:

> As instituições relativas à instrução popular, entre nós, parecem terem em mira criar servos humildes, dando pouca conta à necessidade de formar cidadãos, tais como são precisos, para a conservação do equilíbrio no sistema governativo que nos rege, equilíbrio que resulta da ação individual do cidadão, em contraposição à ação coletiva do poder.
> [...]
> O conhecimento dos deveres e direitos dos governantes e governados é indispensável para que cada cidadão se considere um inspetor do poder, para que cada indivíduo concorra com sua ação conscienciosa, para o estabelecimento do equilíbrio no sistema governativo (3 mar. 1878, n. 10, p. 3-4).

As referências que temos apontado, ainda que poucas, indicam aquela visão idealizada da instrução como ascensão social, embora também manifeste a preocupação com a função disciplinadora. Registramos, contudo, que notícias veiculadas pelos periódicos, com mais freqüência nos primeiros anos do século XX, sobre as fundações do colégio dos padres Salesianos em 1903, e de escola para pobres, promovida pela Maçonaria, assim como a criação de cursos noturnos, revelam que o acesso ao ensino começava a se ampliar em Corumbá.

É nesse contexto de expansão da educação que a modernização, por volta de 1870, conforme Rama, representou mais

QUADRO 1 - PRINCIPAIS PERIÓDICOS DE CORUMBÁ (1877-1918)

Título	Publicação Início	Publicação Término	Fundador	Grupos/ ligação
O Iniciador	18/01/1877 a	09/1886 b	Silvestre Ant. P. da Serra	Comerciantes Portugueses

a) Mendonça, Estevão de. *Datas Mato-grossenses* v. 1 (1919, p. 54).
b) *Imprensa periódica Mato-Grossense (1847-1969). Catálogo de Microfilmes* (1994, p. 39).

A Opinião	01/01/1878 a	07/1880 b	Pedro Moseller	Literário, Noticioso

a) Microfilme - *A Opinião*, 1º jan. 1879 – Editorial sobre primeiro ano.
b) Microfilme – *O Iniciador*, 18 jul. 1880 – Notícia sobre novo jornal.

O Corumbaense	08/1880 a	09/1889 b	Antonio Joaquim Malheiros	Comerciantes

a) Microfilme – *O Iniciador* de 18 jul. 1880 – Notícia sobre novo jornal.
b) *Imprensa periódica Mato-Grossense (1847-1969). Catálogo de Microfilmes* (1994, p. 38).

Gazeta Liberal	1884 a	1888 a	João Antonio Rodrigues	Órgão do Partido Liberal

a) *Album Graphico de Matto-Grosso* (1914, p. 227).

Título	Publicação Início	Publicação Término	Fundador	Grupos/ligação
Corumbaense	1886 a	1890 a	Ten. Gregorio Henrique do Amarante	Órgão do Partido Conservador

a) Caetano, Kati Eliana. *História, sociedade e discurso jornalístico* (1981, p.103).

Oasis	1888 a	1896 a	Manoel Costa Pedreira	Movimento Abolicionista

a) Caetano, Kati Eliana. *História, sociedade e discurso jornalístico* (1981, p.103).

O Lidador	1891 a	1892 a	Silvestre Ant. P. da Serra João Antonio Rodrigues	P. Rep. Nacional Oposição Gov. Est

a) Caetano, Kati Eliana. *História, sociedade e discurso jornalístico* (1981, p. 103).

Echo do Povo	16/02/1893 a	1899 b	João Antonio Rodrigues	

a) Microfilme - Echo do Povo, 18 fev. 1894 – Sobre primeiro aniversário.
b) *Imprensa periódica Mato-Grossense (1847-1969)*. Catálogo de Microfilmes (1994, p. 38).

A Federação	1896 a	1899 a	Ten. Cel. Pedro Paulo de Medeiros	Partido Republicano

a) Caetano, Kati Eliana. *História, sociedade e discurso jornalístico* (1981, p. 103).

O sertanejo	01/09/1897 a		Cap. Manoel José Brandão	

a) Mendonça, Estevão de. *Datas Mato-Grossenses*. v. 2 (1919, p. 128).

Título	Publicação Início	Publicação Término	Fundador	Grupos/ligação
O Tiradentes	1897 a	—	Salvador Aug. Moreira	Club Nativista
			Mariano Rostey	Jacobinista

a) Tiradentes 7 out. 1897. APMT, Lata 1897 C.

Título	Início	Término	Fundador	Grupos/ligação
A Pátria	1899 a	1902	Salvador Aug. Moreira	Part. Republicano
			Pedro Trouy	Constitucional
(2ª fase)	1905	1906 a	Idem	Part. da Coligação

a) *Album Graphico de Matto-Gross* (1914, p. 227).

Título	Início	Término	Fundador	Grupos/ligação
A Reacção	30/06/1902 a	30/06/1903 a	Senador Generoso Ponce Antonio Corrêa da Costa	Assunção – Paraguai

a) Microfilmes do periódico das referidas datas.

Título	Início	Término	Fundador	Grupos/ligação
O Brazil	09/1902 a	09/1910 b	Temístocles Serra	Partido da Coligação

a) Microfilme: O Brazil, n. 6, 02 nov. 1902.
b) *Imprensa periódica Mato-Grossense (1847-1969)*. Catálogo de Microfilmes (1994, p. 37).

Título	Início	Término	Fundador	Grupos/ligação
Autonomista	08/1904 a	1/05/1909 b	João Antonio Rodrigues	

a) *Imprensa periódica Mato-Grossense (1847-1969)*. Catálogo de Microfilmes (1994, p. 37).
b) Microfilme: O Brazil, n. 315, 6 mai. 1909.

Título	Início	Término	Fundador	Grupos/ligação
Correio do Estado	12/05/1909 a		Francisco Castelo Branco	

a) Microfilme: *Correio do Estado*, n. 1, 12 maio 1909.

Parte II - Espaços

3. A profilaxia da modernidade: higienização dos espaços e dos corpos

As influências meteorológicas que arruinam, em breve tempo, as máquinas mal cuidadas, também concorrem, em determinadas circunstâncias, para, rompendo a coesão fisiológica, criar o estado denominado de moléstia.

Alfredo Haanwinckel
"As Moléstias de Corumbá"
Correio do Estado 28/8/1909

Uma notícia dos periódicos locais de Corumbá, em janeiro de 1907, colocava mais uma vez, na ordem do dia, a discussão sobre os procedimentos com relação à varíola: a denúncia de que havia corpos de variolosos enterrados às margens do rio que banha o Forte Limoeiro. Tratavam-se de corpos de praças do exército e de seus familiares. Pessoas que testemunharam a cena dos sepultamentos denunciaram o caso à Intendência Municipal. A imprensa local encarregou-se de divulgá-lo (*O Brazil*, ns. 198 e 199, de 20 e 27 jan. 1907).

Não é difícil avaliar o impacto da notícia. Era natural o sentimento de temor e a preocupação que o recrudecimento de mais um surto epidêmico podia causar à população local. Esta, por experiência, conhecia os efeitos, as conseqüências e as ameaças que representava à vida e às atividades da cidade. Além disso, havia o risco de contaminação pelos mencionados sepultamentos clandestinos, uma vez que o abastecimento de água se fazia diretamente do rio Paraguai, sem qualquer outro tratamento, a não ser a decantação num reservatório, isso quando não era consumida de imediato, após sua captação.

Tratava-se de uma situação limite vivenciada pela população, em períodos de epidemias, na Corumbá de então. A não comunicação de falecimentos à polícia e mesmo de enterros clandestinos não era uma novidade para as autoridades. Em algumas ocasiões, a indigência era ainda maior, pois corpos eram abandonados pelas ruas da cidade, conforme carta do Dr. Manoel Joaquim dos Santos ao Presidente da Câmara em dezembro de 1886. Doentes que não eram considerados como parentes ou patrícios, foram abandonados à própria sorte por ocasião da epidemia do cólera em 1886/1887 (Cx. Doc. Div. 1882... ACMC).

Sobre o episódio dos sepultamentos, imediatamente após a divulgação da notícia, a Capitania do Porto no Ladário tornou público, por meio de edital, que seria punido rigorosamente com multa e prisão todo aquele que, contrariamente à lei e à salubridade das povoações do litoral, fizesse enterramentos às margens dos rios, nos terrenos da Marinha (*O Brazil*, n. 199, 20 jan. 1907, p. 1).

Esse surto epidêmico, em 1907, era o recrudescimento de uma situação que já vinha do ano anterior, porém considerada extinta pelas autoridades municipais, mas que, na prática, se estendeu até 1908. O periódico transcreveu carta do Intendente João Cristhião Carstens, na qual reclamava de seu antecessor por ter realizado comunicado dessa natureza ao presidente do estado (*O Brazil*, n. 199, 27 jan. 1907). A situação é reveladora de posicionamentos políticos e de contradições.

As notícias da imprensa não deixam dúvidas quanto a isso. Em janeiro de 1907, *O Brazil*, Órgão do Partido da Coligação Matogrossense, ao qual o referido Intendente pertencia, noticiou que a epidemia de varíola recrescia, mas não era motivo de preocupação, pois embora existissem muitos casos, eram benignos e com poucos óbitos. Já na edição seguinte, o mesmo jornal publicava carta do Intendente que comentava os casos de sepultamento às margens do rio. No mesmo período, o jornal *Autonomista* afirmara que os habitantes se viam diante de duas terríveis epidemias, a varíola e o tifo – as quais já haviam ceifado *crescido* número de vidas, principalmente da classe indigente (*O Brazil*, n. 200, 3 fev. 1907, p. 1)[1].

A varíola voltara a tornar-se intensa em Corumbá, quando, naquele período, as autoridades públicas locais pareciam entender que lentamente vinha sendo controlada, apesar de não ter sofrido interrupção desde as últimas décadas do século XIX. Portanto, a convivência da população da cidade com epidemias, principalmente de varíola, tifo e febres, era de longa data. Considerando-se a emancipação da cidade, em 1878, durante quatro décadas, até 1920, ocorreram mais de 30 surtos epidêmicos. Montamos um quadro-referência sobre o período, que oferece um panorama das ocorrências (Quadro 2)[2].

Embora não tenhamos a intenção de cansar o leitor com dados estatísticos, nos aventuramos a alguns indicativos panorâmicos. A varíola apresentou 12 surtos, representando 30% das epidemias. O período de maior incidência foi de 1900 a 1908, com seis anos quase que ininterruptos, não havendo depois outras ocorrências. A partir daí, o tifo e a gripe influenza dominaram o panorama. Note-se que aquele entendimento das autoridades sobre o controle da epidemia em 1906 contrariava o quadro de estatística de incidência da varíola.

Comparando-se com as três últimas décadas do século XIX, foi exatamente na primeira década do XX que houve maior número de surtos da epidemia, seis ao todo.

Ao realizar um levantamento das epidemias no estado de Mato Grosso no período 1890/1920, Laura Antunes Maciel também constatou que a varíola foi a que apresentou maior incidência, 24% do total (1985, p. 44-78). Corumbá contribuiu significativamente com esse índice, seguido por Cuiabá. Sobre o estado como um todo, identificou que o período de maior manifestação de epidemias foi de 1907/1913. A autora comenta que Corumbá era apontada como o núcleo de difusão de surtos epidêmicos no estado, conforme se pode constatar em vários relatórios dos Inspetores estaduais de higiene[3]. Nesses relatórios, também constava a explicação dessa condição de propagadora de epidemias: por sua condição de porto, a recepção de fluxo migratório, a existência de uma população flutuante, associado às precárias condições de saneamento.

Registramos nesse caso, nos discursos sobre as origens das doenças, mais um aspecto da rivalidade de Corumbá com Cuiabá. Estamos diante de noções que se complementam, os corumbaenses consideravam suas epidemias importadas, enquanto, para os cuiabanos e demais mato-grossenses, Corumbá era considerada a exportadora das doenças que acometiam o Estado. Contudo, ao analisar os quadros das epidemias que foram elaborados por Laura Antunes Maciel com relação ao período sobre as duas cidades, um comparativo seria suficiente para contradizer essa idéia, pois, enquanto Corumbá apresentou, em maior número, surtos de varíola, a capital foi vitimada por uma diversidade maior de epidemias (Maciel, 1985, p. 50, 54-55). O conceito de importação de doenças estava relacionado ao de contágio, ao veneno que podia ser transmitido por pessoas ou objetos[4].

A fama de Corumbá, como exportadora de epidemias, data do final da Guerra do Paraguai. Ainda, na condição de vila, sofreu uma de suas experiências mais difíceis em 1867, durante a ocupação pelos paraguaios, enfrentando uma epidemia de varíola, que também se alastrou pelas demais localidades de Mato Grosso. Isso ocorreu porque parte das forças militares, comandadas por Antonio Maria Coelho, que retomou a cidade em junho daquele ano, foi contaminada, e acabaram por difundir a varíola para outras regiões. Seus efeitos fizeram-se sentir especialmente em Cuiabá, capital da então Província, com grande número de mortos (Volpato, 1993, p. 73-81).

A situação da guerra agravou ainda mais aquele momento, pois o recurso à vacina era praticamente impossível. Toda a região de Corumbá foi atingida. As populações indígenas que viviam às margens do rio Paraguai e seus afluentes foram duramente castigadas. Os relatórios oficiais não apontam dados numéricos, mas afirmam que a epidemia dizimou grande parte dessa população[5].

As epidemias de varíola e as de febres intestinais em geral causaram grande transtorno e medo na população de Corumbá, alterando o ritmo da vida, a rotina das famílias, das escolas, e especialmente do comércio em função da suspensão da navegação e mesmo da quarentena para as embarcações. Contando com narrativas de algumas situações, a partir de relatórios oficiais e de notícias dos periódicos da época, apesar da descontinuidade, tentamos identificar experiências do cotidiano das populações afetadas.

É tempo de voltarmos a alguns aspectos já apontados e que merecem análise para entendermos a experiência e a forma da população lidar com as epidemias e doenças em geral. A não comunicação às autoridades sobre a existência de infectados e mesmo de falecimentos, o abandono de indigentes, a resistência à vacinação e outras atitudes esquivas da população requerem análise no interior de um quadro maior, ou seja, da atuação dos poderes públicos, das discussões fundamentadas nos paradigmas médicos de então, veiculadas nos periódicos.

A própria existência de um infectado em casa, na família, era motivo para ocultamento, especialmente das autoridades, conforme estas reclamavam pelos periódicos. Em carta "A varíola", publicada pelo jornal *O Brazil*, o Intendente João Christião Carstens explicava que muitas famílias tinham esse procedimento por receio das medidas que pudessem ser tomadas; já em outras situações, algumas pessoas eram abandonadas, condenadas à própria enfermidade (n. 199, 27 jan. 1907, p. 1).

A atitude de acobertamento da existência de doentes era procedimento comum, especialmente entre as populações carentes, conforme afirmou o Intendente. O que levava as famílias a agirem assim? As medidas anunciadas pela Intendência, logo após as denúncias de sepultamentos clandestinos às margens de rio em 1907, em razão do temor de que um novo surto pudesse se iniciar, ajudam nesse entendimento:

Determinei, portanto, rigoroso asseio nos casebres e espeluncas, desinfecção das latrinas, sua construção em casas que as não possuem – para o que foram intimados os respectivos proprietários; privei a lavagem de roupa nesta margem do rio, promovi a desinfecção das casas em que eram encontrados variolosos, determinei sua incomunicabilidade, pronto enterramento dos que falecerem, incineração da roupa servida pelo doente e o sepultamento, ao lado do cemitério da febre amarela das pessoas que falecerem de varíola nas parte sul e oriental da cidade, de forma a evitar que os cadáveres transitem pelas ruas mais populosas (*O Brazil*, n. 199, 27 jan 1907, p. 1).

Esse anúncio revela as principais práticas adotadas pelas autoridades públicas, previstas no Regulamento do Serviço Sanitário do Estado de Mato Grosso, e já nos fornecem alguns elementos para entender as resistências da população[6]. A prática de desinfecção não é descrita nos periódicos locais, mas faz supor que causava grande inconveniente para as famílias, exigia que os moradores se retirassem e era realizada de forma compulsória. Um episódio ocorrido em 1908, noticiado pelo *O Brazil*, nos dá a dimensão dessa prática. A suspeita de peste bubônica como causa da morte de um rapaz e da doença em dois de seus irmãos levou o Intendente a instalar um lazareto para isolamento provisório, do outro lado do rio Paraguai, num lugar denominado "Matança", para onde foram enviados os dois doentes, acompanhados de sua família. A casa em que residiam foi completamente desinfetada e declarada interditada (*O Brazil*, n. 246, 5 jan. 1908, p. 2). Tal forma de agir não era prerrogativa das autoridades locais. Sidney Chalhoub, ao referir-se a uma desinfecção compulsória que os higienistas realizaram em todos os quartos de uma estalagem à rua dos Cajueiros no Rio de Janeiro em 1891, assim a descreve:

Para a execução do serviço, os moradores eram afastados de suas residências ao menos por um dia. Nas visitas de inspeção, os fiscais e médicos da Higiene providenciavam a remoção dos variolosos e procuravam vacinar as pessoas que residiam em companhia do doente ou nos quartinhos vizinhos ao dele. É óbvio que a população resistia à desinfecção compulsória, à remoção contra a vontade do paciente e dos familiares, e às tentativas de vacinação domiciliar. As incursões dos higienistas eram tensas, e com freqüência só a ajuda policial podia garantir o cumprimento das determinações das autoridades (1996, p. 158).

A desinfecção e o isolamento eram as duas práticas mais comuns e indissociáveis à época, tanto que houve a distribuição de desinfetantes junto à população de Corumbá. Quanto ao isolamento, o Intendente resistiu à criação de um isolamento em janeiro de 1907, por considerar essa medida inútil e improfícua, pois "os favorecidos da fortuna" só à força se submeteriam a essa prescrição, e o município não tinha médico que pudesse se ocupar do tratamento dos variolosos indigentes e com eles sofresse o isolamento (*O Brazil*, n. 199, 27 jan. 1907, p. 1).

Bem outra foi a posição defendida pelo periódico de oposição ao Intendente. A polêmica na imprensa caracterizava as diferentes concepções sobre o melhor tratamento a ser adotado pelas autoridades públicas, além de revelar diferenças políticas. O *Autonomista* defendeu, em seu editorial de 2 de fevereiro de 1907, que o isolamento nosocomial dos acometidos seria a principal e a mais eficaz de todas as medidas recomendadas pelos regulamentos sanitários. Argumentou que este tinha uma dupla vantagem: evitar a propagação do mal e facilitar o tratamento dos indigentes, com pouco dispêndio. Concluiu que esta era a principal medida a colocar-se em prática, as demais tratavam-se apenas de auxiliares. O editorial evocou, ainda, um argumento de autoridade, informando que o coronel comandante já havia mandado reunir em uma casa, situada no Forte do Limoeiro, as praças atacadas de varíola.

Para melhor compreensão da medida proposta pelo *Autonomista*, sobre a importância que atribuía ao isolamento, convém diferenciarmos o que se entendia por contágio e por infecção. Tais conceitos foram centrais na epidemiologia oitocentista. Essa incursão em conceitos sobre patologias se faz necessária para diferenciar as práticas e identificar decisões políticas mais gerais, que iam além das questões locais. Tratam-se de conceitos apoiados em dois paradigmas que predominaram no século XIX, e tentavam explicar as causas e os modos de propagação de doenças epidêmicas[7].

Entendia-se por contágio a propriedade que apresentavam certas doenças de se comunicar de um a outro indivíduo, ou seja, diretamente pelo contato ou, indiretamente pelo contato com objetos contaminados pelos doentes ou da respiração do ar que os circundava. Outro aspecto importante é que os contagionistas acreditavam que o surgimento de uma determinada doença sempre se explicava pela existência de um veneno específico que, uma vez produzido, podia se reproduzir no indivíduo doente e, assim, se propagar na comunidade.

Por infecção se entendia a ação que substâncias de animais e vegetais em putrefação exerciam no ar ambiente, os chamados miasmas. Assim, as infecções atuavam na esfera do foco, do qual emanavam os miasmas mórbidos. Michel Foucault identifica a origem dessa concepção em uma velha crença do século XVIII, segundo a qual, o ar tinha uma influência direta sobre os organismos por veicular miasmas "se pensava que o ar agia diretamente por ação mecânica. O ar, então, era considerado um dos grandes fatores patógenos"(1988, p. 90-91). A medicina urbana, portanto, manifestava preocupação com a boa circulação do ar e da água, o arejamento das cidades. Passa a analisar o espaço urbano, tentando identificar os lugares de acúmulo e de amontoamento de tudo o que pudesse provocar doença.

Aplicando os dois paradigmas citados às doenças, temos: enquanto a varíola era mencionada como doença tipicamente contagiosa, a malária o era como infecciosa. Já quanto ao cólera e à febre amarela, havia enorme controvérsia entre os esculápios quando discutiam a etiologia dessas doenças, nesses casos, os dois paradigmas se entrecruzavam, ocorrendo combinações variadas e imprevistas.

Para a discussão que estamos fazendo sobre a varíola, interessa-nos, num primeiro momento, destacar as implicações da profilaxia proposta para as doenças tidas por contagiosas. O isolamento rigoroso dos doentes em hospitais estabelecidos em locais distantes do centro da cidade e a quarentena para os navios eram as principais medidas defendidas.

A importância atribuída ao isolamento pode ser constatada no editorial "Variola", publicado pelo *O Brazil,* no qual orientava as famílias que possuíssem entes queridos com a doença sobre os procedimentos e cuidados que deveriam tomar para não se contagiarem:

Nada de facilidades. Não sendo absolutamente necessário não se deve estar em contacto com os doentes, ainda que eles sejam os mais idolatrados, e si esse contacto for uma absoluta necessidade para alguns, esses devem evitar qualquer comunicação com os demais e desinfetar-se sempre muito bem assim como rigorosamente desinfetar e assear os seus lares (n. 198, 20 jan. 1907).

Essa orientação referia-se aos cuidados em família. Contudo, o periódico *Autonomista* defendia o isolamento mais rigoroso, o chamado seqüestro. É interessante notar que o Intendente justificara a não criação do isolamento porque os ricos não o aceitariam. Em sua resposta, o *Autonomista* reporta-se ao Regulamento do Serviço Sanitário do Estado, de 1893, que em seu artigo 20 previa que as famílias, com recursos e com acomodações apropriadas, poderiam manter os seus doentes. Na íntegra o artigo 20 § 6: "O isolamento nosocomial será imposto quando o doente não estiver em condições de receber tratamento no próprio domicilio por carência de recurso"[8].

Portanto, a própria legislação oferecia uma brecha para que se estabelecesse a distinção social. Acabava, na prática, determinando o seqüestro só para os carentes, pois a definição e identificação do que se entendia por domicílio adequado ficava a cargo das autoridades. Compreende-se, pois, entre outros prováveis motivos, o medo da população pobre em informar sobre os seus doentes.

A criação de hospitais de isolamento temporários, em épocas de epidemia, era uma prática que vinha de longa data na cidade[9]. Apesar da posição do Intendente Cristhião Carstens, a Comissão Sanitária, nomeada pelo governo do estado de Mato Grosso para extinguir a varíola na cidade, acabou por instalar o serviço de hospital de variolosos a 14 de agosto de 1907, também denominado Lazareto. No período de dois meses, a contar da instalação, apresentou o seguinte movimento de pacientes: entrada de sessenta e sete enfermos infectados, alta para trinta e seis, dezoito falecimentos e treze permaneciam sob cuidados (*O Brazil*, n. 235, 20 out. 1907). O total de óbitos na cidade, informado pelo mesmo periódico nas semanas subseqüentes, revelava que a epidemia estava cedendo: entre os dias 6 a 18 de out. de 1907, de dez óbitos, cinco referiam-se a variolosos; já de 9 a 23 de nov., de seis óbitos, apenas dois por varíola

(*O Brazil*, 20 out. e 24 nov. 1907). A Câmara só criou o cargo de médico municipal, proposto pelo Intendente, em dezembro daquele ano. Entre suas atribuições, estava a de dar consulta ao menos uma vez por semana à população indigente (*O Brazil*, n. 242, 08 dez. 1907) [10].

Os periódicos defendiam a necessidade da criação de um hospital permanente para a cidade. Com relação aos métodos da medicina urbana, de vigilância, de hospitalização, Michel Foucault identifica como um aperfeiçoamento, ocorrido na segunda metade do século XVIII, do esquema dos quarenta, utilizado ao final da Idade Média, por ocasião das pestes (1988, p. 89).

O primeiro hospital instalado na região de que se tem notícia foi em Ladário, em 1878, conforme informações de João Severiano da Fonseca, em registro de sua *Viagem ao redor do Brasil*. Tratava-se de iniciativa particular, mas não funcionou mais do que um ano (1986, v. 1, p. 200)[11]. Em 1908, foi construída uma barraca hospital, cedida pelos militares. Em sua inauguração, os periódicos ressaltaram a importância dos serviços que ali poderiam ser prestados. No mesmo ano, iniciou-se uma campanha para construção de um hospital sob responsabilidade da Sociedade Beneficente Corumbaense. Cinco anos depois, concretizava-se a inauguração do primeiro pavilhão do hospital em 13 de junho de 1913. O Relatório da Intendência daquele ano ressaltava que era mais um atestado do progresso social da cidade. Não escondia, porém, os reais motivos de satisfação do poder público: "[...] cessou em grande parte o encargo da Intendência de atender a doentes indigentes, os quais, me é grato consignar, têm por ele sido acolhidos e cuidados..."[12].

Dentro desse quadro das medidas isolacionistas, havia a quarentena aplicada aos navios. Aqueles que atracavam no porto de Corumbá, passavam por inspeção quando havia comunicado ou informação de que os mesmos esses eram procedentes de regiões com alguma epidemia. Em casos de doentes a bordo, comunicados pelo comandante da embarcação, também ocorria o mesmo procedimento. Após a inspeção, o médico decidia sobre a necessidade da quarentena. Houve ocasiões, como na única epidemia de cólera em 1886/87, que a questão da inspeção nos navios gerou sérias críticas por parte da Câmara ao Delegado de Higiene.

Nas décadas finais do século XIX, em ocasiões de suspeitas de epidemia, a Delegacia de Higiene de Corumbá solicitava ao Comando da

Flotilha de Mato Grosso, no Ladário, para que cedesse navios que funcionassem como "lazareto flutuante". Embarcações de empresas particulares também eram utilizadas para o mesmo fim. Os navios, nesses casos, ficavam fundeados na região denominada Rabicho, abaixo de Ladário, descendo o rio. Havia, sem dúvida, certo valor simbólico nessa medida, o navio totalmente isolado por água.

A quarentena aplicada em navios teve sua eficácia questionada, desde fins do século XIX, em parte por questões econômicas, pois prejudicava especialmente o comércio, mas também em função das conquistas da bacteriologia. Assim, o modelo médico e político da quarentena foi caindo em desuso. Acabou por ser abolida no ano de 1904, na Conferência Sanitária Internacional realizada entre o Brasil, a Argentina, o Paraguai e o Uruguai (Lopes, 1988, p. 53-54).

Note-se que essas medidas isolacionistas, lazareto e quarentena para os navios, defendiam principalmente a comunidade com relação aos doentes, porém não significavam necessariamente uma alternativa de cura para esses. Daí, a denominação de seqüestro, consistindo em retirar o doente de seu convívio social. Myriam Bahia Lopes assim resume essa prática: "O modelo da quarentena é, paralisar a cidade, dividi-la em quarteirões sob a vigilância de uma autoridade, colocar a enfermaria fora do perímetro urbano, desinfetar as casas e retirar delas todos os que caem doentes" (1988, p. 54). Sobre essas práticas, particularmente o internamento, Michel Foucault, ao debater o papel da medicina urbana do século XVIII na Europa, afirma que seu poder de distribuir os indivíduos, isolá-los, individualizá-los tinha a função de facilitar o controle, a vigilância (1988, p. 89).

Pelo que temos exposto, fica mais evidente o contexto da afirmação do editorial do periódico *Autonomista*, de janeiro de 1907, ao defender que a principal medida para combater a epidemia de varíola era o isolamento, considerando as demais apenas como auxiliares. O editorial, sob certos aspectos, reforçava uma certa concepção sobre o tratamento da doença, já expressa em 1904, ao discorrer sobre o tema da vacinação obrigatória. Naquela ocasião, colocava em dúvida a eficácia da vacina, trazendo em linhas gerais a argumentação dos positivistas, contrários à sua obrigatoriedade. Assim, chegava também à imprensa corumbaense essa polêmica, e havia razão para o interesse, pois a região já sofrera vários surtos epidêmicos de varíola.

No ano de 1904, havia muitos debates sobre a questão na então Capital Federal, a cidade do Rio de Janeiro, pois, além de estar ocorrendo uma epidemia de varíola, também estava em discussão um projeto de lei no Congresso, apresentado pelo senador alagoano Manuel José Duarte, que propunha a vacinação obrigatória. Em razão disso, os embates acirravam-se, não só no legislativo como na sociedade, especialmente por meio da imprensa (Sevcenko, 1984, p. 12-19).

Logo de início, o editorialista expressa sua motivação: refutar a afirmação favorável à vacinação, emitida pelo Sr. Lümel, em um artigo "A vacinação obrigatória", publicado em duas edições anteriores no próprio *Autonomista*, qual seja: "A vacina Jemeriana (sic), é a ciência quem o diz e a estatística quem o demonstra, se não imuniza por completo os indivíduos dela inoculados, fatalmente atenua-lhe os efeitos, diminuindo, portanto, grandemente, o coeficiente de mortalidade" (n. 7, 10 set. 1904, p. 1).

O caminho escolhido pelo editorialista, que identifica-se como positivista, foi o de refutar a apregoada eficácia da vacina e, para tal, recorreu às argumentações do médico positivista J Bagueira Leal[13]. Inicia exatamente demonstrando que o médico começava por questionar as várias maneiras de se entender o significado da palavra vacina. Mencionou sete delas e descreveu cada uma, utilizando afirmações de pesquisadores e sanitaristas da época. Eis as sete definições, de forma sucinta:

1º Um líquido extraído das úlceras e pústulas das vacas atacadas de syphilis (cow-pox);

2º Um produto extraído as pústulas dos cavalos afetados de *syphilises* (horse-pox ou grease);

3º O pus extraído do gado afetado de peste (*cattleplage, rinderpest*);

4º Produtos análogos extraídos de diversos animais afetados de moléstias mais ou menos semelhantes: do carneiro, da cabra, do macaco, do búfalo;

5º O pus da varíola humana;

6º O produto excretório das pústulas produzidas no organismo humano por esses diversos vírus. São as vacinas humanizadas ou de braço a braço;

7º As vacinas conservadas.

Descreveu, ainda, a preparação da vacina feita pelo Dr. Böhn, a partir da raspagem das fístulas de um animal (vitela). Ressaltou que o tipo de extrato obtido não era de composição homogênea, ou seja, nele não predominava a linfa nem o pus, mas uma mistura de células de epiderme, de linfa, soro de sangue, corpúsculos de pus, de capilares e até de ptomaína (princípios tóxicos dos cadáveres). Para complementar essa descrição, cita bacteriologistas que revelaram em seus exames a existência, nas vacinas, de numerosas formas de germens vivos, que sob certas circunstâncias, poderiam tornar-se patogênicos, como também de micróbios, tais como o estreptococo e o bacilo da difteria, da tuberculose e os da erisipela.

Para convencer de forma mais incisiva, o passo seguinte foi definir a vacina como veneno. Sugeriu que os nomes pus vacinico ou *lympha vacinica* não eram os mais adequados, mas sim o empregado pelo próprio Jenner, *virus vaccinico*, porque vírus é uma palavra latina que significa veneno, peçonha. Assim, com essa lógica, tenta colocar o legislador num impasse, ao afirmar em um dos parágrafos:

> Por conseguinte, quando um legislador se propuser a decretar a vacinação obrigatória, ele nem sequer poderá saber o que está fazendo, porque não poderá conhecer qual a substancia que ele está determinando que se introduza nos organismos. A única coisa que ele poderá saber com segurança, é que está decretando o envenenamento forçado da espécie humana (*Autonomista*, 10 set. 1904, p. 1).

A organização do texto, sua argumentação, não há dúvida, quer induzir o leitor a uma única interpretação. A descrição da vacina foi direcionada para que o leitor formulasse uma concepção, diríamos, asquerosa do produto. Não poderia ser outra a frase conclusiva do editorial: "Eis aí o que vem a ser a vacina, de cuja obrigatoriedade estamos todos ameaçados!". O editorial defendia idéias que podemos classificar nos quadros da "vacinophobia", ou seja, de resistência à vacina[14]. Ressalte-se que não era uma postura ingênua de um periódico do interior. Assim, é interessante registrar os argumentos de autoridade de que o Dr. Bragueira se utiliza no texto, endossados pelo articulista, citando sempre os criadores ou pesquisadores da vacina, como o Dr. Jenner, Dr. Jackson Clarke etc.

Outros exemplos de positivistas que se manifestaram em 1904, contrários à forma de implantação da lei de vacinação, foram: o senador Lauro Sodré (ex-militar) e Barbosa Lima (militar). Denominavam-na arbitrária porque violava o direito de liberdade de consciência. Manifestaram suas opiniões à população em vários comícios e por meio da imprensa[15].

No clímax desse processo, em meio à epidemia que grassava e às discussões, a população do Rio de Janeiro revoltou-se em novembro de 1904, logo após o anúncio do decreto que regulamentou a aplicação da vacina obrigatória contra a varíola. O movimento ficou conhecido como Revolta da Vacina, sua intensidade foi maior entre os dias 13 e 15 daquele mês[16].

As discussões sobre as formas de combater a varíola não eram um assunto de caráter local, mas perpassavam pelas polêmicas entre dois modelos de saber: o defendido pelos clínicos positivistas e outro, pelos adeptos da bacteriologia. Embora se encontrem pontos de tangenciamento entre esses modelos, Myriam Bahia afirma que representavam dois projetos políticos de gestão da sociedade (Lopes, 1988, p. 46).

Uma breve incursão no universo da introdução da vacina nos ajudará a compreender suas implicações. A vacina foi descoberta pelo médico britânico Edward Jenner em fins do século XVIII. Basicamente, partiu do conhecimento popular de que os leiteiros, em contato com animais com uma doença conhecida como *cowpox* (pústula de vaca) e similar à varíola, possuíam proteção contra esta última. Desenvolveu testes em pessoas para reproduzir o fenômeno, publicando o resultado de seus trabalhos em 1798. Assim, conclui Chalhoub: "A medicina popular camponesa estava correta, e dera a Jenner a pista para a descoberta da vacinação antivariólica" (1996, p. 105-106).

Conforme explica Tânia Fernandes, ao debater o primeiro século da vacina antivariólica no Brasil, a primeira vacina era conhecida como jenneriana ou humanizada, produzida no organismo humano por inoculações sucessivas, processo este denominado de vacinação *braço a braço*. Com as observações e o desenvolvimento das pesquisas, chegou-se à chamada vacina animal, extraída de vitelos inoculados artificialmente. Conceitualmente, ambas têm a mesma lógica: uma doença produzindo imunidade para outra semelhante (1999, p. 29-51).

A vacina humanizada foi provavelmente introduzida no Brasil em 1804, por Felisberto Caldeira Brant, futuro marquês de Barbacena. Enviou a Lisboa alguns escravos e um médico, que tendo aprendido a técnica, transmitiu a vacina aos cativos durante a viagem de volta à Bahia. Já a vacina animal, começou a ser empregada no Brasil em 1887, quando sua difusão em outras nações tinha mais de vinte anos e havia comprovação de sua maior eficácia [17].

As tentativas de combater a varíola, em períodos anteriores à vacina jenneriana, eram seculares e entre outras formas, existia a prática empírica da variolização, que consistia na inoculação da própria doença. Sua eficácia era reduzida, e um de seus riscos era o de ajudar a expandir a epidemia. No Brasil, essa prática conviveu com a vacinação, inclusive provocando confusões na população, que chegava a identificar a vacina com a própria varíola. Em certos momentos de epidemia, conforme identificado por Sidney Chalhoub, a atitude de parte do povo aceitar a variolização e recusar a vacina deixava muitos médicos desconsertados[18].

A descoberta das duas vacinas, tanto a humanizada como a animal, representou um significativo avanço para o controle da doença; contudo, existiam também justificativas antivacínicas com relação aos dois tipos mencionados. Tânia Fernandes assim as resume:

> [...] — tanto para a vacina humanizada quanto para a animal —, verifica-se a associação da vacina com outras doenças que poderiam ser transmitidas através da inoculação. Aparecia aí uma gama enorme de doenças passíveis de transmissão; as mais expressivas seriam, no caso da vacina humanizada, a tuberculose, a sífilis e a erisipela. Quanto à vacina animal, a demora de sua difusão nos países europeus era também conseqüência do receio em relação ao uso de um produto terapêutico extraído da vaca. Afirmava-se que a inoculação da vacina 'avacalharia' as pessoas, transplantando-lhes características do animal, além de transmitir doenças próprias desses animais para os indivíduos inoculados. No Brasil, ao longo do século XIX, a essas razões se somava a carência de formação científica institucionalizada, dificultando a importação da técnica, que requeria procedimentos específicos no sentido de sua produção e conservação (1999, p. 32).

As controvérsias entre os médicos atravessaram quase todo o século XIX sobre dois aspectos básicos: a eficácia ou não da vacina contra a varíola e o temor da transmissão de doenças do gado para o homem, por meio do método jenneriano, bem como da sífilis ou outras doenças no método braço a braço, entre os lancetados. Além dos aspectos já citados, Sidney Chalhoub apresenta outros ao comentar as origens da *vacinophobia*, como o problema da qualidade da vacina, a degeneração da pústula vacínica, principalmente quando enviada para lugares distantes, e a resistência dos vacinados em se submeterem à extração do pus vacínico (1996, p. 114-134).

Nos relatórios dos Inspetores de Higiene de Mato Grosso, são freqüentes as observações da degeneração da linfa, especialmente em função da alta temperatura e da falta de acondicionamento adequado dessa durante o transporte[19]. Apenas em fevereiro de 1912, anunciava-se a aquisição de uma geleira com uma câmara frigorífica de 1 metro cúbico, para conservar as vacinas.

Inclusive, a falta de linfa em Cuiabá, no surto de varíola de 1906, levou os médicos a utilizarem, como alternativa, a vacinação braço a braço, apesar de não ser recomendada. A vacina normalmente vinha do Rio de Janeiro, mas recorria-se também às cidades do Prata em situações de epidemia. No Brasil, o problema da degeneração da vacina era geral, e começou a ser solucionado, conforme cita Sidney Chalhoub, com a produção de vacina no Rio de Janeiro na última década do século XIX:

> O barão de Pedro Afonso tornou-se a principal personagem da vacina na Capital Federal na década de 1890. Ele conseguira finalmente criar no país as condições técnicas necessárias para a produção de cowpox através da inoculação de vitelos. Havia agora a perspectiva de superar definitivamente o problema da degeneração da linfa humanizada, fosse através da renovação periódica da vacina a ser transmitida braço a braço, fosse através da inoculação direta do cowpox nos vacinados (1996, p. 158).

Os Inspetores de Higiene de Mato Grosso, cientes do problema de obtenção e conservação da vacina, em vários relatórios, insistiram na necessidade da criação de um Instituto de Vacina em Cuiabá, o que acabou acontecendo em 1908, mas por curto período de um ano. Os relatórios dos anos subseqüentes voltaram a apontar a necessidade do Instituto (Maciel, 1985, p. 64-65).

A obtenção da vacina em Mato Grosso sempre foi difícil. Em meados do século XIX, quando ainda se utilizava a vacina humanizada, o receio da extração do pus vacínico pela população causava problemas para reproduzi-la. Luiza Volpato menciona que para suprir "a necessidade de braço", uma alternativa encontrada foi a proposta de inoculação compulsória da vacina nos menores da Companhia de Aprendizes do Arsenal de Guerra. Afirma que o ofício que solicitava ao presidente da Província a autorização para a vacinação dos menores enfatizava que: "o estado de sujeição dos referidos Aprendizes pode contribuir para o bom resultado [dos trabalhos]" (1993, p. 74)[20].

Mesmo que a prática não tenha se efetivado, apenas a intenção, expressa do ofício, pode ser classificada como escandalosa. Na visão do oficiante, os aprendizes são reduzidos à condição de *gado*, especialmente ao afirmar seu "estado de sujeição". Tal desclassificação deve-se, certamente, à origem pobre dos menores daquele Instituto.

Considerando-se os aspectos e argumentos já abordados, é possível apreender como a implantação da obrigatoriedade da vacinação no Brasil e em Mato Grosso, para todos os cidadãos, foi cheia de percalços. A existência da legislação não garantia que houvesse de fato o cumprimento da lei[21].

O primeiro Código de Posturas da Vila de Santa Cruz de Corumbá, de 1875, por exemplo, tinha por tema inicial um capítulo sobre a saúde pública, o que revela o quanto tal realidade preocupava a sociedade. Seu primeiro artigo tratava da obrigatoriedade da vacinação:

> Art. 1- Todos os habitantes desta Vila, da publicação destas Posturas em diante, ficam obrigados a levar ao Paço da Câmara Municipal, nos dia 1 e 15 de cada mês, os seus filhos, curatelados, tutelados, escravos e mais pessoas que lhes sejam subordinados quando não vacinados, a fim de o serem. O infrator incorrerá na multa de 10$000 reis, ou 4 dias de precisão (sic), sendo todavia compelido a fazer vacinar o seu dependente (Manuscrito, APMT1875).

Após sua elevação à condição de cidade, Corumbá teve seu segundo Código de Posturas aprovado em 1881. Neste, a questão da vacina ganhou um capítulo exclusivo, com três artigos: o artigo 11 era semelhante ao primeiro artigo do Código anterior, o art. 12 obrigava as pessoas vacinadas a retornarem, após oito dias, para extrair o pus e o art. 13 estabelecia que as crianças deveriam ser vacinadas até seis meses depois de nascidas (Código de Postura, 1881, Manuscrito, APMT).

Esses três artigos eram cópias dos artigos da Lei Provincial n. 574, de 1880, que aprovou as diretrizes para os Códigos de Posturas Municipais, quais sejam: art. 28, art. 29 e art. 30. (Maciel, 1985, p. 6, 12-13). A referida Lei, por sua vez, inspirava-se nas normas da Corte. Em edital da Câmara do Rio de Janeiro, de agosto de 1844, já constavam esses mesmo artigos (Chalhoub, 1996, p. 173). A diferença era o valor da multa. Esses artigos devem ser analisados nos quadros de uma sociedade marcada pela ideologia paternalista, na qual existia a primazia das relações de dependência pessoal. Assim, não havia uma lei geral obrigando as pessoas a vacinarem-se, mas "[...] os depositários das prerrogativas senhoriais deveriam fazer valer sua vontade sobre os dependentes, e tinham de responsabilizar-se por isso diante das autoridades municipais"[22]. Revelam uma preocupação específica com as crianças, determinando o prazo aos responsáveis.

Recuperando as normas da Corte sobre a questão, Sidney Chalhoub conclui que havia uma certa tradição normativa sobre a vacinação compulsória, especialmente para crianças:

> A obrigatoriedade da vacinação de crianças era já coisa antiga na Corte da década de 1870. Parece que o início dessa história data dos anos de 1830, quando ficou estabelecida em postura municipal a compulsoriedade da imunização infantil. As crianças deveriam ser vacinadas entre três meses e um ano de idade; caso contrário, os responsáveis ficavam sujeitos à multa no valor de 6 mil-réis (Meihy e Bertolli, apud Chalhoub, 1996, p. 152-153).

Contudo, sua afirmação sobre o não cumprimento dessas normas é expressiva: "As dificuldades na aplicação da norma surgiram junto com a invenção da norma". A falta de pessoal qualificado para fazer com que fossem cumpridas, além das estratégias da população, explicam, para o autor, seu relativo fracasso.

A situação não era muito diferente com relação a Corumbá e ao Mato Grosso. No livro de registros das pessoas que foram vacinadas sob responsabilidade da Câmara de Corumbá, constavam trezentas e treze em 1900 (para o período 05 jun. a 20 out.) e apenas trinta e quatro para o ano de 1902. A confiar nos registros, trata-se de número reduzido, principalmente se considerarmos que em 1900 e 1901, ocorreram surtos de varíola na cidade. Tais informações nos induzem a pensar que o Código de Posturas era apenas parcialmente posto em prática. Os comunicados divulgados por meio dos periódicos, indicando a disponibilidade de vacina, o local e o horário de atendimento pelo médico municipal, talvez não atingissem seus objetivos.

A referência ao fato de que a população não comparecia para ser imunizada da varíola era item constante também nos relatórios dos Inspetores de Higiene de Cuiabá. Em seu relatório de janeiro de 1902, o Dr. José Marques da Silva Bastos chega a admitir o emprego de força para impor esse benefício:

> Temos vacinado constantemente, encontrando sempre da parte do povo, geralmente falando, certa rebeldia em procurar receber tão útil, proveitoso e humanitário benefício, sendo preciso empregar-se muitas vezes a ameaça e o rigor, depois de esgotados os meios persuasivos e convenientes (RIH, jan.1902, Lata 1909 "B", Maço: Inspetoria de Hygiene. APMT).

É importante notar que em 1908, fundou-se a associação Previdente em Corumbá, cuja finalidade principal era a obtenção da vacina e de medicamentos para seus associados e respectivos familiares, como também para distribuição gratuita aos pobres. Contava com 42 sócios (*Autonomista*, n.167, 31 out. 1908). Tal organização demonstra que havia uma maior compreensão da importância da vacina por parte de alguns setores da sociedade. Porém, revela também que nem essa atribuição, uma das únicas que o Estado assumia na área de saúde, conseguia cumprir.

Nesse período, fim do século XIX e início do XX, Laura Maciel comenta que, em Mato Grosso, o Estado se preocupava em elaborar normas. A partir da década de 1890, passou também a criar serviços para efetivar a vigilância sobre a saúde pública, mas praticamente não oferecia serviços de atendimento à população (1985). No orçamento estadual, esse item ocupava um dos últimos lugares, como os próprios inspetores comentavam. O inspetor Estevão Alves Corrêa, em 1912, no Relatório, apresentado ao Secretário de Estado do Interior, Justiça e Fazenda afirmava: "A Higiene Publica figura no orçamento, com uma despesa irrisória, em ultimo lugar, sendo o serviço com que menos despende o Estado[...]" *(Gazeta Official,* 15 e 17 fev. 1912).

O mesmo inspetor, após fazer essas constatações, chega à conclusão de que o estado sanitário não era pior em razão do clima:

> [...] o clima inigualável com que fomos dotados com tanta prodigalidade tem suprido em parte a população do que lhe devera ser dado pelos poderes públicos.
>
> [...] A excelência do clima não deve e não pode continuar a justificar o descaso com que tratam-n'a [saúde pública] os habitantes do Estado e seus poderes *(Gazeta Official,* 15 e 17 fev. 1912).

Em Relatório de outro Inspetor, encontramos a explicação para a excelência do clima: "Apenas a autenticidade do sol, que tudo calcina, devemos esta salubridade do clima" (RIH, 1907, APMT). A relação entre clima e estado sanitário sempre era realizada de forma positiva pelos mato-grossenses, que inclusive se esforçam para desvinculá-lo das epidemias. Havia interesse em passar essa imagem junto aos europeus, para estimular o fluxo de imigrantes.

O periódico *O Brazil,* ao comentar notícias veiculadas em jornais italianos que não aconselhavam a presença de imigrantes nos trabalhos de ferrovias no Mato Grosso e em Goiás, questionou a visão dos europeus. Reafirmou a importância de se desfazer preconceitos contra o clima tropical, visto como causa de epidemias, enquanto nos climas frios, estas seriam uma fatalidade. Qualifica essa concepção de hipocrisia. O motivo real da indignação não é escondido pelo periódico: o tal preconceito causava prejuízos econômicos e, assim, deveria ser banida a idéia de moléstias tropicais e de clima como ameaça à saúde.

> Estas e outras afecções atualmente têm a sua etiologia presumidamente conhecida sem ligação alguma com o clima, pois assolam indistintamente o elipsoide terrestre em todas as suas latitudes, só respeitando os lugares em que uma higiene sábia e moralisadoramente proposta, opõe-lhe as convenientes barreiras.
> [...]
> Devemos proclamar que possuímos um clima permitindo a todos os seres vivos um desenvolvimento feliz e próspero (n. 349, 30 dez. 1909, p. 1).

A imprensa periódica manifestava seguida preocupação com a imagem da cidade em razão das epidemias, as quais, ressaltavam, eram importadas, mas que em outras regiões, e mesmo na capital do estado, atribuíam injustamente à fama do clima insalubre da cidade.

Em seu editorial "Necessidade Inadiável", de 02 de fevereiro de 1908, *O Brazil* lembrava que já tinham suficientes lições e exemplos do quanto era urgente e inadiável dotar a cidade de um isolamento hospitalar, em que se pudesse recolher e tratar convenientemente as pessoas de todas as classes sociais, atacadas de moléstias transmissíveis em ocasião de qualquer epidemia. Opinou que qualquer outro serviço estadual ou comunal era inferior ao empreendimento reclamado pela necessidade de prevenir a "preciosa saúde do povo" e argumentou :

> Não são poucas as vidas preciosas que a febre amarela, a peste bubônica e a varíola têm ceifado entre nós, trazendo-nos sempre o triste cortejo de suas inevitáveis conseqüências, que são a dor e a miséria nas classes pobres e enormes prejuízos em todos os ramos da nossa atividade comercial e industrial.
> Parece-nos que nenhuma outra cidade está tão desprovida, desaparelhada de condições preventivas para a luta contra as epidemias como esta.

A cada experiência de novo surto epidêmico, eram suscitadas novas discussões sobre as ações do poder público e o comportamento da população. Não foi diferente no segundo semestre de 1912, quando a cidade enfrentou dois surtos epidêmicos, um de febre gastrointestinal e outro de tifóide. Esses momentos apresentam-se como significativos para apreensão de discursos e propostas sobre a gestão da cidade, os quais são veiculados pelas autoridades públicas por meio de relatórios, como por outros representantes da sociedade, por meio da imprensa.

O médico municipal Nicolau Fragelli, ao comentar um desses surtos, o de gripe gastrointestinal, informou ao Intendente Francisco Mariani Wanderley que o surto perdurou por três meses, de julho a setembro. Seu ponto mais crítico, segundo o médico, ocorreu no mês de julho, com duas a três vítimas por dia. Embora considerasse os números elevados, criticou os que difundiam que se tratava de situação alarmante, atribuindo o fato ao "pouco amor à verdade e ao pavor da morte"[23]. Para completar, imputou grande parte da responsabilidade pelo agravamento e mortandade à população:

> É bom registrar que mais da metade dos óbitos que houve ocorreram por negligências já inveteradas na nossa massa popular. Muitos me vinham pedir atestado, sem que médico nenhum tivesse sido chamado. Outros recorriam ao clínico quando os sintomas prodâmicos da morte os aterravam – depois que o doente esgotara todas a suas forças, sendo tão somente o seu organismo auxiliado pelos efeitos terapêuticos da esperança e desses mil remédios populares. Dos doentes submetidos a tratamento médico desde os primórdios da moléstia, poucos sucumbiram (RMM, 1912, Cx. Doc. Div., ACMC).

As relações entre autoridades, médicos e a população com suas práticas sempre pareciam conflituosas. Nesse relatório, fica explícito o embate. O Dr. Nicolau enalteceu o papel dos médicos, afirmando que, mesmo diante de uma moléstia, cujo antídoto ainda não é conhecido, esses dispõem de um "arsenal terapêutico" capaz de afastar as complicações. Assim, informou que, das pessoas acometidas pela gripe e submetidas a tratamento médico desde o início, poucas sucumbiram. No mesmo ano, o Inspetor de Higiene alertava quanto ao curandeirismo, que campeava no estado, iludindo os incautos (RIH, 1912, APMT).

Esses exemplos poderiam ser multiplicados, revelam confiança no saber médico e no discurso científico e, por outro lado, desqualificam os conhecimentos populares. As idéias populares sobre como as doenças eram contraídas e suas concepções sobre como procurar a cura das moléstias passaram a ser sistematicamente combatidas e consideradas falsas e ilusórias pela comunidade médica[24]. Em suma, o modelo abstrato do infeccionismo auxiliava na desqualificação dos saberes populares sobre doença e cura, o que não significa que tenha obtido sucesso, conforme testemunham os próprios relatórios das autoridades, ou seja, as práticas populares persistiram.

A atribuição de grande parte de responsabilidade à população, pelas complicações em surtos epidêmicos, era recorrente. O Inspetor de Higiene, em seu Relatório de 1907, registrava: "Pouco asseio é observado pela população[...] É preciso que se diga sem rebuços, a higiene ainda está por se fazer em Mato Grosso" (RIH, 1907, APMT). A imprensa reforçava essa visão, *O Brazil*, à época de varíola em 1907, pedia cautela por parte de todos para evitar que a epidemia se desenvolvesse e se alastrasse. Noticiava que os raros óbitos ocorriam entre a gente menos cautelosa (n. 198, 20 jan 1907, p. 1). O que exatamente queria dizer com "gente menos cautelosa"? Os comentários de Laura Antunes Maciel, com relação ao que afirmava o Inspetor de Higiene em 1912, sintetizam a leitura que se fazia sobre essa gente:

> [...] Sobre a população, acostumada ainda a formas "arcaicas" de vida na cidade, era atirada a maior parcela da responsabilidade pela proliferação de doenças.
>
> A responsabilidade pelos problemas, principalmente pelas epidemias, era então jogada sobre a população. Era ela que, ao não ter consciência da importância da vacinação, do isolamento, de hábitos higiênicos e de uma alimentação sadia e equilibrada, acabaria criando as condições necessárias para o desenvolvimento desses males (1985, p. 46, 57).

Contudo, o Dr. Nicolau, ao comentar as medidas que estavam ao alcance da Intendência e de seus colegas médicos, afirmou que eram de uma "falibilidade completa". Explicou que não dispunham de meios de eficácia comprovada e que, mesmo nos grandes centros, a gripe zombava do "aparelhamento higiênico". Reconhece, portanto, também limitações na ação médica.

Sua principal suspeita era de que as águas do rio Paraguai, com baixo nível, seriam veiculadoras do germe que provocava as febres em 1912, e, por isso, aconselhava fervê-la ou filtrá-la. Afirmou que essa informação tinha sido divulgada a toda população, mas grande parte não deu a menor importância, não alterando seus hábitos. Registrou, em relatório as medidas sugeridas e adotadas pela Intendência, irrigação das ruas, para atenuar a poeira, e as solicitações quanto ao asseio nos quintais. Lamentou que a cidade não possuísse aparelho para desinfecção, aconselhando sua aquisição à Câmara.

> Esse serviço não só produziria bons efeitos pela extinção dos germes existentes em muitas casas, onde pululam pelas ótimas condições de vida que encontram, como também facilitaria impor-se o precioso isolamento que deve haver dentro dos domicílios sempre que surgisse um caso dessa febre que é contagiosa (RMM, 1912, Cx. Doc. Div., ACMC).

É importante avaliar como este médico pensava a cidade. Em seu relatório, demonstrou confiar nas novas possibilidades da bacteriologia, afirmando que, a partir dela, a higiene havia se refeito quase que totalmente. Assumia os ideais do médico higienista. Assim, identificou-se como corumbaense, ansioso pelo progresso da cidade e crítico frente ao conceito de progresso fundado só na expansão de sua área física, desvinculado da higiene. "Uma cidade ganha foros de adiantada, somente quando o seu desenvolvimento se faz consultando antes de tudo as exigências da higiene"[25].

Nesse contexto, criticou a falta de esgoto, a existência de fossas fixas, por causa das infecções que podiam contaminar a água que servia à população sem o devido tratamento. Apontou as necessidades de limpeza permanente da região urbana, a remoção do lixo e de sua incineração; da construção de um mercado e também de matadouro modelo, com instalações higiênicas. Sugeriu, ainda, praça para descanso e criação de um estabelecimento balneário; a determinação de que as novas casas possuíssem jardins em frente e aos lados. Elogiou a iluminação elétrica, as ruas largas e bem ventiladas, criticando, porém, a falta de arborização, que além de suas propriedades de oxigenação, embelezariam a cidade.

Os higienistas e os engenheiros apontam o ideal de cidade, cobram novos comportamentos e impõem valores. Para complementarmos algumas observações sobre a relação entre as doenças/febres, a cidade e seus habitantes, recorremos aos artigos do médico Dr. Alfredo Haanwinckel, publicados em 1909, pelo *Correio do Estado*, nos quais discute a origem da febre amarela e as medidas para evitá-la[26].

> O paludismo é inimigo da civilização, porque o paludismo só tem o direito de viver longe das cidades, e nos lugares em que pode encontrar reunidos os três elementos indispensáveis ao seu incremento: o calor, a umidade e a vegetação.
>
> A falta de qualquer daqueles concorrentes torna impossível, na opinião de abalizados mestres, a sua existência, por isso, quando em uma cidade a higiene entra sorrateira ou ostensivamente pela porta da frente, o paludismo foge, espavorido, apavorado, pela porta do fundo (*Correio do Estado*, n. 28, 14 ago. 1909, p. 1).

As suas afirmações sobre a relação entre civilização, higiene e cidade expressam, em outros termos, o que Nicolau Fragelli discutiria em relação ao progresso, conforme já referido. A proposta que ambos defendem é a necessidade de intervenção nos espaços da cidade, para torná-la salubre. Contudo, o Dr. Alfredo, ao reconhecer a dificuldade de uma profilaxia geral na região de Corumbá, recomendava a domiciliar, especialmente a eliminação de toda água parada, mesmo que por compulsão do poder público (*Correio do Estado*, n. 30, 21 ago. 1909, p. 1).

As referências ao relatório do Dr. Nicolau e aos artigos do Dr. Alfredo, quase que contemporâneos, ainda que longas, não foram aleatórias. Detivemo-nos nas afirmações desses dois médicos, pois nelas estão implícitas questões relacionadas à infra-estrutura urbana, à gestão da cidade e relativas à higienização dos corpos. Embora, àquela altura, início do século XX, o paradigma dos infeccionistas estivesse superado, voltaremos a mencioná-lo em função do que representava: oferecia o arcabouço ideológico básico às reformas urbanas realizadas na segunda metade do século XIX e nas primeiras décadas do XX (Chalhoub, 1996, p. 170).

Certamente, uma pergunta é pertinente: de que forma se operou com o referido paradigma, que práticas ensejou, como isso ocorreu? Diferentemente dos contagionistas, que, para combater as doenças, defendiam as medidas do isolamento e da quarentena, os infeccionistas, adeptos da teoria dos miasmas, tinham dificuldade em determinar com qualquer precisão as origens e a composição daqueles fluidos considerados mórbidos. Isso fez que, especialmente nas cidades, colocassem todo o ambiente sob suspeição e constante inspeção. Assim, os infeccionistas advogavam medidas mais abrangentes para transformar as condições locais e impedir a produção das temidas "emanações miasmáticas", combatiam especialmente a existência de pântanos, águas paradas. Daí, todas as práticas de limpeza propostas para a cidade, seu arejamento etc. Como lembra Sidney Chalhoub, esses higienistas, nesse momento, poderiam estar acidentalmente próximos do perigo, da causa, sem o saber (1996, p. 65, 175).

Dessa perspectiva, da colocação do ambiente sob suspeição, bastava um pequeno salto para se estabelecer também relação com as formas de vida das classes pobres, elas próprias serem vistas como focos perigosos. O que acabou acontecendo. Em artigo "O trabalho dos corpos e do espaço", George Vigarello (1996) nos ajuda a recuperar o momento em que isso ocorre de forma mais explícita.

A associação entre epidemia, morte e as classes pobres atinge um maior grau de racionalização e elaboração em Paris, no ano de 1832, durante a epidemia do cólera. O autor menciona que um periódico parisiense *Journal des Débats* insistia: "Todos os homens atingidos pertencem à classe do povo" (1996, p. 9). O temor às sujeiras difusas e às imundícies, identificadas com as péssimas condições de moradia e miséria dos trabalhadores na Paris do início do século XIX, ajudou a estabelecer aquela representação. Contudo, mesmo após a descoberta, por Koch, em 1883, do bacilo do cólera, a representação conservou o seu papel, inclusive se estendeu às outras epidemias. Considerando-se esses aspectos, ainda afirma Vigarello:

Num primeiro momento, essa insistência sobre os perigos advindos do povo é tão política quanto sanitária. Louis Chevalier foi, sem dúvida, o que melhor assinalou essa confusão feita "entre doença, a miséria e o crime" na Paris superpopulosa dos primórdios da industrialização: a epidemia associada às ameaças políticas das classes perigosas; morbidade tanto infecciosa quanto social, riscos tanto físicos quanto institucionais. O cólera é, a esse respeito, um ponto de fixação. Ele materializa o mal ao mesmo tempo que o simboliza: flagelo engendrado pelos mais despossuídos, manifestação física de um vício oculto (1996, p. 9).

Assim, além das medidas relacionadas à gestão pública da cidade, existiam também as questões relativas ao indivíduo, à intervenção no âmbito da família. Recorrendo mais uma vez ao artigo do Dr. Alfred Haanwinckel, tomaremos algumas de suas indicações sobre a alimentação, os resfriamentos e o esforço no trabalho, identificando as matrizes que o orientavam.

No tocante à necessidade de alimentação e à forma adequada de fazê-lo, bem como de exercícios, movimento para combater, prevenir as moléstias e doenças, o Dr. Alfredo, nesses artigos, recorreu à comparação do corpo humano com as máquinas, forma recorrente, desde o século XVIII, para explicar o funcionamento de nosso organismo; assim se referiu o médico:

> Ninguém ignora a influência que a alimentação exerce na conservação da máquina humana, por que todos sabem a influência que o combustível e a água exercem na maior parte dos mecanismos. Se um excesso ou uma falta prejudica o funcionamento de uma locomotiva, uma falta e principalmente um excesso, originando a menor resistência de um ou de muitos componentes do nosso organismo altera-lhe mais ou menos profundamente essa ou aquela função, dando nascimento á moléstia.
>
> As influências meteorológicas que arruinam, em breve tempo, as máquinas mal cuidadas, também concorrem, em determinadas circunstâncias, para, rompendo a coesão fisiológica, criar o estado denominado de moléstia. O excessivo trabalho que consome, e a inatividade que enferruja as mais poderosas máquinas que o saber do homem tem podido construir; também consome, também

enferruja a mais engenhosa, a mais perfeita, e a mais admirável de todas as máquinas, a máquina humana (*Correio do Estado*, n. 32, 28 ago. 1909).

O médico resumiu as ameaças à conservação da vida em três fatores básicos: alimentação inadequada (nem demais, nem de menos); excessivo trabalho ou à ociosidade (nenhuma máquina dá mais do que pode); e influencias meteorológicas (evitar a umidade, chuvas, resfriamentos). Conclui:"[...] porque essa trindade, absolutamente indispensável à conservação da vida, caminha na vanguarda das outras causas, na invasão de quase todas as moléstias" (*Correio do Estado*, n. 32, 28 ago. 1909).

A renovação da ambição higiênica não estava associada apenas às descobertas na área estritamente da Medicina. A comparação do corpo humano com uma máquina, realizada pelo médico, não foi ligada ao modelo mecanicista, cuja principal metáfora era o relógio. Nesse momento, o modelo é o da energia, tendo a máquina a vapor por referencial. Tratava-se da aplicação, às ambições higiênicas, dos princípios das leis da termodinâmica, relação entre calor e trabalho nas máquinas térmicas, estabelecidas em 1842 pelo físico francês Sadi Carnot. Assim, o corpo humano passa a ser concebido como uma "máquina energética". Nesse modelo, o alimento funciona como o combustível, será queimado e transformado em energia pelo organismo, necessária à vida[27].

Os anúncios de remédios e tônicos, os que mais freqüentavam as páginas dos jornais, são exemplares dessas concepções. Percorreremos alguns para apreender como a publicidade lançava suas iscas, que tipo de enunciação utilizava para convencer o leitor[28].

"Elixir de Nogueira"
Trata-se de Vinho creosotado, fortificante, apresentado como grande depurativo, capaz de curar todas as moléstias provenientes do sangue, trazia listagem, com destaque para: reumatismo em geral, sífilis, cancros, feridas de caráter canceroso, tumores nos ossos, inflamações do útero etc. Argumentos de autoridade: prêmios na exposição de Chicago de 1893 e do Rio Grande do Sul de 1900; aprovação pela Junta de Higiene da Capital Federal; fama, na Voz do Povo!

"Pílulas Rosadas do Dr. Williams"

Em diferentes anúncios, a mensagem dirige-se especificamente às mulheres (ao belo sexo), às jovens, aos homens, aos velhos, aos trabalhadores, aos doentes. Veiculava principalmente a idéia de restaurar as energias, regular o sistema nervoso por meio da regeneração do sangue, de sua purificação, devolvendo-lhe as forças perdidas. Um reconstituinte que tonifica e fortalece os nervos. Os resultados para quem usar: saúde, rejuvenescimento, vigor, alegria, gozo da vida etc. Um dos anúncios sintetiza bem todas essas informações:

> UM HOMEM PREVINIDO VALE POR DOIS.
> O poder do corpo para resistir e combater as enfermidades, é um dos fatores mais apreciados que uma pessoa possui.
> V. Sa DEBILITA ESTE PODER quando permite que seu estado de saúde se altere, porque assim o sangue enfraquece e os nervos perdem sua estabilidade.
> V. Sa PRESERVA ESTE PODER que resiste às enfermidades, quando observa uma vida metódica e não se excede em suas ocupações.
> V. Sa. AGUMENTA ESTE PODER quando fortalece o sangue e os nervos com o uso oportuno de um tônico como as Pílulas Rosadas do Dr. Williams, o Reconstituinte sem rival.

"Emulsão de Scott".

O primeiro argumento para convencer é que se tratava de medicamento científico, que nutria e fortalecia o organismo. Incomparável como remédio e alimento. Sua composição também era ressaltada, um preparado legítimo de bacalhau, sem álcool, pois este é veneno e prejudicial ao organismo. Principal qualidade, ação contra as afecções pulmonares. Importante eram seus efeitos, destacados a saúde, a felicidade e o rejuvenescimento.

A Medicina, conforme Denise Bernuzzi, a partir dos referenciais do corpo como uma "máquina energética" atribuía aos remédios a capacidade do organismo humano trabalhar mais rápido, assimilando com eficácia os alimentos e fortalecendo os nervos. Assim, resume as qualidades destacadas nos anúncios de remédios:

[...] As metáforas utilizadas na publicidade [...] dos inúmeros fortificantes e depurativos da época, são a expressão desta obsessão: limpar, desobstruir, drenar, diluir, ajudar o organismo em seu trabalho cotidiano, livrando-o das impurezas, desembaraçando-o do que se acumula e do que não tem utilidade (Sant'Anna, 1996, p. 122).

Não há dúvida quanto à resposta sobre a pergunta: quem está melhor protegido das doenças? São os que levam uma vida regrada, associada à sobriedade, ao resguardo da fadiga e da alimentação deficiente. O mecanismo punitivo naturalizou-se: as doenças, as epidemias – sanção puramente fisiológica – seriam provocadas por excessos físicos e/ou morais. Assim, os vícios, especialmente o da bebida e a suposta libertinagem popular, associada aos botequins e aos cortiços superpovoados, também predispõem à doença. Conforme afirma Vigarello: "O mais pobres são organicamente os mais fracos. A morte epidêmica é socialmente seletiva" (1996, p. 11).

Do que expressamos até aqui sobre Corumbá, podemos afirmar que se vivenciava o estabelecimento de relações entre a doença, a pobreza, a falta de higiene, que também implicaram em intervenção no espaço urbano, constituía-se uma geografia do poder, conforme trataremos nos próximos capítulos.

Quadro 2 - Epidemias, Corumbá: 1867-1920

	CÓLERA	COQUELUCHE	FEBRE AMAR	F. GASTRO INTESTIN.	GRIPE INFLUENZA	PESTE BUBÔNICA	SARAMPO	TIFO	VARÍOLA
1867									x
1872			x						x
1879							x		
1881									x
1882									
1884									x
1886	x								
1887	x								
1889			x						
1890			x	x					x
1891									x
1892									x
1897				x					x
1900						x			x
1901		x					x		x
1902						x			x
1903									x
1906									x
1907						x		x	x
1908									x
1912			x					x	
1913							x	x	
1915								x	
1918				x					
1919				x					
1920				x					

Fontes: Corrêa, L. S. *Corumbá: um núcleo comercial na fronteira de Mato Grosso*: 1870-1920, (1980, p. 93).
Maciel, L. A *Constituição dos serviços de saúde pública em Mato Grosso*: 1880-1940, (1985, p. 50).

A cidade e seus espaços: tensões do viver urbano.

E materialmente, Corumbá vai desassombradamente caminhando. Em seis anos notei progressos que não são comuns em cidades incipientes. [...] vi a minha terra amando a civilização, ainda que medrosamente. Mas como os medrosos amores de Romeu e Julieta chegaram a uma verdadeira epopéia, tenho certeza que Corumbá será capaz de morrer pela civilização.

Nicolau Fragelli
Correio do Estado, 26 maio 1909

"Água! Água! Água!"

Sob esse título, em editorial de 24 de novembro de 1907, *O Brazil* qualificava de revoltante abuso e verdadeiro capricho o fato dos carroceiros de água, conhecidos por aguateiros, recusarem-se a transportar "o indispensável líquido" aos moradores situados em quadras mais distantes das margens do rio Paraguai, apesar de seus pedidos e solicitações. A razão que os aguateiros alegavam, conforme reclamações dos moradores junto ao escritório do jornal, era a distância[1]. Na opinião do periódico, contudo, esse não era o único motivo, pois a redação havia recebido reclamação de morador de casa central, para o qual a recusa ao fornecimento foi justificada em função de "corredor muito comprido".

Outro aspecto abordado referia-se aos valores cobrados. Na visão do editorialista, os carroceiros não perdiam ocasião para elevar os preços do transporte, pois se aproveitavam de circunstâncias em que a bomba hidráulica não podia funcionar, desabastecendo a caixa d'água, alegando que tinham de buscar a água às margens do rio. Os aumentos, nessas ocasiões, causavam gritaria geral por parte dos moradores e o pior, segundo o editorial, eram mantidos mesmo após a regularização do abastecimento da caixa d'água. O periódico atribuía essas ocorrências à requintada ganância dos carroceiros e solicitava que as autoridades competentes tomassem as providências.

A questão da água revela-se um aspecto privilegiado para apreensão de como foram implantadas as condições do viver na cidade. Traz à tona muitas experiências, gera debates, propostas, transtornos para os usuários, mas também constitui-se em meio de vida e sobrevivência para outros e sobre a qual o poder público foi chamado a pronunciar-se. Portanto, percorrer os caminhos da água, de como chegava ou não aos moradores, por meio de pipas em carroças ou canalizada por tubulações, revela-nos parte da constituição da cidade, seu período inicial de formação como centro urbano e suas relações. Acompanhar as discussões e problemas relativos à água é, em parte, encontrar a cidade e seus conflitos.

O sistema que vigorava em 1907 era o de distribuição da água pelos carroceiros, que a retiravam de dois enormes reservatórios de ferro com capacidade em torno de 50 mil litros cada (Figura 1). O construtor italiano Martin Santa Lucci foi quem os instalou na rua De Lamare, inaugurando esse serviço em 30 de maio de 1897 (Báez, 1977, p. 81-82)[2].

O cronista José Luciano Schneider assim descreveu o prédio que abrigava as duas caixas d'água:

> Eram dois enormes tanques de ferro, bem assentados, um ao lado do outro, numa altura aproximada de 3 mts. Embaixo ficou uma sala para escritório, depósito, banheiros alugáveis, com ducha e banheira, tendo duas portas de 2mts de altura. O prédio era coberto de zinco e no meio havia uma clarabóia para arejamento.
> Cada tanque media, aproximadamente, uns 8 mts de diâmetro por dois de altura.
> O Sr. Santa Lucci Martino possuía a concessão e explorava o serviço de distribuição de água, nesta cidade, desde sua inauguração.
> A água era retirada desses dois tanques e recolhida em duas pipas de 200 litros cada uma e por meio de uma carroça puxada por um par de burros, o aguateiro levava o precioso líquido aos habitantes da Vila pelo preço de $200 cada pipa.
> [...]
> Corumbá, naquela época, era parecida a um enorme ovo de pomba e o líquido incolor e inodoro era distribuído com abundância, sem atropelos e a vida de seus habitantes corria por entre flores e arrebóis! (1974, p. 67).

Ao referir-se àquela época, o cronista o faz de forma idealizada, projetando uma abundância de água que as notícias de reclamações registradas pelos periódicos desmentem, assim como retrata a vida dos habitantes como correndo sem problemas e conflitos. As figuras 2 e 3 revelam como a forma de obtenção e distribuição da água exigia muito esforço por parte dos carregadores. O chamado "precioso líquido" foi objeto de conflito e preocupação por vários anos, e mesmo após se estabelecer os serviços de água encanada, o embate continuou para se ter acesso a esses, pois não chegava aos bairros mais periféricos.

Podemos revisitar, em parte, esse universo, considerando-se as descrições oferecidas pelo memorialista Renato Báez, em várias de suas obras, por meio de seus entrevistados, antigos moradores de Corumbá[3]. Assim foi possível apreender que, ao final do século XIX e até a primeira década do século XX, não existindo o serviço de abastecimento de água encanada, os aguateiros, em dezenas de carroças de tração animal, vendiam de porta em porta a água coletada no rio Paraguai, cobrando 100 réis a pipa (100 litros) e 200 réis para as casas situadas fora do perímetro central, isto é, na periferia. Esta memória de alguns moradores revela que a prática de cobrar preços mais elevados por este serviço a moradores de lugares mais distantes, reclamação divulgada nos periódicos, constituía-se em expediente utilizado pelos carroceiros da cidade.

Com relação ao preço cobrado, há referência de valores bem mais elevados em textos do próprio Báez, porém sem uma indicação temporal mais precisa. Por exemplo, em *Pioneiros e registros,* comenta que Giuseppe Fragelli, cidadão italiano, "vendia duas pipas, conduzidas em carrinhos, ao preço de quinhentos réis, para as casas localizadas no perímetro urbano e um mil réis para aquelas afastadas do centro" (1982, p. 4). Nesse ramo de comercialização de água, muitos carroceiros o transformaram num negócio rendoso, chegaram a constituir uma pequena frota de carroças e acabaram transferindo-se para outras atividades. Abordaremos essa questão, de forma específica, no capítulo seis, que trata das alternativas de trabalho na cidade.

Havia também aguateiros, tanto em Corumbá como no então distrito de Ladário, que não possuíam carroças e, nesse caso, transportavam a água em latas vazias de querosene ou de banha sobre a cabeça, que protegiam almofadando-a com panos enrodilhados (Báez, 1979, p. 127). Tais aspectos revelam como o abastecimento era difícil e, por outro lado, oferecia oportunidade de trabalho, ainda que sob formas e condições precárias.

Contam, ainda, esses moradores que cada casa possuía uma pipa de madeira, ou um tanque de alvenaria, geralmente localizado no corredor da entrada, como repositório do precioso líquido. Os familiares retiravam a água com balde, cuia de madeira (cabaça) ou outro recipiente apropriado de lata ou alumínio (caneca), utilizando-a para banho e uso doméstico. Não havia banheiro e, muito menos, chuveiro. Um aposento qualquer dos fundos da residência servia bem para a higiene dos moradores da Cidade Branca (Báez, 1979, p. 127).

Ao focalizarmos o período imediatamente anterior à instalação das caixas d'água de ferro, as décadas de 1870/1890, a situação se apresentava mais problemática. Os aguateiros retiravam a água diretamente da beira do rio Paraguai para vendê-la aos habitantes por meio de pipas transportadas em carroças de tração animal para entrega a domicílio. Após a concessão a Martin Santa Lucci para, através de sistema hidráulico, bombear água para as caixas de ferro, os aguateiros foram proibidos de retirar o líquido diretamente do rio. A distribuição se fazia a partir do reservatório, as exceções ocorriam quando a bomba, por algum motivo, deixava de funcionar. Uma fotografia do Comandante H. Pereira da Cunha, que se estabeleceu por alguns dias em Ladário, revela como essa atividade era penosa, além das implicações de qualidade. O aguaterio adentra ao rio com uma junta de bois e, um pouco afastado da margem, enche a pipa de madeira com água, utilizando inclusive o próprio peso do corpo, pois senta sobre ela (Cf. Figura 2).

Os riscos desse processo eram tratados desde o final do século XIX. Os Relatórios do Presidente da Câmara Municipal de 1884 a 1888 nos oferecem um panorama dos problemas que a retirada de água direta do rio representava para a população. A Câmara Municipal, em 1884, qualificava a falta d'água potável como o "maior flagelo do município". Informava que a água da baía do Tamengo, que banha o porto da cidade, em certas épocas do ano, fazia desenvolver infecções intestinais e maleitas peculiares a essa enfermidade. Era essa a água distribuída à população. Comenta, ainda, as formas dos moradores solucionarem o problema:

> [...] Para livrarem-se desse terrível mal tem alguns habitantes mandado construir algibes para depósito das águas das chuvas ou mandam buscar água a outra margem do rio; mais somente os mas remediados de fortuna podem conseguir estes benefícios que demanda grandes gastos, ficando a maior parte da população na contingência de mendigar um pouco de água quando as das carretas se tornam insalubres[...] (RPCMP, set. 1884, Livro 205, fl. 47-49, ACMC)[4].

No Relatório de 1886, os vereadores explanam em detalhes o problema enfrentado pela população da cidade e porque era tão sensível à falta d'água potável. Em todos os relatórios anteriores a esse ano, o problema era comentado e havia solicitação, ao governo Provincial, para que tomasse as providências. À primeira vista, parece sem razão a reclamação, afinal, Corumbá está à margem de um rio, e a explicação quem nos oferece é a própria Câmara:

> [...] mas considerando-se que no porto desta cidade correm duas águas distintas, uma nociva que desce da baía do "Tamengo" e outra do rio Paraguay, que encontrando-se acima do porto desta cidade, correm ao par uma da outra, sem se misturarem, distinguindo-se pela cor inteiramente diversa; e notando-se que é justamente a pestilenta água da baía que é recolhida em carretas para abastecimento da população, vê-se que com razão se reclama água para o povo de Corumbá (RPCMP, jul. 1886, Livro 205, fl. 68-70, ACMC).

O mesmo relatório informa que a água que banha o porto é negra e de sabor desagradável. Sua insalubridade era tão reconhecida que os índios Kadiwéu, quando estavam acampados no porto da cidade, buscavam água no meio do rio Paraguai, transportando-a em potes que carregavam em suas canoas.

> Esta cidade, situada à margem direita do rio Paraguai, é, segundo as reflexões do coronel Haroldo de Carvalho Netto, brasileira por caprichosa circunstância geográfica. Ocorre que a margem esquerda do grande rio, sendo extremamente baixa, os portugueses viram-se obrigados a transpor a área que devia ter sido a fronteira natural entre as colônias lusa e espanhola. Assim, os portugueses instalaram-se sobre a imensa formação calcária "que obriga o rio a fazer longo desvio para leste antes de seguir para o sul, onde forma a Prata juntamente com o Paraná, a mais de 1000 quilômetros a jusante da chamada "Cidade Branca" (SILVA, 1999, p. 96).

Nesse ponto, 19°00 latitude sul e 57°39 longitude oeste, o rio Paraguai, que vem no sentido N - S, descreve uma curva em ângulo de quase 90°, passando a correr no sentido O – L em trecho de pouco mais de 10 km, no qual estão situadas, à sua margem direita, Corumbá e, a leste desta, a 6 km, Ladário; logo depois, o rio volta a descrever nova curva acentuada, dirigindo-se para sudoeste, até a fronteira com o Paraguai, onde retoma o seu curso anterior no sentido N – S (Mapa 1).

Luiz D'Alincourt, em sua *Memória sobre a viagem do porto de Santos à cidade de Cuiabá*, conta sua passagem por Corumbá em 1823, quando era uma pequena povoação ainda conhecida por Albuquerque Velha[6]. Descreve e comenta sua posição, o viajante subia o rio e faz sua referência a partir da boca inferior do Paraguai-mirim:

> Seguindo daqui, para O. chega-se à pequena Povoação; [...] à direita, em situação elevada, junto ao ângulo, que descreve o Rio; pois que vindo em direção geral do N. N. E., volta ali para Leste, e no plano que forma um morro no seu cume, e todo ele, bem como vários outros, que fazem parte daquelas serras, são de pedra calcaria: foi olhado este ponto, como importante ao sistema geral de defesa, consideração que, a meu ver, não merece, por não ter os requisitos necessários para tão interessante fim, e porque o inimigo pode penetrar impunemente no interior da Província: subindo pelo Paraguay-mirim, está Albuquerque na Latitude Meridional de 19° 0' 8", e na Longitude de 320° 3' 14" (1953, p. 182).

Portanto, onde o rio Paraguai descreve essa sinuosidade, desviando-se do maciço calcário, é que se ergue a cidade de Corumbá. Nos seguintes termos, Lécio Gomes de Souza define sua altitude:

> De cotas modestas, a princípio, no terraço em que erguem Corumbá e Ladário, onde acusam 110 a 180 metros, enquanto no pantanal fronteiro não vão além de 90, chegam a atingir perto de 300 nos morros das vizinhanças. [...] Resulta dessa topografia uma natural inclinação para o escoamento das águas pluviais, a despeito de algumas depressões existentes nos bairros mais altos onde se coletam nas chuvas torrenciais (1978, p. 232).

Logo após a curva que o rio descreve, ao correr no sentido O – L, portanto a montante de Corumbá, está o canal de Tamengo, que tangencia as ribanceiras calcárias, possuindo 12 km de comprimento por 20 metros de largura (Mapas 1 e 3). Trata-se do desaguadouro da baía de Cáceres ou Tamengo, já em território boliviano, com superfície aproximada de 90 km². O canal, além de vincular a lagoa ao rio Paraguai, serve de limite entre o Brasil e a Bolívia, mas já acima do arroio Conceição. É, dessa forma, uma das saídas da República Boliviana para o rio e de interesse à sua navegação (Souza, 1978, p. 232).

Para resolver o problema da água, quando a que vinha pelo Tamengo se tornava imprópria, as soluções encontradas por parte da população resumiam-se na construção de algibes, para recolher e depositar a água da chuva para seu consumo, ou em buscar água na outra margem do rio. Ambas as alternativas eram acessíveis apenas a uma parte da população, ou seja, os que possuíam melhores condições financeiras, como se dizia à época: "os favorecidos de fortuna". E quanto aos pobres, ou bebiam a péssima água da baía, pagando, às vezes, com a vida em razão de inflamações intestinais e maleitas, ou se viam na contingência de mendigar um pouco de água quando as das carretas se tornavam insalubres, condição que atingia a maior parte da população (RPCMP, set. 1884 e jun 1885, Livro 205, fl. 47-49, 58-60, ACMC).

As alternativas para obtenção de água potável, como os relatórios do final do século deixam entrever, não eram muitas e sua solução, na prática, acabava se constituindo em problema de ordem privada, individual. Dessa forma, a água potável, tão necessária à sobrevivência, à higiene pessoal, transformava-se em risco de vida para os pobres, pois a de que dispunham era insalubre e podia provocar muitas doenças. Em razão disso, nos períodos mais críticos, muitos moradores pobres tinham que sair pedindo água. Recorriam à boa vontade das famílias que possuíam algibe. Não foi à toa que *o sonho dourado* dos corumbaenses era a obtenção do abastecimento de água potável (RPCMP, jul. 1886, Livro 205, fl. 68-70, ACMC), [grifo nosso].

A carência desse serviço, que se transformou em sonho a ser concretizado, naquele período, não era particularidade de uma pequena cidade como Corumbá. A questão da falta de água potável atingia também as camadas pobres dos grandes centros urbanos do século XIX, conforme comenta Lewis Mumford:

Nas novas cidades industriais, estavam ausentes as tradições mais elementares de serviços públicos municipais. Bairros inteiros às vezes ficavam sem água até mesmo das bicas locais. Vez por outra, os pobres tinham de sair de casa em casa, nos bairros de classe média, a pedir água, como poderiam pedir pão durante uma crise de alimentos. Com essa falta de água para beber e lavar, não admira que se acumulassem as imundícies. Os esgotos abertos, não obstante o mau cheiro que produziam, indicavam relativa prosperidade municipal (1991, p. 501).

A Câmara sugeria que a Província concedesse privilégio a uma companhia ou a particulares que se propusessem a abastecer a cidade de água potável. Nos relatórios de 1887/1888, cobrava a publicação da lei Provincial n. 714, de 17 de setembro de 1886, inclusive para estabelecer concorrência na praça, na Corte ou no estrangeiro. Há, portanto, uma demanda por esse serviço, que o poder público municipal reconhecia, mas não podia resolvê-lo, mesmo por meio da terceirização, pois vigorava no período Imperial um regime administrativo centralizador, dificultando os procedimentos (RPCMP, 1884 a 1888, Livro 205, fl. 47-105, ACMC).

Nessa primeira etapa, portanto, só após quase duas décadas de insistentes reclamações é que a cidade passou a contar com um serviço mínimo de retirada d'água do rio Paraguai em 1897. O ponto de retirada era em local um pouco mais adequado, sendo a água depositada em duas Caixas, para sofrer, pelo menos, uma decantação, visto que não era tratada. Da caixa, a água continuou a ser transportada pelos carroceiros.

Assim, a instalação das caixas em maio de 1897 apenas minimizara o problema, fora uma solução paliativa, pois não atendia às necessidades de água potável e, além disso, já nos primeiros anos do século XX, os periódicos passaram a mencionar outros problemas, como o do esgoto e o da iluminação. Houve tentativa de implantar a canalização d'água por meio de concessão a empresas para a realização dos serviços, como publicado pelo *O Brazil* no ano de 1903, contudo, os concessionários acabavam perdendo os prazos e a própria concessão, perdurando o problema para a cidade[7].

Poucos anos depois, em 1907, o periódico *Autonomista* em editorial "Questões Municipais" criticava a autorização da Câmara para que o Intendente contraísse empréstimos no valor de 350:000$000 (trezentos e cinqüenta contos de réis), sobre apólices de 6% ao ano, com a finalidade de construir um edifício para municipalidade e calçamento de ruas. Argumentava que os melhoramentos da cidade deveriam começar pelo:

> [...] elemento mais indispensável à vida, que é a água, da qual a cidade tem carência quase absoluta, porque a que bebe é de péssima qualidade e obtida escassamente por um preço exorbitante.
> [...]
> A população padece é de falta d'água, o subsolo vai se infeccionando dia a dia e não tardará a época em que venha dar-se a erupção de epidemias pela exalação das substâncias deletérias que se vão acumulando sem escoadouro por baixo de nosso pés. As edificações aumentam o número de fossas e em breve teremos da cada 10 em 10 metros um foco a expelir miasmas (n. 121, 10 dez. 1907, p. 1).[8]

O periódico defendia que a prioridade para a cidade não era a construção de um edifício para a administração. Resolver o problema da água era primordial para a higiene e o asseio da população, que crescia a cada dia. Esse melhoramento, além de trazer benefícios reais para os habitantes, também significaria uma fonte de renda capaz de, por si só, atender ao serviço de juros e amortização da dívida.

A canalização da água, segundo o editorial, viria animar a iniciativa particular na cidade; previa ainda que o número de prédios cresceria inesperadamente e, como conseqüência, o orçamento seria beneficiado com rendas extraordinárias. Justificava o otimismo, lembrando reorganizações materiais de cidades como São Paulo, Curitiba, Belém do Pará, Manaus, Rio de Janeiro e mesmo Buenos Aires. Essas cidades, considerando-se as afirmações do jornal, já se constituíam em referências de remodelação e de modernização do espaço.

Nesse ponto, o editorial lembrava que existia uma tendência clara de crescimento rápido em Corumbá, apesar das péssimas condições de salubridade e de higiene em função da falta d'água e de esgotos. Declara categórico: "É este outro melhoramento que, a par da água não pode ser preterido por construções de prédios nem por empedramento de ruas".

Indagava, pois, se a ordem natural dos serviços não seria primeiro a canalização para, depois, ter o calçamento. O inverso seria um erro flagrante. A pergunta natural do articulista, diante disso, foi: "para que contrariar o bom senso, seria só para satisfazer o delírio de encenação que às vezes acomete os administradores de nossa Pátria?".

A ordem das prioridades estava clara para os periódicos: investir primeiro no sistema de canalizações soterradas, para drenar a cidade não mais na superfície, mas em profundidade, depois se cuidaria dos edifícios, das fachadas, dos calçamentos. Esse debate sobre os investimentos na cidade subterrânea, com custos às vezes mais elevados do que os de superfície, trabalho para o engenheiro, foi intenso em Paris a partir da década de 1830, conforme aponta Georges Vigarello ao comentar as realizações "hausmanianas", que concretizaram várias das propostas em discussão, entre elas a canalização subterrânea (1996, p. 20). A questão que se apresentava para os parisienses era; investir nas maquinárias invisíveis ou nas arquiteturas monumentais? O impasse surgira especialmente durante a grande epidemia do cólera, em 1832, que, segundo o autor, foi a última grande epidemia que revolucionou a organização da cidade. Em que termos isso pode ser colocado e qual a relação com os esgotos de Corumbá?

Buscamos no mesmo autor a relação: "É o trabalho sobre o espaço que elimina a epidemia, mesmo que a origem desta permaneça muito imprecisa. Drenar a cidade por um sistema de canalizações soterradas. É a subversão dos lugares, a facilitação dos fluxos" (Vigarello, 1996, p. 20). Assim, surge imaginário inédito sobre a cidade, o dos circuitos subterrâneos, condutos invisíveis colocando em comunicação, por capilaridade, pontos diversos. Metaforicamente, o corpo humano tornou-se uma referência: seus órgãos, a circulação sangüínea são invisíveis. Assim, as galerias funcionariam para a cidade: a água pura e fresca, a luz e o calor circulariam como diversos fluidos, servindo à vida.

Apesar da identificação da necessidade, as construções dessa infra-estrutura não foram realizadas de imediato em Corumbá. A situação permanecia sem solução, dois anos depois das considerações feitas pelo *Autonomista*, encontramos em outro periódico o editorial "Água, luz e esgotos", no qual de forma sucinta havia a exposição do problema:

A água que temos é cara, além de ser péssima e obtida com grande dificuldade, pelas imposições absurdas a que nos sujeitam os carroceiros; a iluminação a querosene, não preenche, absolutamente, os seus fins; e, quanto aos esgotos, é outra necessidade que não se pode deixar de igualmente reconhecer (*O Brazil*, n. 336, 30 set. 1909, p. 1).

Os momentos de epidemias tornam-se ocasiões favoráveis aos debates, pelas crises e situações de morte que geram, conforme apontamos sobre Paris. Surgem, então, propostas e projetos para solucionar os problemas enfrentados pela cidade. Assim, ao comentar a situação sanitária de Corumbá em 1912, ano em que ocorreram epidemias de tifo e febres gastro intestinais, o médico municipal Nicolau Fragelli vinculou a superação das deficiências higiênicas às obras da cidade subterrânea:

> Que nos serve multiplicarmos rua e vermos as habitações surgirem em grande número, quando o regime das fossas fixas nos prende às malaventuras das infecções, e a água que bebemos vem-nos à casa turva, já não falando no modo bíblico como é conduzida? [...] Ao nosso espírito conforta-nos já imenso, também, a segurança que temos de, em breve, ver a nossa querida Corumbá possuidora d'um serviço civilizado de abastecimento d'água, e duma rede de esgotos. Será o passo que definitivamente consagrá-la como cidade adiantada (RMM, 4 nov. 1912, Cx. Doc. Div., ACMC).

O médico conclui que, depois de perfeitamente inaugurados esses serviços, as condições higiênicas melhorariam de forma extraordinária e o departamento médico municipal teria muito mais eficácia no combate às doenças e mesmo em ocasiões de epidemias.

Esses três serviços foram finalmente contratados em outubro de 1909, com concessões ao Dr. Oscar da Costa Marques e a sua empresa. A previsão de instalação e início da prestação dos serviços era de 18 meses para a iluminação elétrica, a água encanada em princípio de 1912 e os esgotos em fins de 1913. Ao anunciar as obras, o Vice-Intendente Tenente Coronel Pedro Paulo de Medeiros, em relatório à Câmara Municipal, revelou seu otimismo e o significado que atribuía a essas: "os melhoramentos mais imprescindíveis desta cidade estão resolvidos e que, desta vez, será levada a efeito a consecução de obras tão momentosas" (RICM, 5 nov. 1909, Lata "A", maço Intendência, APMT), [grifo nosso].

As obras foram parcialmente realizadas, e, no caso, mais uma vez ficou adiada a execução dos esgotos. Quanto ao cronograma, foi cumprido com atraso. Inaugurou-se a canalização d'água somente em 1914. Referindo-se ao funcionamento do sistema de água encanada e de energia elétrica da cidade em 1918, o viajante Jacomo Vicenzi em *Paraíso Verde*, assim o descreveu:

> O interessante é que, si n'um dia faltar a água, a luz também desaparece. Como assim? A mesma máquina trabalha de dia e de noite. De noite, até às quatro horas da madrugada, fornece a luz; daí por diante, apanha as águas do Paraguay, empurra-as para cima até as maiores alturas.
>
> Aqui, como em todos os recantos de Mato Grosso, a água preferida para beber, e incomparavelmente melhor, é a dos poços.
>
> Note-se que, no tocante a poços, de ordinário, não se trata da perfuração do solo, até encontrar no seio da terra algum veio d'água viva. O poço mais comum em Mato Grosso, a que chamam cacimba, na sua boca é como os demais, mas, de fato, é um precioso depósito de águas fluviais, hermeticamente forrado com cimento, em seu fundo e na parede interna, para que nenhuma água estranha possa nele penetrar. O dos Salesianos, em Corumbá, tem sete ou oito metros de fundo, sendo que seu diâmetro interno é de seis metros (Vicenzi, [1922], p. 286).

As referências do autor revelam que, mesmo após o início dos serviços de canalização, havia preferência pela água de chuva, recolhida em cacimbas, ou algibes, que já mencionamos, pois a água encanada não sofria um tratamento adequado.

Acompanhando os discursos sobre o problema da água, portanto, podemos destacar alguns elementos recorrentes, tais como: as normas de higiene, a preocupação com a saúde e as possibilidades de doenças associadas ainda aos miasmas. Havia também a dificuldade de se obter a água em razão da distância, quer porque encarecia o produto ou mesmo o risco de não obtê-lo por falta de carregadores, o que era uma contradição, pois, pelas normas, nenhum morador poderia retirar água diretamente do rio. Eram freqüentes os atritos dos moradores com os aguateiros, quer por razões de preço elevado do transporte, quer pela recusa desses em entregar o produto em quadras mais distantes. Requeria-se a intervenção do poder municipal para solucionar o problema, e os periódicos apontavam, ainda, que a situação não ficava bem para uma cidade que progredia e se pretendia adiantada, além de argumentar que os serviços poderiam trazer lucros para o município ou os particulares que o assumissem.

A energia elétrica acabou chegando antes da água encanada, pois foi inaugurada a 6 de janeiro de 1912. Foram instalados altos postes de ferro ao longo do centro das principais ruas de Corumbá e lâmpadas incandescentes para iluminação. Assim era substituída a iluminação pública a querosene, que vinha sendo utilizada desde maio de 1896, e muito criticada nos relatórios dos Intendentes, em função de sua fumaça. Nessa data, em Ladário, teve início também a iluminação elétrica (*Correio do Estado*, n. 216, 11 jan. 1912, p. 2 e Báez,1965, p. 126-130; 1996, p. 41-42).

O periódico *O Debate*, de Cuiabá, noticiou o acontecimento. Chamou a atenção em seu noticiário para a beleza do espetáculo da cidade vista de longe, informando que passageiros do Coxipó disseram que parecia uma grande cidade (*O Debate*, 12 jan. 1912 e *Correio do Estado*, 11 jan. 1912). O viajante Jacomo Vicenzi, alguns anos depois, em 1918, afirma, em seus comentários sobre a vida em Corumbá, que a cidade era "profusamente iluminada a luz elétrica" ([1922], p. 286).

No início do século XX, alguns periódicos destacaram comentários de autores que haviam vivido ou visitado Corumbá, ficando dois ou três anos ausentes, e ao retornarem, como no caso do autor da epígrafe do presente capítulo, o médico Nicolau Fragelli, notavam e se admiravam com as transformações que ocorriam, qualificadas de rápido progresso, como o aumento de prédios edificados (*Correio do Estado*, n. 11, 16 jun. 1909, p. 2).

Nessa perspectiva, ao tratar da formação de uma companhia construtora em 1909, *O Correio do Estado* destacava o crescimento da cidade e o fato de que se estendia cada vez mais rapidamente, sua população multiplicava-se e as condições de Corumbá haviam se alterado naqueles últimos vinte anos: "Ultimamente, um grande número de terrenos tem sido concedido para edificação; seguidamente vemos levantar-se novos prédios, mesmo em ruas as mais afastadas do centro populoso, e, como prova assaz incontestável de progresso, surge uma companhia construtora..." (n. 12, 19 jun. 1909, p. 1). Lembrou, também, que as construções seriam em maior número se não houvesse carestia de material e se as despesas com construção não fossem tão elevadas.

A notícia da formação de uma companhia construtora, apontada como índice de progresso da cidade, e a informação de que houve corrida de investidores para participarem como acionistas na integralização de seu capital, podemos tomar como indícios de que a questão imobiliária começava a ganhar força em Corumbá e constituir-se em negócio atrativo para investimentos.

Contudo, não se pode afirmar que o crescimento da cidade era compartilhado e beneficiava a todos. Apesar de referir-se à construção civil como uma das marcas do progresso corumbaense, o *Correio do Estado*, em editorial, lembrava que faltavam casas para atender à população e havia famílias que se sujeitavam a dividir um único cômodo com outra, trazendo prejuízos para a comodidade e a higiene.

O mesmo problema foi destaque em comentário do periódico *O Brazil*, em julho daquele mesmo ano, por meio do artigo "Casas de Habitação" acentuando, porém, a questão dos valores do aluguel (n. 326, 22 jul. 1909, p. 1). Assinalava as queixas que se tornavam comuns e gerais em Corumbá, e, segundo o periódico, infelizmente, se justificavam cada vez mais. Apontava que o aluguel das casas vinha apresentando elevações de 50% ou mais, sem, contudo, os inquilinos contarem com prédios que preenchessem as mais elementares condições de higiene e conforto, pois os edifícios eram mal construídos, acanhados e recebiam pouca luz. Acrescentava ainda que quando os proprietários resolviam fazer qualquer reparo, estritamente necessário, a metade das despesas corria por conta dos inquilinos. Aqueles que, inconformados, protestavam, eram indiferentemente convidados a mudar-se, pois, segundo os proprietários, não faltaria quem pagasse mais do que estavam pagando.

Denominava esse período de "vacas gordas" para os proprietários, que deveria acabar assim que se construíssem novas casas. A razão dessa situação era o fato de que as edificações não acompanhavam o crescimento rápido do número de habitantes, em função das pessoas vindas de fora, inclusive oficiais do exército (*O Brazil*, n. 326, 22 jul. 1909, p. 1).

Sobre os aluguéis, não condenava os aumentos, por entender que eram interesses legítimos, porém criticava os acréscimos exagerados, que, na visão do periódico, tinham que ser em proporções justas e eqüitativas. Não traz referencial, todavia, sobre o que entendia por justo e eqüitativo.

O artigo reconhece a carência de habitações e admite algum reajuste na alocação de imóveis. Faz uma defesa da lei de mercado, sugerindo a construção de moradias, ou seja, ampliar a oferta, o que inibiria a cobrança exagerada nos valores de aluguel.

O relatório da Intendência, escrito em novembro de 1909, dedicou um item a essa questão e a caracterizou como "verdadeira crise de habitação". Informava que não havia em Corumbá casa alguma desocupada, por mais modesta que fosse. Tal fato gerava situações em que, para obter a preferência de uma habitação, as pessoas se submetiam à imposição de aluguéis exagerados. Comenta inclusive que os hotéis estavam constantemente repletos, o que dificultava a obtenção de acomodação para pessoas que chegavam com a família e tinham intenção de se estabelecer, fixar residência na cidade.

Embora reconhecesse que qualquer medida não solucionaria o problema de imediato, Vice-Intendente Tenente-Coronel Pedro Paulo de Medeiros considerava urgente alguma deliberação legislativa e sugeriu a isenção das décimas prediais e outros impostos aos proprietários que, no ano de 1910, construíssem pelo menos cinco casas para aluguel (RICM, mar. 1909, Lata "A", 1909 - Maço: Intendência e Câmara Municipal, APMT).

Assim, quer pelas manifestações dos periódicos, bem como por meio dos relatórios, inicialmente da Câmara e depois da Intendência, constatamos que a habitação, além de cara e escassa, era inadequada, circunstâncias que atingiam de forma mais direta os trabalhadores carentes.

Entre os contratos celebrados naquele ano de 1909, mencionados pelo Intendente, constava um para construção de casas para operários, com o Sr. Armando Alves Duarte: "construção de mil casas higiênicas pelo sistema cimento armado". Pelo que apuramos, o contrato não foi levado a efeito, contudo é revelador da intervenção do poder público, no que se refere à habitação, em favorecer a iniciativa privada, propondo redução de impostos e, dessa forma, visando facilitar a aquisição pelo consumidor final.

Havia, portanto, constantes referências ao crescimento de Corumbá e nos deteremos para vislumbrar um pouco de seu aspecto espacial e populacional. Quanto a esse último, uma vez que não havia censo oficial, e mesmo os primeiros nacionais possuem dados passíveis de erros ou inadequações, não dispomos de informações confiáveis. Apoiados nos autores que tentaram passar idéias aproximadas da população em fins do século XIX, não pudemos avançar muito além do que outros obtiveram; contudo, é possível, aproximadamente, oferecer alguns parâmetros. Há que se considerar que a cidade, por constituir-se em porto final da navegação internacional e abrigar batalhões do exército em conjunturas específicas, sempre contou com uma população flutuante, difícil de ser aferida, além de, na época, não haver aqueles instrumentos de contagem, como o censo.

Os relatórios da Câmara, quando mencionam a população, fazem-no sempre de forma aproximada, arredondando, ou até mesmo fornecendo mais de uma estimativa no mesmo relatório, como por exemplo, o de 1884, que menciona 5.000 habitantes quando trata da falta d'água e, no item instrução pública, afirma que a população era de mais de 5 mil.

Considerando o período em que a localidade de Corumbá foi elevada à categoria de vila (1872) e cidade (1878), logo na primeira década após a guerra do Paraguai, temos as seguintes informações sobre o crescimento demográfico[9]:

Quadro 3 - População Urbana de Corumbá (1861-1920

ANO	POPULAÇÃO	OBS[10]
1861	1.315	Corrêa
1864	1.500	Idem
1872	3.086	Idem
1881	4.000	Rel.
1884	5.000	Rel.
1920	8.796*	Censo

Esse quadro foi possível montar a partir de fontes distintas, trata-se de tentativa de aproximação da realidade, pois além de não contarmos com informações sobre critérios mínimos de coleta, há também que se considerar que algumas circunstâncias conjunturais tornavam a população extremamente flutuante, como no período pós-guerra com o Paraguai, em razão não só da permanência de muitos contingentes do exército, mas também da presença de paraguaios que circularam pela região e da construção do Arsenal da Marinha que teve início em 1873, e motivou a chegada de trabalhadores. Os efeitos da Primeira Grande Guerra, e a crise do comércio importador/exportador, em meados da segunda década do século XX, provavelmente também tiveram suas influências sob o ponto de vista demográfico.

Ainda que de forma breve, passaremos um olhar sobre a planta da cidade para visualizar seu crescimento espacial e recuperar algumas memórias sobre esse crescimento. Dispomos de plantas de 1875 (Mapa 2) e 1914 (Mapa 4), nas quais é possível um comparativo e surpreender a cidade em seus momentos iniciais de expansão.

Conforme Claudemira Azevedo Ito, é possível observar que, nesse período, o direcionamento do crescimento urbano ocorria pelo simples prolongamento ao sul, a leste e a oeste das ruas projetadas em 1859. Ao norte, situava-se o único obstáculo à expansão do núcleo inicial da cidade, ou seja: "o leito do rio Paraguai, e, além dele, uma zona de alagamento periódico impedia a construção de moradias, mesmo que precárias" (ITO, 2000)[11]. Em 1877, Corumbá possuía dez ruas de 22 metros de largura, bem alinhadas, cortadas em ângulo reto e três praças públicas. Os lotes de terreno urbano variavam de 24,20 x 24,20 metros para os de frente e 19,80 x 72,60 metros os de fundo (Báez, 1996, p. 39).

A planta de 1914 expressa bem a projeção que se fazia para a cidade, pois as quadras acima da rua Cuiabá e principalmente rua América, ou seja, a partir da sexta quadra, estavam praticamente desocupadas. Além disso, nos relatórios da Câmara e da Intendência, é possível constatar essa expansão comentada por Ito, uma vez que neles se pede autorização para ampliar as ruas paralelas ao rio, em direção ao nascente ou ao poente.

Sobre a toponímia das ruas e praças, é possível constatar diferenças imediatas entre as duas plantas; na de 1877, ainda predominavam nomes de santos e personalidades ligadas à história da cidade ou da então Província, enquanto na planta de 1914, já no período republicano, vários logradouros receberam novas denominações, associados a este regime político, desaparecendo praticamente os nomes de santos. A própria praça da matriz passou a ser denominada de Praça da República.

Para além das ruas com moradores, as quadras apenas estavam projetadas e alguns memorialistas nos oferecem impressões do entorno da cidade nas primeiras décadas do século XX. Segundo Renato Báez, alguns de seus entrevistados recordaram que "lá por 1.900, partindo da rua Dom Aquino (atual), para cima, era um matagal, onde se podia ouvir até o canto dos macacos" (1996, p. 39).

A descrição de José Luciano Schneider, como testemunho pessoal, em uma de suas crônicas, revela as qualidades da mata e sua riqueza, com mais detalhes:

> Durante a grande guerra, a rua Antonio João chegava só até a rua Cuiabá ou pouco mais. Daí para além da América, era um paraíso aberto! Pássaros de variegadas cores, cantavam no matagal abandonado, e as frutas ó meu Deus que abundância! Havia mandovi, jabuticabas, ata, sapoti, fruta do conde, araçá, pitangas, água pomba, veludinho, seputá, jatobá, maracujá, uva do mato que apodreciam pelo chão úmido.
>
> O tempo mandão e despótico empurrou Corumbá desses anos para longe, bem longe e arquivou-a na prateleira do passado (1974, p. 128).

Há, por parte do cronista, um lamento, o tempo fez desaparecer as matas e, com ela, toda a riqueza de sua flora e fauna, que permanecem arquivadas apenas na memória dos que as conheceram.

Conforme Báez, até a primeira década do século XX, os habitantes de Corumbá classificavam-se em citadinos, os moradores da parte alta, e os portuários, os residentes no porto ou beira-rio. Sobre a parte baixa da cidade, trataremos no capítulo a seguir, abordando o porto e suas funções.

Quanto à cidade alta, das suas ruas, a De Lamare era considerada a principal e mais importante. Consta no *Almanack Corumbaense* para 1899 uma breve descrição:

> [...] arborizada a flamboyant, dispostas em paralelas; boas construções e regular calçamento. A rua de Lamare é o coração, é a rua do Ouvidor da terra. Nela se acham as principais casas comerciais da cidade, Barros & Comp., Joaquim Victorio, Innocencio Victorio, Harms & Schamack, Albino & Monaco, Angelo Mandetta & Comp., etc.

A importância local atribuída à rua pode ser avaliada pelo comparativo realizado com a do Ouvidor, no Rio de Janeiro. Essa característica de principal rua comercial, pelo menos suas quadras centrais, manteve-se por longa data. Nas primeiras décadas do século XX, predominava o comércio a varejo, ou também chamado a retalho, que tinha na comunidade sírio-libanesa, vários representantes.

Um olhar para as regiões situadas nos dois extremos dessa rua, ao nascente e ao poente – próximos à barranca e ao porto - surpreende outra realidade. Encontramos alguns bairros populares, mal afamados, dos quais nos ocuparemos, pelas suas particularidades e por revelarem parte da vida da população, uma outra cidade, muitas vezes silenciosa e silenciada pelas fontes, percebida, freqüentemente, apenas de forma indiciária.

Um bairro muito conhecido até as primeiras décadas do século XX era o Sarobá. O poeta Lobivar de Matos, que publicou um livro tendo por título o nome do referido bairro, explicou sua origem, afirmando que existiam duas palavras com o mesmo significado, "Saróba" e "Sarobá", e também já nos oferece uma caracterização desse espaço, como era percebido pela população:

> A primeira é usada na "Nhecolandia", zona pantaneira e por excelência pecuária, com o significado de lugar sujo, onde os caboclos penetram com receio de algum "macharrão" acordado ou de alguma "boca de sapo" traiçoeira. A segunda, cuja origem não descobri ainda, é a denominação que recebe o bairro de negros de

Corumbá. Lugar sujo, onde os brancos raramente penetram e assim mesmo, quando o fazem, se sentem repugnados com a miséria e a pobreza daquela gente. Sentem repugnância e nada mais, porque os infelizes continuam a vegetar em completo abandono, como se não fossem criaturas humanas.

Só se lembram de Sarobá quando são necessários os serviços de um negrinho. Fora daí a Favela em ponto menor é o templo eterno da Miséria, a mancha negra bulindo na cidade mais branca do mundo, na expressão de um inglês que passou por lá caçando onça e. quem sabe? se petróleo também (Matos, 1936, p. 6-7).

Renato Báez, quando se refere ao Sarobá, afirma que, antigamente, era mal afamado, "local propício às contravenções da lei e deprimente aos foros de civilização e progresso da 'Princesa do Paraguai" (1979, p. 101-104). É exatamente essa percepção que o poeta critica, pois nada se fazia pelos seus moradores, lembrados apenas como mão-de-obra barata, permaneciam abandonados, sequer reconhecidos como pessoas. Nesses termos, sua população era marginalizada, e seu espaço considerado vergonhoso para a cidade, que os explorava e ao mesmo tempo os amaldiçoava, como lugar da perdição, um espaço não visitado pelos brancos.

Localizava-se no extremo nascente da rua De Lamare, além da rua Ladário, ao lado da Ladeira Dona Emília Giordano e da rua 13 de Junho ou *Buraco Quente*. Tratava-se de área praticamente central e próxima ao porto. Não localizamos referências na imprensa sobre o mesmo, pois certamente não era objeto de merecimento. A fama do local devia-se também às casas de tolerância, de prostituição e cabarés, conhecidos por *fecha-nunca*. Dois bares eram mais famosos e também mal afamados, o *Bar Buraco* e o *Crava Osso*. Os freqüentadores, a platéia principal, eram predominantemente marítimos (conhecidos por embarcadistas) e militares, mas também existiam os peões das fazendas. Os locais que abrigavam tais casas e bares eram conhecidos por *bucheiros* (Báez, 1991, p. 62).

É importante observar as denominações que se atribuíam a esses espaços, todas desqualificadoras, relativas àquilo que é escória, esterco, lixo. Espaço desconsiderado, onde a população flutuante da cidade e do porto se divertia. Aos moradores, porém, sobrava a pecha de contraventores. Era o espaço não ordenado nem controlado, a anti-cidade na visão das elites e do poder público local.

Mas o bairro não se reduzia à representação que lhe atribuíam, existiam outras vidas, experiências. Recorremos mais uma vez ao poeta Lobivar e ao seu poema *Sarobá*:

> SAROBÁ
> Bairro de negros,
> negros descalços, camisa riscada,
> beiçolas caídas,
> cabelo carapinhé;
> negras carnudas rebolando as curvas,
> bebendo cachaça;
> negrinhos sugando as mamas murchas das negras;
> negrinhos correndo doidos dentro do mato,
> chorando de fome.
> Bairro de negros,
> casinhas de lata,
> água na bica pingando, escorrendo, fazendo lama;
> roupa estendida na grama;
> esteira suja no chão duro, socado;
> lampião de querosene piscando no escuro;
> negra abandonada na esteira tossindo
> e batuque chiando no terreiro;
> negra tuberculosa escarrando sangue,
> afogando a tosse seca no eco de uma voz mole
> que se arrasta a custo
> pelo ar parado.
> Bairro de negros,
> mulatas sapateando, parindo sombras magras,
> negros gozando,
> negros beijando,
> negros apalpando carnes rijas;
> negros pulando e estalando os dedos
> em requebros descontrolados;

> vozes roucas gritando sambas malucos
> e sons esquisitos agarrando
> e se enroscando nos nervos dos negros.
>
> Bairro de negros,
> chinfrim, bagunça...
> (Matos, 1936, p. 9-10).

Por meio desse poema, podemos recuperar parte da vida dos negros de Sarobá. Moradores de casinhas de lata, chão batido, com lama à porta, sem o conforto da água encanada e da luz elétrica. Em outro poema, o autor usa a imagem de "lampiões enforcados no teto". As condições de existência, principalmente das crianças e velhos eram marcadas pela má alimentação, a fome, a magreza e as doenças, além do desconforto da moradia. Mas nem por isso deixa de existir o calor dos beijos, do afago e da vida, a festa, a música, o samba, então desqualificado por muitos setores da elite, considerado como coisa de malucos, com sons esquisitos. Bairro chinfrim e de bagunça. Tudo o que a cidade civilizada, asseada, ordeira, que se constituía segundo as normas da burguesia, negava.

Contudo, o poeta não escapa a uma certa leitura corrente. Existe em seus poemas certa dose de piedade, misturada com rejeição ao atraso. Os negros aparecem como pobres, atrasados, doentes, quase animalescos, algumas imagens expressam de forma viva essas concepções, relacionadas principalmente ao sexo, à reprodução e à diversão: "parindo, gozando, apalpando carnes rijas, correndo doidos dentro do mato, gritando sambas malucos".

O poeta nos permite revisitar o bairro que viu quando criança, os negros e o seu cotidiano, da violência maior da discriminação, da fome, são vozes que não se perdem. Um bairro não pode ser reduzido espaço da contravenção. No confronto desses dois memorialistas, Báez e Lobivar, enquanto o primeiro endossa a visão da cidade sobre o bairro, o segundo nos introduz parcialmente no cotidiano dos moradores, que sobrevivem apesar da magreza, da fome e das sombras e de toda tentativa de não se falar deles, inclusive do silêncio das fontes. Um silêncio quebrado pelo poeta.

Assim, de poucos espaços de moradia dos trabalhadores ficaram alguns fragmentos, esparsas referências em jornais, já mencionadas, e também fotografias, que ajudam a reintroduzir essas cenas pouco qualificadas da cidade. É o caso das casas representadas nas figuras 4, 5, 6. Casas de alvenaria compostas por um ou dois cômodos, a maioria sem reboco e sem pintura, tendo apenas uma porta e janela, geminadas algumas, várias com telhados de meia-água, com telhas de zinco. Nessas fotografias temos o registro de vilas onde predominam as moradias de trabalhadores e a população pobre de Corumbá.

A experiência dos operários de morar nas cidades e metrópoles que se constituíram no século XIX, o século da urbanização e das reformas, chamou a atenção de diferentes autores, que nos remetem à questão do progresso e sua ambigüidade, suas contradições.

Ao comentar as condições de moradia da classe operária na Inglaterra, em meados do século XIX, Engels oferece descrições de bairros de algumas cidades, notando que a organização dos mesmos era, em geral, semelhante. Constituía-se de pequenas casas, de um ou dois andares, de três ou quatro cômodos, irregularmente construídas, que não seguiam alinhamento e de aspecto péssimo: vidros quebrados, janelas e portas feitas de pranchas velhas pregadas umas às outras etc. Assim descreve em parte as casas e as ruas dos bairros operários:

> [...] As casas são habitadas dos porões aos desvãos, são tão sujas no exterior como no interior e têm um tal aspecto que ninguém as desejaria habitar.
> [...] Habitualmente, as próprias ruas não são planas nem pavimentadas; são sujas, cheias de detritos vegetais e animais, sem esgotos nem canais de escoamento, mas em contrapartida semeadas de charcos estagnados e fétidos (Engels, 1985, p. 38-39).

Constatou, também, que se designava um lugar à parte para esses bairros, onde em geral os pobres moravam, ao abrigo dos olhares das classes mais felizes. As piores casas na parte mais feia da cidade. Eram os chamados "bairros de má reputação", que as cidades grandes possuíam, um ou vários.

Um olhar sobre as áreas onde estavam situadas as moradias dos trabalhadores em Corumbá revela a segregação espacial. Situadas em região escarpada, sem arruamento ou de formato irregular (Figuras 4 e 6), não há evidências de infra-estrutura, como rede de energia, revelando que a eletricidade não fazia parte do seu cotidiano (as fotos são publicadas em 1914), nem de outros equipamentos. A própria presença dos trabalhadores em uma das fotos (Figura 5) revela-os se deslocando a pé e em trajes simples.

Nesse contexto, destacamos também, a própria forma de apresentação da publicação das fotos, que requer uma leitura. O *Album Graphico*, destinado à propaganda, tenta realizar uma operação singular, retirar-lhes a feiúra, a conotação de miséria que a paisagem elucida. Assim, as fotos são acompanhadas de títulos, textos que oferecem uma caracterização da cena, que consiste em denominá-las de "rancharia pitorescas", "Corumbá pitoresco". Ora, o observador desatento pode cair na armadilha, pois as fotos revelam uma paisagem de miséria, bem pouco graciosa.

Ao referir-se às moradias dos bairros pobres das metrópoles que se formavam no final do século XIX, Lewis Mumford as contrapõe ao tão cantado século do progresso, como que zombando deste. Numa linguagem não menos realista, o autor descreve, em parte, o que Engels já relatara sobre as cidades inglesas, e o poeta também denunciara sobre Corumbá. Permitimo-nos, ainda que a citação pareça extensa, transcrevê-la, para oferecer um panorama que auxilie no comparativo.

> Algumas dessas casas, algumas dessas recaídas na imundície e na fealdade, teriam sido uma desgraça; mas, talvez, cada período pudesse mostrar certo número de casas desse tipo. Agora, porém, bairros e cidades inteiras, em artes, quilômetros quadrados, províncias, estavam cheios de tais moradias, a zombar de toda a ufania de sucesso material que o "Século do Progresso" externasse. Nesses novos galinheiros, criou-se uma raça de indivíduos defectivos. A pobreza e o ambiente de pobreza produziram modificações orgânicas; raquitismo nas crianças, por causa da ausência do sol, deformações da estrutura óssea e dos órgãos, funcionamento defeituoso das glândulas endócrinas, por causa de uma dieta mesquinha; doenças epidérmicas por falta de higiene elementar da água; varíola, febre tifóide, escarlatina, septicemia da garganta, por causa da sujeira e

dos excrementos; tuberculose, estimulada por uma combinação de dieta pobre, falta de sol e congestionamento habitacional, para não falar das doenças ocupacionais, também, parcialmente ambientais (Mumford, 1991, p. 505).

As descrições de Engels e Mumford têm muito em comum com o poema de Lobivar de Matos. A miséria dos espaços de moradia dos trabalhadores e de seus bairros aparece aos olhos da racionalidade burguesa, da cidade idealizada por sua ideologia, como uma anti-cidade. Esses bairros revelam-se como a face ambígua do progresso; por outro lado, são partes também da cidade real. Alguns aspectos são recorrentes: fome, tosse, lama, mau cheiro etc. Há no poema, porém, um elemento de vida, o insistir na existência: os beijos, afagos, o gozo, o parir, a festa, a cachaça e o samba. A vida resiste. A cidade, que alguns desejam tornar invisível, permanece afrontando a outra.

Um olhar sobre o outro extremo da rua De Lamare, ao poente, também nos revela a existência de alguns bairros que se formaram à revelia da planta original e do alinhamento proposto. Foi o caso do conhecido bairro Acampamento de Cima, situado no final da atual avenida General Rondon, entre as ladeiras Cáceres e da Cervejaria, que se originou logo após a guerra do Paraguai (1865-1870), a partir do acampamento das praças do 3º Regimento de Artilharia, que ali edificaram casinhas e ranchos.

Em seu relatório de 1886, a Câmara Municipal faz referência a esse bairro. Menciona que, no início, tratava-se de habitações provisórias e, nesse processo, não foi observado o alinhamento da planta da cidade e, lembra o próprio relatório, tão pouco as posturas, que, na época, não existiam. Contudo, muitos soldados que obtiveram baixa do serviço e as vivandeiras que os acompanhavam ali permaneceram. Informa, ainda, que o bairro abrigava "a parte mais desprotegida de fortuna da cidade".

A questão que se apresentava para a Câmara era a de fazer valer as posturas e a planta da cidade e, nesse caso, teria que fazer desalojar os habitantes e demolir as casas, pondo-os em desabrigo. Afirma que essa não era sua intenção. A alternativa que encontrou foi propor uma solução mais a longo prazo, ou seja, solicitar da Assembléia Legislativa a autorização para fazer medir os terrenos e exigir o alinhamento das casas na medida em que fossem sendo reconstruídas, de modo, segundo o próprio relatório, "a embelezar mais essa parte da cidade".

A expectativa da Câmara parece não ter se confirmado, pois quatorze anos depois, em 1910, a Intendência resolveu desapropriar, por utilidade pública, todas as habitações edificadas nos denominados "Acampamento de Cima" (além do atual 3º Batalhão de Artilharia) e "São Francisco" (aquém do forte do mesmo nome), para constituição de novas quadras urbanas, conforme o plano geral da cidade[12].

A Intendência informava, no Relatório de 1913, que realizara várias desapropriações e estava formando novas quadras no Acampamento de Cima. Contudo, havia vários lotes disponíveis que não conseguiam vender e, em razão da falta de recursos, iria abandonar aquele objetivo, até que o Município tivesse condições de executar um plano definitivo[13]. A intervenção do poder público nesse espaço se justificava para fazer cumprir as normas, mas também embelezar esse bairro. O argumento restringe-se a esse aspecto.

O ocultamento desses espaços, o silenciamento sobre eles é perceptível, inclusive, em certas leituras da historiografia sobre a cidade. Com relação a Corumbá e à participação dos grandes comerciantes em sua constituição, afirma Gilberto Luiz Alves:

> [...] Corumbá converteu-se numa cidade onde o comerciante exercia um domínio pleno. Sob a sua hegemonia a cidade cresceu e fez-se à sua imagem e semelhança. Ao vigor dessa fração da burguesia correspondem os monumentais edifícios, especialmente os que constituem o Casario do Porto; à sua preocupação com a racionalização devem-se o traçado funcional da cidade, suas amplas ruas e avenidas, a concentração de depósitos e armazéns próximos ao cais do porto, assim como o desenvolvimento da zona residencial, das praças, das empresas ligadas ao pequeno capital e dos estabelecimentos de lazer e cultura na parte alta da cidade; finalmente, o universalismo do *grande comerciante dos portos* corporifica-se nas inspirações arquitetônicas de seus edifícios, assim como na utilização de materiais de construção importados de outros países, inclusive da Europa (Alves, 1985, p. 71-72).

O texto apresenta uma abordagem significativa para a compreensão daquele momento em que Corumbá se constituía enquanto cidade, ao estabelecer uma relação entre o contexto local e as relações capitalistas de produção, ou seja, insere o processo que descreve numa visão mais ampla, o capitalismo financeiro. Contudo, temos ressalva quanto à leitura que faz da cidade, que particularmente nos interessa. O autor a apresenta com uma única face: "é a imagem e semelhança do grande comerciante". Ponto. Ponto final. Contudo, é o caso de uma vírgula, pois esta abre possibilidades para outras histórias.

Como temos apresentado, de fato, havia a intenção do poder público e dos comerciantes de se estabelecer uma racionalidade para a cidade, expressa nos códigos de postura, na planta, na preocupação com o traçado e o respeito ao alinhamento. Para fazer prevalecer este projeto, há a intervenção do poder público, desapropriando, enquadrando os espaços, cuidando do embelezamento, valorizando áreas etc. Contudo, não podemos desconhecer que uma outra cidade também se fazia presente, nascida dos acampamentos militares, de imigrantes paraguaios e dos negros, ex-escravos e seus descendentes. Corumbá era o porto, mas também o Sarobá, o Acampamento de Cima, em nada "semelhantes à imagem dos comerciantes" e, por isso mesmo, ocultados, negados, como enclaves não civilizados, mas presentes. Nessa perspectiva, cabe retomar Lewis Munford, que analisa essa situação como a contradição do século do progresso, já mencionada (1991, p. 505).

A preocupação do poder municipal com relação às moradias fora de certo padrão não era só com as localizadas nos bairros mencionados, mas referia-se especialmente às situadas no perímetro considerado central da cidade.

No relatório de 1906, o Intendente faz referência à Resolução de número 13 da Câmara, de 1º de dezembro daquele ano, que visava a tornar salubres e higiênicas as habitações e fazer desaparecer do centro da cidade as casas cuja construção constituía terrível foco de miasmas, pela imundície que conservavam e pela falta de ar e de luz. É possível constatar como o paradigma da infecção e a teoria dos miasmas fizeram escola e porque pode-se considerá-los o arcabouço teórico dos sanitaristas. Implicava em medidas concretas de intervenção no espaço da cidade. Já com outros referenciais, o médico Nicolau Frageli referia-se aos germens que "pululam" em muitas casas, pelas ótimas condições de vida que encontravam. Em ambos, há referência às precárias condições de higiene.

Essas preocupações ganham uma dimensão maior ao identificarmos como as autoridades entendiam o que era a casa do cidadão. Encontramos essa compreensão em relatório de 1912, ao Secretário de Estado do Interior, Justiça e Fazenda de uma autoridade contemporânea, o Inspetor de Higiene do Estado Dr. Estevão Alves Correa:

> A casa não é só o asilo inviolável do cidadão: é nela que se passa a maior parte de sua vida e para que a população seja forte, sadia e apta para a luta pela vida, é imprescindível que ela seja higiênica. Tão importante é esta questão que em todo o mundo se procura solução para o problema de construção de casas higiênicas e baratas (*Gazeta Official*, n. 3378, 15 fev. 1912, p. 2).

Considerando-se esse entendimento, não é de se estranhar sua cobrança: "Impõe-se o cumprimento das leis que regem a edificação [...] e a visita domiciliaria para condenação das casas que não estejam em condições higiênicas e não possam ser melhoradas". O Inspetor de Higiene não reconhece o espaço privado da casa como absoluto e, por um critério implícito em seu discurso, qual seja, o da produtividade, justifica a intervenção dos poderes públicos no espaço domiciliar. Na sentença "que a população seja forte, sadia e apta para a luta pela vida", o Inspetor refere-se ao trabalho (*Gazeta Offcial*, 15 fev. 1912, p. 2).

Havia, também, uma preocupação com a estética, a fachada das casas, o embelezamento do centro. A mesma Resolução de nº 13, da Câmara, determinava, em seu artigo 12 aos proprietários de casas com fachadas de zinco ou tábua, nas ruas Frei Mariano, De Lamare e Treze de Junho, todas centrais, que as substituíssem por fachadas de alvenaria. O não cumprimento resultaria em cobrança de multas, conforme comunicado da Secretaria da Intendência, veiculado em jornal, sobre o encerramento do prazo de um ano para que se procedessem à substituição das fachadas (*O Brazil*, n. 244, 22 dez. 1907, p. 2).

A preocupação com as fachadas também se estendia quanto ao preparo da argamassa. Proibia-se o preparo desta com terra roxo-escura (terra vegetal), deveria ser feito com areia. Um aviso do fiscal municipal, publicado no periódico *O Brazil* em 1909, atestava que esse preceito não vinha sendo observado pelos construtores.[14]

A circulação e o ordenamento das ruas também ganhavam considerações por parte da imprensa. Havia alertas, por exemplo, de que em pleno perímetro central, um homem fora atropelado por porcos que circulavam pelas ruas. Outra reclamação constante era quanto aos animais cavalar e vacum, que pastavam livremente pelas ruas. Os cães, segundo os periódicos, também representavam grande perigo, sendo várias pessoas atacadas, não se podendo transitar por algumas ruas em função do risco.

Todas essas ocorrências eram previstas no Código de Posturas e estavam previstas multas para o descumprimento, porém, considerando-se as constantes referências nos jornais e mesmo nos relatórios, conclui-se que havia dificuldade para que fossem cumpridas.

Esta situação era tão comum e deve ter marcado tanto a memória e lembrança de muitos moradores que o memorialista Renato Báez descreveu-a nos seguintes termos, ao comentar sobre as ruas de Corumbá:

> Uma cena deprimente aos foros de civilização dos corumbaenses era verem-se animais vadios pelas ruas centrais, não obstante a existência de um órgão municipal, tangedor de animais. O gado, vacum e cavalar, pastava em plena via pública! Os animais domésticos também, notadamente cães, na maioria, da raça "vira-latas", porcos e galináceos (1991, p. 60).

É possível identificar nessas questões a tentativa de ordenamento e de constituir a cidade como um espaço urbano, civilizado, diferenciado do rural. Tal empenho em diferenciar-se tinha, por exemplo, uma dificuldade básica: o transporte era realizado por veículos a tração animal[15]. O movimento das carroças de aguateiros, transportadores de material de construção, carne para os açougues, frutas... Além disso, já mencionamos que o entorno da cidade, conforme lembranças de moradores do início do século XX, era constituído por matas, onde se caçava, coletavam-se frutas silvestres e obtinha-se lenha para o fogão.

Como grande parte das ruas não era calçada, isso também facilitava o crescimento de mato e formação de poças d'água por falta de nivelamento, o que contribuía com a pastagem dos animais.

Assim, entre o código e sua aplicação, havia a experiência e as vivências na construção do espaço urbano, que se apresenta como resultado de práticas neles desenvolvidas, conforme afirma M. de Certeau: "espaço é um lugar praticado" (1994, p. 202).

Figura 1 – Corumbá, A Caixa d'água.
Fonte: *Album Graphico do Estado de Matto-Grosso*, 1914, p. 335.

Figura 2 – Apanhando água no rio Paraguai (1913).
Fonte: *Viagens e caçadas em Mato Grosso*. Cte H. Pereira da Cunha, p. 20.

Figura 3 – A distribuição de água pelas casas (1913).
Fonte: *Viagens e caçadas em Mato Grosso*. Cte H. Pereira da Cunha, p. 20.

JOÃO CARLOS DE SOUZA 159

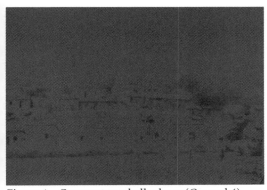

Figura 4 – Casas para trabalhadores (Corumbá).
Fonte: *Álbum Graphico do Estado de Mato-Grosso*, 1914, p. 325.

Figura 5 – Rancheria pitoresca (Corumbá).
Fonte: *Álbum Graphico do Estado de Mato-Grosso*, 1914, p. 335.

Figura 6 – Corumbá pitoresco.
Fonte: *Álbum Graphico do Estado de Mato-Grosso*, 1914, p. 331.

160 SERTÃO COSMOPOLITA

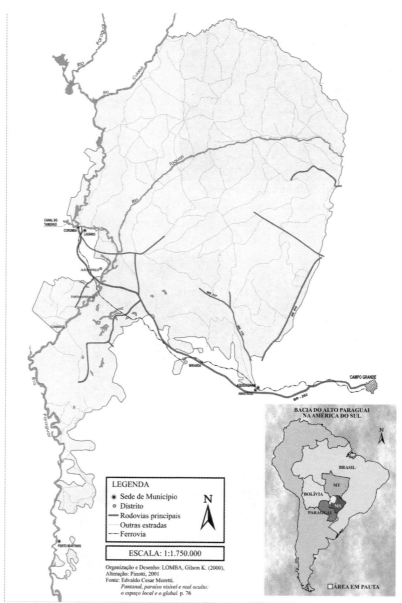

Mapa 1 - Bacia do Alto Paraguai
Organização e Desenho: LOMBA, Gilson K. (2000),
Alteração: Pinotti, 2001
Fonte: Edvaldo Cesar Moretti,
*Pantanal, paraíso visível e real oculto:
o espaço local e o global.* p. 76

JOÃO CARLOS DE SOUZA 161

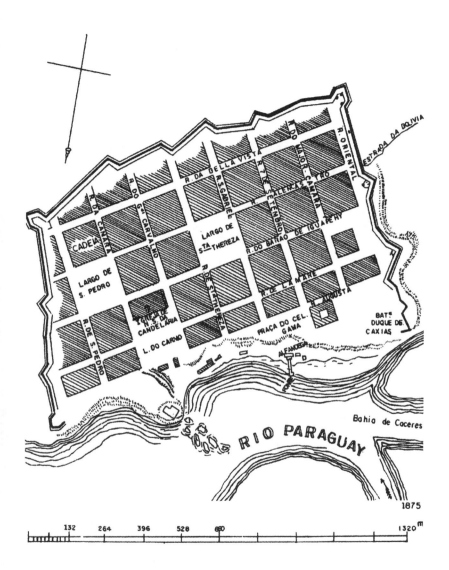

Mapa 2 - Planta da Cidade de Corumbá (1875)
Fonte: João Severino da Fonseca, *Viagem ao redor do Brasil*. p. 237

Mapa 3 - Planta de Corumbá (1889)
Fonte: Raul Silveiro de Mello, *Corumbá, Albuquerque e Ladário*. p. 132
Desenho: Pinotti, 2001.

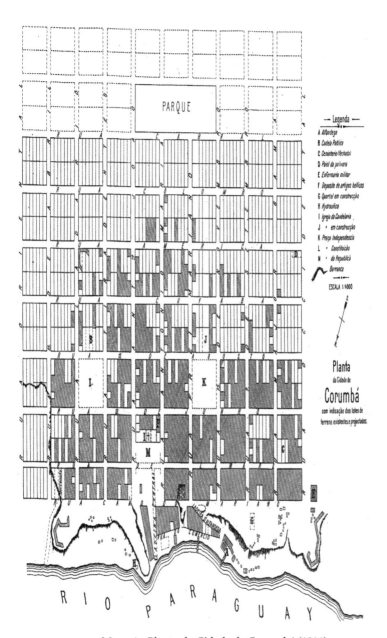

Mapa 4 - Planta da Cidade de Corumbá (1914)
Fonte: *Album Graphico do Estado de Matto-Grosso.* p. 327

O porto, o cais e os comerciantes: projetos e realizações

As cidades, como
os sonhos, são construídas por desejos e medo.
Italo Calvino
As cidades invisíveis

Os portos sempre ganham forte referência e representação, mesmo quando fluviais, pois são porta de entrada e saída, local por excelência da troca e das relações. Esse imaginário torna-os também depositários de expectativas e valorização simbólica. Não raro, os investimentos econômicos também se concentram em sua área, tornando-a o centro de atenções da cidade.

As referências ao porto de Corumbá, embora esparsas pela imprensa, constituíram-se importante fonte para apreensão sobre suas representações. Particularmente, alguns textos do Tenente Coronel João de Avila Franca, dirigidos ao então encarregado de obras da cidade, Sr. Raymundo Por Deus, e publicados sob o título de Cartas Municipais, pelo jornal O Brazil em fins de 1902, possibilitam-nos vislumbrar Corumbá, apreender sua paisagem em inícios do século XX, especialmente a da cidade baixa, do porto, sobre a qual nos deteremos neste capítulo. O autor, em suas descrições, oferece um panorama da situação daquele momento e, ao fazer uma série de sugestões sobre obras que poderiam ser realizadas para melhorias desse setor urbano, revela a sua leitura da cidade.

O ponto de partida de seus comentários foi um questionamento sobre a falta de planejamento das poucas obras construídas, alegando, inclusive, que a inexistência de verbas não justificava a ausência do mesmo. Argumentou, pelo contrário, que exatamente o bom planejamento possibilitaria a realização parcial de obras e a previsão da melhor ocasião para completá-las.

Após fazer críticas à posição do Arsenal da Marinha do Ladário, em razão de não possuir defesas naturais, como conviria a um estabelecimento militar dessa natureza, elogia a posição de Corumbá:

O espírito expande-se diante de um dos melhores pontos da base oriental da serra de Albuquerque, do alto de cuja barranca, aí, se deve gozar de um panorama esplêndido sobre os extensos pantanais e a baía de Tamengos erguendo-se também a vista nas sinuosidades do rio Paraguay. Em seguida a essa conjectura surge a idéia de uma dupla cidade, a baixa e a alta, destinando-se naturalmente a primeira à vida comercial (*O Brazil*, n. 5, 19 out. 1902, p. 1).

Esta visão da dupla cidade é comentada por vários autores e viajantes. A sinuosidade do rio, onde se constituiu Corumbá, já foi descrita no capítulo anterior. Sobre ela, podem recair diversos olhares, como, por exemplo, o do poeta Pedro de Medeiros, que nos oferece uma leitura instigante em seu poema Lenda Boróro. Seu ponto de partida foi uma narrativa indígena sobre o surgimento das estrelas. No poema, a sinuosidade do rio assemelha-se a uma corrente e Corumbá é metaforicamente comparada a um brilhante que nela se engasta:

Lenda Boróro
Deus atirou no espaço um punhado de estrelas...
Uma chegou à terra. Outras tardam ainda...
A que desceu, por certo a mais luzente delas
Veio e se transformou numa cidade linda.

Desceu, porque do alto, o Paraguai parece
Neste ponto uma jóia: escreve em prata um S
Que a estrela imaginara um prendedor ideal,
Ligando à serrania o imenso pantanal.
E como a muita estrela o céu azul não baste,
Caiu, como um brilhante, a procura do engaste.
[...]

E Corumbá surgiu, por sobre a terra branca,
Na alegria sem par do gentil casario,
Entre o verde dos montes – no alto da barranca,
Debruçada a sorrir para o espelho do rio...
(apud Báez, 1964, p. 60).

O observador que se posicionar nas barrancas da cidade, de frente para o rio, terá a posição norte para além da margem oposta, trata-se de extensa área de terras baixas, onde se situa o Pantanal. À sua esquerda, na direção oeste, está o poente, verá o canal do Tamengo, próximo à fronteira com a Bolívia. À direita está o nascente, visualizará o farol no centro do rio e terá, nessa direção leste, a cidade de Ladário. Às suas costas, ao sul, terá a cidade de Corumbá. Divisará também a zona portuária, descrita nesses termos por Renato Báez

> O porto de Corumbá, situado à margem direita do rio Paraguai, começa na "Ponta do Morro", (onde se localizam alguns estaleiros navais e o Farol), e termina no "Morro dos Dourados". Está assim seccionado: do início até a Alfândega, chama-se "Porto Geral"; daí em diante, "Praia Vermelha" (1988, p. 6).

De fato, é a partir da concepção da dupla cidade que o Tenente Coronel fará suas sugestões. Logo de início, em seus artigos, comentou que Corumbá se tratava de uma cidade nova, com progressos sensíveis posteriores à guerra do Paraguai, mas com muita coisa ainda por ser feita. Outra de suas observações foi quanto à inadequação de certas obras, iniciadas, a seu ver, de forma errada, porque mal concebidas. Fato inadmissível, a não existência de uma planta da cidade baixa, que ajudasse a organizá-la, que pudesse servir de orientação e ser modificada racionalmente, a partir das necessidades que surgissem ulteriormente. Causou-lhe estranheza essa ausência de uma planta, expressa nos seguintes termos:

> Na verdade não me consta que se tenha executado um tal trabalho, omissão inexplicável, porque seria o complemento necessário da planta que se traçou para a cidade alta. Se no caso, Corumbá não podia espraiar-se a esmo sem método nem ordem, quando o terreno era e é abundante; com mais forte razão no outro caso devia-se ligar, desde o princípio, muita importância *a arrumação das coisas dispondo-se de uma área bem restrita que já hoje precisa de ser ampliada* (*O Brazil*, n. 5, 19 out. 1902, p. 1) [grifo original].

Tece considerações sobre como deveria ser traçado um projeto para a cidade baixa. Basicamente, defendeu a necessidade de ampliá-la, através do arrasamento da barranca São Francisco, de se traçar uma linha para o cais, rever a posição das ladeiras de acesso à cidade alta, a posição do prédio da Alfândega, arborizar as barrancas existentes nas extremidades da rua Liberdade, projetar um elevador, furar um túnel na aresta do Forte 13 de Junho e construir um mercado. Enfim, propunha uma urbanização e remodelação geral na parte baixa da cidade.

Para Avila Franca, a elaboração da planta e todo o planejamento urbano da área do porto deveriam ser iniciados com a definição do traçado do cais. Vinculava a essa definição a ampliação da cidade baixa, da qual nos ocuparemos num primeiro momento.

A barranca sobre o rio, a partir da desembocadura do canal do Tamengo, possui três arestas, pontos salientes nos quais foram construídas baterias, também denominadas fortins, sendo: Caxias, São Francisco e Forte Santo Antonio (Mapa 3). Avila Franca propunha o arrasamento da ponta em que existiu a bateria São Francisco, por ser a do meio, obtendo-se, em sua opinião, uma área não muito pequena e da maior importância sob todos os pontos de vista. Dessa forma, se conseguiria aumentar a cidade baixa que, em função de seu desenvolvimento, não podia ficar reduzida.

Lembrou que essa alteração traria aumento de rendas para o município, já que a expansão da cidade ocorreria em terreno valorizado. Com freqüência, manifestava em sua argumentação que os custos das obras não eram tão elevados, considerando-se os benefícios que trariam. Além disso, insistia que o importante era possuir o planejamento para ir realizando as obras de acordo com as verbas, por etapas e conforme o desenvolvimento da cidade fosse requerendo. Sobre como cortar a barranca e fazer o transporte do entulho, sugeriu:

> O arrasamento não será muito dispendioso empregando-se minas secas de bimbarra, e, para a remoção dos aterros, trilhos e vagonetes de báscula Decauville, ou suas variantes, fundadas na diferença de dormentes e modos de prendê-los aos trilhos. Esse material, de custo relativamente pequeno, terá depois numerosas (utilidades) no concerto da cidade alta, na parte relativa à terraplenagem e calçamento (*O Brazil*, n. 9, 23 nov. 1902, p. 1).

Cabe uma explicação sobre essas áreas a que se referiu o Tenente Coronel Avila Franca. A barranca, sobre a qual se situa a cidade alta, possui alguns pontos ou saliências que se projetam para o rio, são as quatro arestas a que se refere o militar. Entre estas, formam-se áreas distintas, como que pequenas praias. Na planta da cidade (Mapas 3 e 4), estão identificadas três delas. A Área principal, denominada de Porto Geral, onde se situam a Alfândega, os trapiches, as ladeiras de acesso à cidade alta, está delimitada entre a saliência situada ao poente, a jusante do canal do Tamengo e a do meio, a mais projetada sobre o rio, conhecida também por ponta do morro, onde existia o fortin São Francisco. Para ampliação da área do Porto, o Tenente-Coronel fazia a proposta de se eliminar esta última saliência. A figura 7, uma vista do Porto Geral, também auxilia no entendimento desse espaço.

Essas arestas, projeções da barranca sobre o rio, possuíram diferentes significados, em momentos distintos da história da cidade. Logo após a guerra do Paraguai, constituíram-se em nova paisagem para Corumbá, pois nelas foram construídos fortins. Essa definição ocorreu quando se passou a repensar as estratégias de sua defesa, em razão da facilidade com que a praça fora tomada pelos paraguaios. A Vila de Corumbá foi ocupada a 3 de janeiro de 1865, pelas tropas paraguaias comandadas pelo coronel Vicente Barrios. Na ocasião, não houve combate com as forças militares brasileiras, pois estas, após retirarem-se do Forte Coimbra haviam apenas passado pela Vila e seguido para Cuiabá. A principal forma de ação e resistência foi lançar ao rio Paraguai a munição disponível em Corumbá para que não fosse utilizada pelos invasores. A retomada da Vila ocorreu a 13 de junho de 1867, com a expedição sob comando do Tenente-Coronel Antonio Maria Coelho. A varíola que grassava entre os paraguaios atingiu grande parte das forças mato-grossenses e acabou por prejudicar a retomada definitiva. Os paraguaios retiraram-se em 3 de abril de 1868, após mais de três anos de domínio da praça (Cavassa, 1997; Mendonça, 1919, p. 16-17)[1].

Desta forma, após o conflito, Corumbá mereceu atenção especial do governo e ganhou um projeto defensivo, composto por uma cinta de fortins, com o propósito de resguardá-la de possíveis ataques. Para elaboração do projeto, foi encarregado o engenheiro militar Major Joaquim da Gama Lobo d'Eça. Segundo João Severiano da Fonseca, dois fortins foram construídos na administração de Francisco José Cardoso e outros três no governo do

Marechal Hermes da Fonseca. Além dos fortins, a Vila ganhou uma linha de trincheiras, que circundava seu perímetro urbano. A representação da mesma consta numa planta de 1875, apresentada por Fonseca (Mapa 2).

Os fortins, em número de cinco, foram construídos entre Corumbá e Ladário. Considerando-se a planta de 1889 (Mapa 3), estavam distribuídos na seguinte ordem: a partir do canal do Tamengo, portanto, do poente ao nascente, O-L, temos primeiro, o Duque de Caxias. Em seguida, na ponta do morro, o São Francisco. Em terceiro, próximo ao farol, o Santo Antonio. Na área do 17º Batalhão, o quarto, denominado Junqueira. Por último, o fortin Limoeiro, com localização imprecisa. Estes dois últimos, um pouco mais retirados, não aparecem na planta. A seguir, complementamos informações sobre cada um deles[2].

Duque de Caxias – localizava-se na extremidade poente da avenida General Rondon, próximo ao canal do Tamengo. Uma homenagem ao comandante-em-chefe das forças aliadas, na Guerra do Paraguai.

São Francisco – situado na ponta do morro, a saliência de maior projeção e limite da área do Porto Geral. Foi essa aresta que Avila Franca propôs eliminar, para ampliar o porto. Escrevia em 1902, quando o forte já não existia mais.

Santo Antonio – situado próximo à ladeira do Borrowshy. A praça contígua, por sua causa, no fim da avenida General Rondon, tomou o nome de praça da Fortaleza. Era denominado, por Avila Franca, de Forte 13 de Junho, provavelmente, por coincidir com a data em que se comemora o Santo e a retomada de Corumbá (13 de junho 1867). Contudo, seu primeiro nome, conforme utilizado por João Severiano da Fonseca, era o do genro do Imperador Pedro II, Conde D'Eu, homenageado por sua participação na fase derradeira da Guerra do Paraguai (Fonseca, 1986, p. 310).

Junqueira – inicialmente conhecido por Pólvora. Situado em terreno do atual 17º Batalhão de Caçadores, sobre escarpada formação calcária, domina longo estirão do rio, a jusante. Nele, ainda se encontram 12 canhões Krupp raiados, fabricados de 1872 a 1884, em sua maioria recebem a inscrição do ano de 1874 (Souza, [ca 1984], p. 67).

Limoeiro – era o que ficava mais próximo a Ladário e o primeiro a ser inaugurado, em 25 de maio de 1871. Seu primeiro comandante foi o major João de Oliveira Melo, que ficara na retaguarda das forças quando da retirada do Forte de Coimbra e de Corumbá.

Para obter-se a localização dos fortins Duque de Caxias, São Francisco e Limoeiro, há a necessidade de um trabalho de arqueologia nas áreas hoje urbanizadas.[3]

Assim que foram construídos, os fortins passaram a ser referência e fazer parte da paisagem. O viajante M. G. Mulhall, na primeira metade da década de 1870, refere-se a um forte recém-construído, com seus canhões voltados para oeste, norte e sul. Observou que dentro do forte havia uma espaçosa residência de comando e que as praças apresentavam-se bem fardados, com jaquetas azuis e calças de linho (1998, p. 35)[4]. O próprio João Severiano da Fonseca registra que se faziam saudações oficiais com salva de tiros quando visitantes ilustres chegavam. Considerava-os como as construções públicas de melhor qualidade, entre as possuídas pela cidade. Contudo, ainda durante sua estadia na região, até 1878, constatava um certo abandono desses fortins e o esboroamento e desaparecimento das trincheiras em torno da cidade:

> Fora talvez a nossa primeira praça de guerra, defendida por seus cinco fortins e uma linha de trincheiras que a circunda pelo lado de terra, e abstração feita das fortificações do Ladário, a meia légua apenas, se já não sofresse do mal que ataca a todas as nossas coisas, trazido pela inércia e cansaço, para não dizer desmazelo. É só quando se espera a visita das primeiras autoridades da província, que alguns dos fortins se livram dos matos que lhes cobrem os terraplenos e já lhe vão derrocando as muralhas; mas o alcance dessas visitas já não chega ao benefício das trincheiras de circunvalação, que pouco a pouco se esboroaram e na maior parte desapareceram (Fonseca, 1986, p. 318-319).

Como se constata, o autor observa e critica o abandono dos fortins já nos primeiros anos após a construção. Com relação às trincheiras, seu esboroamento, certamente, está relacionado também ao avanço do perímetro urbano sobre as mesmas, pois já na década de 1870, a cidade apresentou grande impulso, conforme comentado no capítulo anterior.

Tecidas essas considerações, retomaremos os projetos do Tenente-Coronel Avila Franca sobre a ampliação da cidade baixa. O militar entendia que Corumbá tinha um bom porto, que este só precisava de melhoramentos de segunda ordem, como o seu alargamento e a construção de um cais, que não poderia ser considerada como utopia em futuro mais ou menos próximo. Argumentou nos seguintes termos sobre essa necessidade:

> [...] Nos tempos modernos uma cidade deve construir-se com toda previdência sob múltiplos aspectos, para que não se tenha no futuro, vícios insanáveis ou despesas avultadas, com a minoração de seus efeitos quando se poder melhorar as condições do trânsito, da beleza e da higiene publica, pelo que é muito seria a responsabilidade que pesa sobre os engenheiros.
>
> Eis porque acho urgente levantar-se uma planta, embora seja provisória, para a cidade baixa, tendo para limite a linha do cais, sem a qual não se pode com segurança precisar todos os concertos, determinar os alinhamentos leste-oeste nos lugares em que forem possíveis, formando-se quadras regulares (*O Brazil*, n. 9, 23 nov. 1902, p. 1).

Defendia que era inadiável a fixação de seu traçado e que a direção de sua linha estava naturalmente indicada pelos quatro pontos de alinhamentos retos e curvos, representados pelas saliências acima mencionadas, entre os fortins Junqueira e Caxias. Também afirmava a necessidade da: "determinação da cota do seu coroamento, dada pela experiência das enchentes máximas do rio para o movimento de terras necessárias à ampliação e concerto da cidade baixa" (*O Brazil*, n. 5, 19 out. 1902, p. 1). Sugeriu igualmente que fosse construído um atracadouro para barcos de pequeno porte.

Um olhar sobre a situação da cidade baixa, de seu porto e cais, dezesseis anos após as propostas do militar, por meio de descrição realizada por Jacomo Vicenzi, revelará-nos que suas indicações não foram efetivamente aplicadas. Ainda que abusando da citação, um pouco longa, ela nos oferece as impressões do viajante sobre este espaço da cidade:

> Corumbá é, sem duvida, a principal cidade do Mato Grosso, ligada como está ao Rio de Janeiro, pela linha férrea Itapura-Corumbá e, ao Atlântico, por linhas regulares de navegação.
>
> Assim mesmo, a impressão que dela recebe o excursionista, é desanimadora. Chega-se, com efeito, ao desembarcadouro, e, de porto

nem sombra! Sinal certo de que as altas e patrióticas autoridades locais não puderam, durante dezenas de anos, ajuntar pelo menos umas centenas de mil reis, para arrumarem um encosto qualquer, aos pequenos vapores da carreira, de um metro e pouco de calado...

O paquete, a uns trinta ou quarenta metros de terra, baixa o ferro. Aproximam-se então os botes, ou, como lá lhes chamam, as chalanas, transportando os passageiros, à razão de quinhentos reis cada um. Se estes tem bagagens, em terra não faltam carregadores e carroças. Se a bagagem é volumosa, o catraeiro, antes de chegar a terra, pega das malas, coloca-as em carroças, as quais, imersas na água, aguardam a freguesia, enquanto os animais, atrelados às mesmas, vingam-se, no leito do rio, do sol que do alto os caustica furiosamente.

Ora, numa cidade, que se presa de adiantada, não há como negar que tudo isso muito deixa a desejar [...]

A parte de Corumbá mais em evidencia é construída sobre um alto barranco, formando uma espécie de semicírculo de sorte que os edifícios se espelham nas águas do Paraguay. O fotógrafo que quisesse tirar uma vista da cidade, só poderia fazê-lo de um bote ou da outra banda do rio (Vicenze, 1922, p. 63-64)[5].

Destacam-se, nessas impressões do Cônego Vicenzi, as expectativas que ele tinha com relação ao porto de Corumbá, pois a considerava como principal cidade de Mato Grosso, e sua decepção, ao não vê-las concretizadas. Criticou a falta de infra-estrutura da cidade baixa e, de forma irônica, atribuiu a situação às autoridades, considerando que não seriam necessárias verbas vultosas para oferecer o mínimo de condições para atender aos vapores que ali aportavam e aos seus visitantes.

Projetos para a remodelação da cidade baixa foram apresentados desde fins do século XIX. Um dos primeiros de que temos notícia foi uma proposta de Manoel Cavassa, de 1873, quando enviou um requerimento à Presidência da Província, sugerindo a urbanização da rua do porto e a construção de um cais para racionalizar o movimento de mercadorias em frente ao seu armazém, manifestando a intenção de dar continuidade aos seus empreendimentos pioneiros em Corumbá (Corrêa, Lucia, 1985, p. 35-37). Poucos anos mais tarde, em 1878, a Câmara Municipal deferiu um requerimento de Manoel Alves, igualmente solicitando obras no porto corumbaense para facilitar o movimento de embarque e desembarque de mercadorias[6].

Nenhuma dessas obras foi efetivamente realizada no período estudado, ou pelo menos da forma como foram concebidas, caso, por exemplo, do cais de concreto. O que existia no início do século era um cais de madeira, pertencente à Alfândega, denominado de trapiche.

As expectativas, as esperanças e o desejo de ver realizada a obra de um cais de cimento armado, compatível com o movimento do porto, ainda estavam frustradas três décadas depois. Em fevereiro de 1907, *o Brazil*, em seu editorial "Melhoramentos de Corumbá", comentava que, em breve, seriam iniciadas as obras do cais e da ponte de alvenaria da Alfândega. A redação do periódico afirmava que tinha conhecimento de que os projetos já estavam elaborados e orçadas as despesas pelo governo. Na ocasião, também informava que a Câmara Municipal projetava a abertura de uma nova via pública em prolongamento à ladeira da Alfândega, "a qual obedecerá em seu traçado às leis da engenharia moderna" (*O Brazil*, n. 203, 26 fev. 1907, p. 1).

Pouco mais de dois anos, em março de 1909, o mesmo periódico, em matéria intitulada "Caes de Corumbá", anunciava com destaque e sem esconder o entusiasmo:

> Uma auspiciosa notícia temos hoje a comunicar aos leitores.
> Tendo sido aprovados pelo Ministério da Viação os estudos para a construção do caís desta cidade, acaba o Governo Federal de contratar essa importante obra pública com a forte companhia canadense "Light and Power" (*O Brazil*, n. 307, 11 mar. 1909, p. 2).

Apesar de uma primeira licitação, de 1910, ter sido anulada, parecia que o projeto iria se tornar realidade, pois após a segunda abertura de licitação, o Governo Federal lavrou o contrato em 31 de julho de 1913, celebrado entre o engenheiro Horacio Mario Meanda e o industrial Eurípides Coelho de Magalhães, para a realização das obras do porto de Corumbá.

As obras a serem executadas estavam assim definidas:

a) uma muralha de cais contínuo, com 100 metros de extensão, ao longo da margem direita do rio Paraguay, tendo dois metros de altura d'água na máxima estiagem e 8m,80 na maior cheia observada;

b) uma rampa, com 80 m de extensão, talude de 1:3 de altura de 1 a 2 metros na extrema vazante;
c) aterro da faixa compreendida entre essas suas construções e o litoral, respaldado ao nível do coroamento da muralha e com talude do extremo devidamente protegido;
d) construção de dois armazéns de cais, tendo 80 m de comprimento e 20 m de largura cada um;
e) aparelhamento do cais com linhas férreas, linhas para guindastes, calçamento, drenagem e abastecimento d'água.

Na cláusula 2ª do mesmo edital, constava que os trabalhos a serem executados não poderiam exceder a quantia de 1.585:920$000 (mil quinhentos e oitenta e cinco contos novecentos e vinte mil réis)[7].

Entretanto, o Tribunal de Contas não aprovou a contratação e após longa tramitação por Comissões da Câmara e do Ministério da Viação e Obras Públicas, em janeiro de 1917, o decreto presidencial adiou mais uma vez a realização das obras. A cidade passaria, ainda, a segunda década do século XX sem contar com a obra a que tanto aspirava, o cais[8].

Nos processos que tramitaram, ressalta-se que, entre outras questões, o procurador dos signatários da obra argumentou que a arrecadação da taxa de 2% ouro que se fazia no porto de Corumbá, para aplicação em suas obras de melhoramento, já excedia a importância do custo da mesma, o que também fora verificado pela Comissão de Finanças da Câmara dos Deputados, em 1914 [9].

O fato é que a cobrança da taxa era conhecida e a não realização de obras ensejava discussões e comentários, mesmo da parte de viajantes, como se pode ler no relato do Cônego Vicenzi ao criticar a ausência de um cais digno para a cidade, reconhecendo que a falta de solução não era um problema apenas de ordem local:

> Em abono da verdade, devo todavia acrescentar o que lá me contaram, e corre de boca em boca, entre os mato-grossenses, tão afeitos a sofrer e calar. Desde alguns anos (1906) com o fim de construir um cais digno daquela futurosa cidade, foi criando um imposto federal de 2% sobre as cargas, passageiros etc. Esse imposto rendeu, até a data presente, a fabulosa soma de três mil contos.

Dizem que quem os engoliu foi o próprio governo federal. Será possível ? Pobre Mato Grosso! Muitos e insaciáveis são os que te escorcham!(Vicenzi, [1922], p. 63-64).

O relato revela que a questão era objeto de comentários, de insatisfação por parte da população, gerava dúvidas, insinuações, evidentemente percebidas, ouvidas pelo viajante. As notícias circulavam, e, apesar dos aspectos verídicos, também ocorriam exageros ou imprecisões.

A taxa de 2% ouro começou a ser arrecadada em 1909 em várias cidades portuárias marítimas e fluviais do Brasil. No caso de Corumbá, conforme Carlos Vandoni de Barros, a Alfândega, entre 1909 a 1917, recolheu a quantia de 641:199$000 - seiscentos e quarenta e um contos e cento e noventa e nove mil réis – (1941, p. 99-100). Trata-se de valores bem aquém dos denunciados pelo Cônego Vicenzi. Contudo, uma experiência era compartilhada por todos, a expectativa de que o cais de cimento armado, a aparelhagem e os trilhos para favorecer o transporte de mercadorias fossem construídos.

O trapiche então existente já não atendia às necessidades do movimento. Renato Báez, ao tratar do "Porto na vida da cidade", conta como foi sendo modificado. Logo após a liberação da navegação em 1856, com o movimento de importação e exportação e a criação da Alfândega em Corumbá em 1861, tornou-se necessária a construção de um trapiche, com muro de arrimo, o que foi realizado próximo à ladeira central, hoje Cunha e Cruz. Após esse primeiro impulso, ainda segundo o autor: "Crescendo o volume de navegação e de comércio, tornou-se mister a edificação de novo trapiche, de madeira de lei, bastante alto, dando acesso direto da plataforma de desembarque à aduana, para atracação, carga e descarga de navios, e assim, então, ergueu-se o porto" (1980, p. 67).

As atividades econômicas da cidade repousavam basicamente sobre o setor comercial, especialmente no comércio de importação e exportação, que constituía seu maior esteio, seguido do comércio interno à Província (depois estado, com a República), formando uma verdadeira rede de interligação fluvial a partir de Corumbá, que tomava toda a bacia do rio Paraguai, a região Oeste de Mato Grosso, especialmente com as cidades de Cuiabá e Cáceres, mais ao Norte, como também na região Sul, com Porto Murtinho, Miranda, Aquidauana e Coxim. Em função desse papel de empório comercial, o setor de serviços da cidade foi também se formando; mesmo assim, pode ser considerado limitado. Quanto à indústria propriamente dita, a limitação era maior ainda.

A reinstalação da Alfândega e os incentivos fiscais trouxeram de volta alguns comerciantes que haviam perdido quase tudo durante a guerra contra o Paraguai, como Manoel Cavassa (1997) e Vicente Solari. Igualmente, novas casas comerciais foram se estabelecendo, o comércio importador e exportador paulatinamente se desenvolveu, bem como o comércio a retalhos. Outro segmento que também passou a compor a cena urbana foi o setor de prestação de serviços, representado por escolas, escritórios de despachantes, escritórios de advocacia, consultórios médicos, alfaiatarias, lavanderia etc.

Principais casas comerciais de Corumbá:
- Feliciano Simon, fundada em 1907.
- M. Cavassa Filho & Cia, fundada em 1858.
- Wanderley, Bais & Cia, fundada em 1876.
- Josetti & Cia, fundada em 1909.
- Stöfen, Schnack, Müller & Cia, fundada em 1898.
- Pereira, Sobrinhos & Cia, fundada em 1882.

O significado das casas comerciais importadoras e exportadoras para a economia, não só de Corumbá, mas de Mato Grosso, foi discutido por Gilberto Luiz Alves, que sintetiza suas atividades nos seguintes termos:

> Tem-se enfim, uma idéia de que era a casa comercial mato-grossense no ocaso do século XIX: monopolizava a navegação e o comércio de importação de mercadorias; através do crédito, financiava a exploração de novas atividades econômicas em Mato Grosso ou a expansão das existentes, aproximando-se, em seu funcionamento, do próprio banco; finalmente, começava a participar diretamente da produção, arrendando e comprando terras para extrair a borracha e explorar a pecuária extensiva. Esse arrolamento reflete, por si só, o alto grau de concentração do capital levado a cabo pela casa comercial na região (1984, p. 31).

O autor não só ressalta como enfatiza de forma absoluta, o controle das grandes casas comerciais, afirmando que "todos os produtores regionais, sem exceção, dependeram da casa comercial para efeito de abastecimento e escoamento de mercadorias, o que os colocou sob o controle irrestrito desta" (Alves, 1984, p. 28). Tal dependência devia-se, em grande parte, ao monopólio que as casas exerceram sobre a navegação, especialmente a de âmbito interno ao Estado, em função da irregularidade ou inexistência da navegação oficial na região. Além disso, as casas comerciais constituíram-se em mediadoras do crédito entre comerciantes e produtores, enquanto representantes de casas bancárias. Alves entende que o crédito foi o principal mecanismo de controle e sustentação das casas comerciais e associa a decadência das mesmas à perda dessa função, com o aparecimento dos bancos. Há que se tratar com reservas, conforme argumenta Paulo Roberto Cimó Queiroz (1999, p. 417), tanto a importância desse fator, como explicativo da hegemonia das casas, quanto também sua decadência, pois outros aspectos interferiram no processo, especialmente, as mudanças no mercado mundial após a Primeira Guerra Mundial.

Da perspectiva que abordamos nesta pesquisa, mais do que esse debate, interessa-nos ressaltar que as atividades exercidas pelas casas comerciais foram incorporando maior grau de complexidade, o que, em contrapartida, representou uma divisão de trabalho no interior da empresa, não sendo mais suficientes os conhecimentos rudimentares dos proprietários, dos comerciantes tradicionais. Senão, vejamos: essas casas mantinham correspondência com empresas de vários países, especialmente da Europa, havia necessidade de conhecimento dos preços para tornar competitivas no mercado externo as mercadorias regionais, entender a complexidade dos mecanismos do comércio internacional e as bolsas de produtos e mesmo contatos pessoais com centros estrangeiros.

Diante das novas exigências, Gilberto Luiz Alves opina que não ocorreu automaticamente um maior grau de instrução do comerciante, embora não o negue:

> De fato, não foi esta a tendência. Ao contrário, à concentração do capital correspondeu o aprofundamento da divisão do trabalho. A instrução do comerciante, nessa perspectiva, passou a ser substituída por inúmeras e particulares instruções técnicas, exercidas por uma

quantidade crescente de funcionários. Como conseqüência desse processo, a própria dimensão física do escritório de contabilidade aumentava dentro da casa comercial mato-grossense (1984, p. 31).

Dessa divisão de trabalho, temos exemplo na firma Wanderley, Bais & Cia., que funcionava no principal prédio de três pavimentos, da rua do Porto, depois rua Manoel Cavassa, constituindo-se no mais importante daquele porto. A empresa, fundada em 1876, possuía capital de mais de mil contos em 1913 e tinha por sócios Francisco Mariani Wanderley, brasileiro, Francisco Bernardo Bais, italiano, e Alberto Gomes Moreira, português[10]. Seu encarregado geral era o Sr. Francisco Alves Corrêa, irmão do tabelião da cidade, Joaquim Alves Corrêa, membros de família tradicional na região. No estabelecimento, trabalhavam 29 empregados no balcão e 19 no escritório. O número de empregados do escritório correspondia a 40% do total, o que se explica pela natureza das atividades exercidas pela empresa, conforme já apontado.

Ela possuía filiais também em Campo Grande, Aquidauana e Miranda. Montou praticamente uma frota de embarcações, 4 lanchas e 9 chatas, para redistribuir com regularidade os produtos que, em sua maioria, importava da Europa. Operava nos principais portos do estado, tais como: Miranda, Porto Murtinho, Cáceres e Cuiabá. Com isso, segundo Báez, a firma faturava por mês mais de mil contos de réis, o que era muito dinheiro para a segunda década do século XX (1977, p. 19). Ela também atuou como fornecedora de alimentos aos trabalhadores da E. F. Noroeste[11].

Na rua do Porto, como também no centro antigo, algumas dessas empresas construíram edifícios que, em consonância com a arquitetura da época, possuem as caracterizam do estilo neoclássico e do ecletismo da passagem do século XIX ao XX. Um rápido olhar é suficiente para constatar que as fachadas dos edifícios, das casas comerciais como das residenciais, acompanham o alinhamento, tomando a área do lote.

Nas fachadas desses edifícios de um a três pisos, são perceptíveis e destacam-se, à primeira vista, os coroamentos que contornam as coberturas. Estes são formados pela platibanda, elemento que distingue essas construções, dos edifícios portugueses coloniais com seus beirais. Possuem grande variação, com balaustres, ornamentos e saliências.

As portas e janelas apresentam em suas composições o arco mourisco e vidros geralmente coloridos. Aquelas são altas, largas e trabalhadas. As janelas, por sua vez, possuem sacadas compostas com balaustres de cimento nas mais variadas formas.

Segundo Lenine Póvoas, essas influências chegaram a Corumbá e no estado de Mato Grosso, por meio dos construtores italianos e espanhóis, e destes últimos, também a contribuição moura (1982, p. 35-40). Conforme texto do IPHAN sobre o Casario do Porto de Corumbá, existem construções nas quais predominam influências do ecletismo, que pode ser definido como: "mistura de referências históricas, platibandas com balaústres, telhado com quatro águas. As sacadas são apoiadas por consolos ou cachorros". E também edifícios de estilo neoclássico: "vergas de arco pleno com o tímpano preenchido por bandeiras envidraçadas e platibandas sobrepostas a cornijas de massa, e eventualmente algum frontão. Os cunhais salientes, como pilastras de canto, são canelados e mostram uma espécie de capital" (Iphan, 2000, p. 10-11).

Dos edifícios no conjunto do porto, destaca-se o prédio Wanderley, Bais & Cia., bem no centro da rua do Porto, construído em 1876. De três pisos, o acesso interno é feito por escadas de ferro importadas da Inglaterra. Outro edifício que se destaca, fica no início da ladeira da Alfândega, a Casa Vasquez & Filhos, construída em 1909. Sua fachada apresenta o estilo eclético. O arquiteto foi o italiano Martino Santa Lucci, responsável por muitas construções na cidade, tais como a caixa d'água, o edifício do *Hotel Royal*, o prédio da Sociedade Italiana de Beneficência, as fábricas de gelo e refrigerantes Mandetta & Cia. etc. (Povoas, 1982, p. 38-41).

Abordamos o porto, o cais, as casas comercias, mas a cidade baixa precisava se comunicar com a alta. Entre as alternativas, comentava-se, já em fins do século XIX, a possibilidade de construção de um elevador para ligá-las. O *Almanack Corumbaense* para 1899 atribuía essa sugestão ao historiador Estevão de Mendonça, mas julgava que seria "coisa para melhores dias". O engenheiro militar Avila Franca, em suas Cartas Municipais publicadas pelo jornal *O Brazil* em fins de 1902, também incluiu os elevadores em seu projeto de ampliação do porto. Além disso, propunha um túnel na saliência onde se localizava o fortin Santo Antonio (n. 6 e 9, de 2 e 23 nov. 1902).

Esses projetos revelam as expectativas que certos setores tinham com relação ao desenvolvimento da cidade, mas as obras não chegaram a se concretizar. Os corumbaenses conviveram com as ladeiras íngremes que estabeleciam a ligação entre os dois setores da cidade. O acesso se fazia por duas ladeiras, a Central, e a da Alfândega. Esse foi outro aspecto abordado por Avila Franca em função da importância do trânsito entre a parte baixa e alta da cidade. Comentou o estreitamento excessivo, a seu ver, da ladeira da Alfândega, imprensada entre construções, de um lado, e a barranca do outro, merecedora de uma largura mais conveniente a uma artéria da sua importância. Lamentou que, ao se projetar a ladeira, não se consideraram, de fato, "as boas regras reguladoras do embelezamento, da comodidade do trânsito, máxime se era intuitiva a importância capital da ladeira d'Alfandega" (*O Brazil*, n. 6, 2 nov. 1902, p. 1).

Sugeriu que fosse alargada, cortando-se a barranca e permitindo-se construções de sobrados na ladeira e casa térrea na rua da Liberdade, atual avenida M. Rondon, medidas que também impediriam o desbarrancamento, que já se mostrava bem prejudicial naquele trecho. Apontou para a necessidade de um coletor que captasse as águas pluviais da região, com descarga no rio, mas que pudesse num futuro entroncar-se em uma galeria, que certamente se construiria na rua do Porto, "a bem da higiene" (*O Brazil*, n. 6, 2 nov. 1902, p. 1).

Outra proposta do autor era a de projetar uma segunda ladeira simétrica à da Alfândega. Entendia que o armazém da Alfândega, mal localizado, não seria obstáculo, pois, em algum momento, seria removido e a obra poderia ser feita em etapas. Nesse aspecto, o militar revela preocupação com o fluxo de trânsito entre a cidade baixa e a alta, a necessidade de se facilitar o acesso àquela, em razão das mercadorias.

As dificuldades que as ladeiras representavam para o trânsito e a ligação entre as partes baixa e alta da cidade foram expressas em "Se os burros falassem", pelo cronista José Luciano Schneider, nos seguintes termos:

> Em tempos recuados, a ladeira da Candelária era uma espécie de precipício... A subida era escarpada. A sua escalada a pé era-nos verdadeiro sacrifício ampliado pelo calor corumbaense. [...]
> Ah! Se os burros de então falassem... Aquela ladeira seria a descida do inferno sem tirar nem pôr.

Automóvel era mosca branca do tempo. Carroças de 2, 3 ou 5 burros eram as melhores conduções de carga para os armazéns da Cidade Alta.

Quantos urros! Quantas pragas, blasfêmias e nomes feios pela rampa do castigo. Verdadeiro suplício...

Viam-se animais levando, ladeira acima, cargas para um caminhão de hoje. E os seus verdugos empunhando longo chicote, de avental de couro, cuspiam pragas e impropérios matando os burros a pauladas.

Pobres animais de 1919!

Houve cenas de arrepiar a espinha dorsal!

Sofriam aqueles quadrúpedes e gemiam... Assobiavam, chorando com o lombo escalavrado. Ninguém por eles que, além do instinto, possuem alma e sentimento.

Ah! Se os animais falassem e a terra registrasse no solo os seus padecimentos, hoje ninguém desceria, à noite, a ladeira Cunha e Cruz.

Ipso facto, lembraria da Divina Comédia de Dante (Schneider, 1974, p. 57-58).

O autor nos oferece um flagrante do que era o transporte pelas ladeiras em pleno 1919, o sofrimento nos dias de calor. Os animais faziam um esforço enorme para vencê-la e quase sucumbiam ao peso das cargas. Estas imagens pouco se identificam com a idéia moderna de circulação rápida e eficiente, já imaginada e projetada por Avila Franca quase vinte anos antes. O transporte dependia do esforço insano dos burros, do ranger das rodas e da carroceria de madeira, das pragas e suor dos condutores, do estalo do chicote etc.

Ao elaborar a crônica, inspirou-se Schneider em uma fábula, na qual um burro falava, reclamando da dificuldade de carregar uma certa carga. Há também um certo teor cômico na personificação dos animais. Os burros são investidos de sentimento e ações humanas: chorar, urrar, assobiar, reclamar. Dos homens, o silêncio, diante do problema, impondo o sacrifício aos burros. A solução, estava próxima, caminhões, automóveis, mas quem ainda vencia a ladeira, com as cargas, eram os burros. Uma cena não muito compatível com os sonhos de cidade progressista...

Pela cena reconstruída, da forma como ocorria o transporte pela ladeira, é possível apreender que a vida urbana sugere uma multiplicidade de ritmos e de temporalidades diferentes (Fenelon (org.), 1999). No caso particular de Corumbá, há muito já convivia com as máquinas a vapor em empresas, (marcenarias, lavanderia, cervejaria), nos transportes de navios; conhecia a comunicação pelo telégrafo, telefone, havia o trem, alguns automóveis. Contudo, dependia também da carroça, no ritmo lento de sua força motriz.

Em seu projeto, Avila Franca também pensou no mercado público, qualificando-o como de necessidade fundamental. Sugeriu que fosse construído no espaço que seria criado com o arrasamento da barranca São Francisco, local próprio para a construção em razão de sua proximidade com o cais. Caracterizou a construção em linhas gerais: com estrutura de ferro para evitar incêndios, mas de arquitetura leve e elegante, como se usava então, bem arejado e apto para irrepreensível asseio permanente.

Quanto às verbas para tal construção, argumentou que se tratava de melhoramento de tal ordem que os contribuintes municipais aceitariam, sem protesto, qualquer acréscimo razoável de tributo. Lembrou que o importante era tê-lo projetado e mesmo que se iniciasse com uma edificação provisória, um barracão, por exemplo, as rendas deste poderiam ser destinadas especificamente para o edifício definitivo. Ponderava que era preferível fazer as coisas devagar e bem, com segurança e critério, do que "executá-las de chofre e mal, ou pretendendo-se começar por onde os outros acabam"(*O Brazil*, n. 9, 23 nov. 1902, p. 1).

A importância e a utilidade de tal empreendimento também foram objeto de considerações de sua parte, ressaltando que além do município criar condições para ampliar suas rendas, a população seria beneficiada, teria a vantagem indiscutível de saber ao certo onde encontrar centralizados os gêneros de que precisava. Sobre as funções do mercado, assim as descreveu:

> E, pois, não se deve perder de vista que esse mercado será o empório da pequena lavoura, da pesca, da pequena indústria enfim, onde se centralize a cobrança de certos impostos, se abasteçam os mercados que de futuro se fundarem na cidade alta e os vendedores ambulantes. Ali se formarão as estâncias de lenha, os depósitos de aves, de frutos, de

diferentes produtos, em suma, proporcionando-se, ao povo, repito, mais uma utilidade real e mais um elemento de distração, como tudo acontece nas grandes cidades (*O Brazil*, n. 9, 23 nov. 1902, p. 1).

Embora tenha pensado propostas mais diretamente ligadas à cidade baixa e à sua integração com a parte alta, por meio da circulação pelas ladeiras, num certo aspecto, manifestou-se quanto à remodelação da cidade alta. Sugeriu que se formassem bosques nas duas extremidades da rua Liberdade, ou seja, nas áreas em que a barranca se projetava e onde estavam localizados os fortins Duque de Caxias e Santo Antonio[12]. Afirmou que se formando os bosques, essas áreas poderiam ser adaptadas a futuros belíssimos passeios. Duas medidas, a seu ver, seriam necessárias: em primeiro lugar, viabilizar a sua arborização mediante plantio previamente organizado e, em segundo lugar, proibir construções ou reconstruções naquelas áreas, então denominadas de acampamentos (*O Brazil*, n. 6, 2 nov. 1902, p. 1).

O próprio Avila Franca, na carta seguinte, levanta a suspeita de que sua sugestão, de criar bosques em áreas de defesa da cidade, tenha causado estranheza, e passou a tecer argumentação justificando sua proposta. Mencionou que o *Diário Oficial*, de 05 de junho daquele ano de 1902, publicara no expediente do Ministério da Guerra um memorial do engenheiro Coronel Campello França, sobre a legislação existente relativa às praças e fortalezas sob administração militar. Destaca que, para fins do que se apresentava em Corumbá, interessava o artigo XXII do regulamento provisório do real corpo de engenheiros. Em termos gerais, aquele artigo definia que nenhum oficial deveria permitir a construção de casas até seiscentas braças em roda da esplanada das praças de guerra ou fortalezas e que qualquer construção nesse perímetro, sem autorização, seus proprietários poderiam ser obrigados a demoli-la.

Por outro lado, considerou que em cidades como Recife e o Rio de Janeiro, algumas fortificações foram sendo englobadas pela ampliação e pelo desenvolvimento da cidade. Afirmou que isso era normal, fazia parte do progresso, pois "o contrário disso seria o futuro ficar escravizado à ignorância do passado" (*O Brazil*, n. 7, 9 nov. 1902, p. 1). Considerando tais aspectos, e aplicando à situação de Corumbá, tirou as seguintes conclusões:

1º os bosques ficam na retaguarda das fortificações e não na esplanada, que é uma zona situada na frente delas, como sabes; 2º a autoridade militar não podia nem devia, sob pretexto algum, consentir na construção das casinhas, que constituem os chamados acampamentos, e cujos proprietários não só não possuem garantias, como podem ser obrigados a demoli-los ; 3º o governo municipal à vista do precedente com a fortaleza de Tamandaré tem competência para mandar arruar a área das seiscentas braças, máxima atendendo-se a que não é admissível continuarem numa cidade de linhas regulares agrupamentos de casas SEM PÉ NEM CABEÇA; 4º que não se tendo a faculdade de se mandar crescer as árvores da noite para o dia, convém admitir-se o STATUS QUO, sem construções nem reconstruções, do falecido Marquez de Sá da Bandeira, demolindo-se desde já os prédios em ruínas, competindo aos proprietários dos outros, em troca do favor, o zelo e a defesa do plantio das árvores e mais trabalhos preliminares dos futuros bosques, sob pena de demolição de suas casas (O Brazil, n. 7, 9 nov. 1902, p. 1) [grifo original].

A preocupação com algumas áreas, que não seguiam a planta geral da cidade, já era bem anterior a essas observações do missivista, como por exemplo, o relatório da Câmara de 1886. Quando se decidiu por desapropriar áreas em 1907, discutidas no capítulo anterior, foi para criar quadras destinadas a habitações, seguindo o padrão da planta da cidade. A sugestão da criação dos bosques parece que não foi apreciada, pois não localizamos nenhuma referência sobre ela em outras documentações ou nos registros das discussões da Câmara Municipal.

Sobre a arborização da cidade, não se restringiu Avila Franca a essa proposta dos dois bosques, mas afirmou que o governo municipal teria o dever de fomentar o plantio de árvores de sombra e de crescimento rápido, como mangueiras, tamarineiros, eucaliptos na maior profusão possível, tanto na cidade baixa como na alta. Em sua argumentação, reportou-se aos benefícios que a abundância de árvores poderia trazer ao homem, atribuindo importância aos seguintes aspectos: às funções biológicas que lhe são próprias – retira gás carbônico do ambiente, indispensável ao seu crescimento e desprende oxigênio, gás respirável e que saneia a atmosfera – e às funções físicas, pelas quais modifica a intensidade e a temperatura dos ventos e ameniza a força da irradiação solar.

Conclui que a arborização possui virtudes terapêuticas, é modificadora do clima e que os organismos parasitários que produzem as pestes e as epidemias, não encontrariam terreno eminentemente propício, diminuindo as moléstias de caráter endêmico. Em sua concepção, associa as epidemias aos miasmas e ao clima tropical, cujo calor excessivo é de uma influência funesta nas condições da vida:

> [...] abreviando-a, esgotando as energias digestivas e nervosas, exagerando à função essencial que incumbe à pele. Não raro, essa influencia é fatal pela insolação, como é sempre deprimente para o organismo, o mais forte. [...]
>
> O calor acelera ainda as composições e decomposições químicas de ordem orgânica dando lugar à formação de gazes deletérios, de micro organismos (patogênicos), que viciam e envenenam a atmosfera, já carregada de poeiras inorgânicas prejudiciais e de vários outros germens. [...]
>
> Corumbá, não é nem pode ser uma cidade salubre na inteira extensão da palavra, e essa verdade se tornará mais patente com o aumento da sua população. Esse pantanal imenso que existe em sua frente e que, só no território brasileiro, se estende desde o Jaurú até além dos fecho dos Morros, tendo em vários pontos centenas de quilômetros de largura, a tal ponto que os primeiros descobridores chamaram no mar dos Carayes; devido à insignificante declividade do Rio Paraguai, um dos de maior navegação do mundo, não deixa de ser um laboratório de fermentações, de micróbios, miasmas, principalmente em certos épocas do ano, como esta que atravessamos e que se caracteriza pela estiagem do rio (*O Brazil*, n. 9, 23 nov. 1902, p. 1).

Considerava que caberia ao poder público, preocupado e dedicado à melhoria geral da população e consciente dos ensinamentos de higiene, a obrigação de arborizar a cidade, suas ruas e praças, algo relativamente fácil e de pequeno custo. Entretanto, além disso, por meio da propaganda, deveria incentivar o plantio nos quintais, principalmente de árvores frutíferas, uma vez que as frutas constituem-se elemento de primeira ordem em climas quentes como complemento da alimentação, e que infelizmente não se encontram em Corumbá.

As propostas do Tenente-Coronel Avila Franca previam uma remodelação e uma urbanização completas da cidade baixa, sugerindo uma intervenção naquele espaço, planejada para médio prazo, e pensando no progresso contínuo da mesma. O autor demonstra grande preocupação com as questões relativas à função da parte baixa da cidade, ou seja, o comércio. Daí, a preocupação com o porto e sua infra-estrutura para receber os vapores de médio porte, como também com a ligação entre as duas cidades, ou seja, a circulação via ladeiras. A ampliação dos espaços e sua valorização imobiliária são explicitadas pelo missivista, reforçando a leitura que fazia, da percepção da cidade baixa voltada para atender aos comerciantes e às pessoas de maior poder aquisitivo. O embelezamento não escapou à sensibilidade do militar, propondo os bosques que eliminariam também as casinhas dos acampamentos. A paisagem da cidade se modificaria, pois, com a remoção de barranca, a construção do aterro, do túnel, do elevador, das redes de água e esgoto e das vias de circulação, ter-se-ia uma cidade nos moldes das modernas.

Várias dessas obras não se concretizaram naquele período, contudo, como sugere a epígrafe, os desejos e medos também tomam parte na constituição da cidade. Os projetos discutidos representavam os anseios da burguesia comercial existente na cidade, mas, por várias razões, quer de ordem financeira, quer de ordem social, pressão de outras demandas por serviços, acabaram por não se concretizar. Fazem parte de uma elaboração simbólica dos que a projetaram.

A leitura da cidade estava sendo discutida a partir do discurso dos engenheiros militares e médicos que fizeram propostas de ordenamento, saneamento. As intervenções no espaço estavam relacionadas à disciplinarização: saneamento, cemitério, mercado, hospital, matadouro, arborização etc. É nesse contexto que o código de posturas impõe obrigações, determina novos hábitos de comportamento, normas para construções de edifícios e manifesta intenção de estabelecer ordenamentos para a cidade e seus habitantes.

Os espaços, porém, não são simplesmente utilizados pela população conforme projetados. Portanto, há que se apreender e discutir as formas de apropriação pelos usuários, os diferentes usos, por vezes burlando normas. Já comentamos algumas de suas formas, especialmente de crescimento desordenado de bairros. Em Corumbá, as ruas foram exemplo desse aspecto, objeto de freqüentes artigos por parte dos periódicos, que denunciaram os usos inadequados, tais como: jogos de bola pelos moleques, carreiras de cavaleiros, criação de animais, sobre os quais nos ocuparemos nos próximos capítulos.

Figura 7 – Porto de Corumbá. Vista parcial

Fonte: Foto S.G.E.F., Fototeca Central do Conselho Nacional de Geografia. Recenseamento Geral do Brasil – IBGE (1940). V.I.t.1. A cultura brasileira, p. 65.

Parte III - Sobrevivências

6. Alternativas de trabalho e sobrevivência

> Na sua luta cotidiana pela sobrevivência, um grande número de trabalhadores pobres se dedicava a pequenas atividades autônomas, associadas ao setor de transporte... Esses profissionais independentes, em geral "gente pobre", eram profundamente úteis. Exerciam funções fundamentais à vida cotidiana da cidade.
>
> Maria Inez M. B. Pinto
> *Cotidiano e Sobrevivência*

A vila de Corumbá constituiu-se enquanto cidade no movimento intenso que viveu após a guerra com o Paraguai, de mobilização de população: soldados, imigrantes paraguaios, especialmente mulheres que acompanharam os batalhões brasileiros, e imigrantes europeus de diversas nacionalidades, principalmente os italianos.

A tendência ao crescimento demográfico não foi acompanhada pela expansão da infra-estrutura de empregos e de moradias e gerou contrastes, aprofundando a desigualdade social. Reconstituiremos parte dessa experiência, das condições de trabalho e de sobrevivência dos trabalhadores imigrantes, sem, contudo, pretender apresentar algo conclusivo, tendo em vista as inúmeras dificuldades em rastrear as fontes indispensáveis para essa tarefa.

Viajantes ou cronistas, tanto do final do século XIX como do início do século XX, com freqüência referiram-se à presença de grande número de estrangeiros em Corumbá. Alguns, em função disso, atribuíram à cidade um caráter cosmopolita. O Comandante H. Pereira da Cunha,[1] por exemplo, tendo visitado Mato Grosso em 1913, para realizar caçadas em suas matas, ao passar por Corumbá, qualificou-a como "longínqua e pequena Babel". Ficou impressionado com os diversos idiomas falados, reparando inclusive que o português era a língua menos utilizada. Reproduzimos suas impressões ao chegar ao porto:

> Logo ao saltarmos em Corumbá a nossa atenção foi chamada para os condutores de carroças que, todos munidos de aventais de couro terminados em franjas, faziam uma algazarra confusa que era produzida pelo idioma que falavam, - o Guarani; eram quase todos paraguaios e todos falavam essa áspera língua; e, se foi a nossa primeira impressão em especialização de profissão, não tardamos a verificar que

a cidade de Corumbá era, como é, das mais cosmopolitas que possam existir. No hotel, na rua, no bar, nas casas de comércio, por toda parte, enfim, ouvem-se falar todas as línguas nessa longínqua e pequena Babel, e não serei exagerado se, principalmente não entrando em conta com a guarnição da cidade, disser que o português não é o idioma que mais se fala (1949).

As referências do viajante deixam transparecer a surpresa e um certo incômodo com a situação. Primeiro, manifesta a constatação de que Corumbá tinha muitos estrangeiros, para, em seguida, revelar um mal-estar, especialmente diante da língua Guarani, à qual atribuiu a adjetivação de áspera, pois o seu falar deu-lhe impressão de algazarra confusa. A presença de paraguaios entre os condutores de carroça, em função de serem maioria, foi interpretada como uma especialização de profissão desses imigrantes. Quanto ao aspecto de compará-la a uma pequena Babel, é de se notar que, em fins do século XIX, as principais cidades brasileiras, a começar pela então Capital Federal, como também São Paulo, apresentavam grande número de estrangeiros[2].

O fenômeno das grandes imigrações internacionais de força de trabalho, relacionado às necessidades da produção capitalista em expansão, não se restringiu aos centros urbanos. Formava-se um mercado de mão-de-obra internacional, também destinado às grandes obras ferroviárias. Ao tratar da construção da Madeira-Mamoré, Francisco Foot Hardman identifica um cosmopolitismo flagrante, os dados são reveladores: entre os 21.817 trabalhadores imigrantes que atuaram na ferrovia de 1907 a 1912, havia cerca de cinqüenta nacionalidades diferentes (1988, p. 139).

Na mesma época, estava em construção a Estrada de Ferro Noroeste do Brasil - NOB e os periódicos corumbaenses também noticiaram a presença de grande número de operários, vários estrangeiros. Em reportagem sobre a NOB, *O Brazil* (n. 344, 25 nov. 1909) fez referência a 5 (cinco) mil trabalhadores, muitos vindos pelo estuário do Prata, porém não chegou a mencionar o percentual de estrangeiros. Apesar de nem sempre se obter informações consolidadas, no presente caso é suficiente para ressaltarmos que a convivência com diferentes povos e suas respectivas línguas não era uma prerrogativa exclusiva de Corumbá, mas uma característica das cidades que se encontravam na rota dos imigrantes para as lavouras do café, ou de regiões onde se realizavam grandes obras. Apesar da pouca simpatia manifestada pelo Comandante H. Pereira da Cunha com relação aos paraguaios, seu texto nos joga em pleno porto, revelando essa face da cidade e sua gente. Suas observações datam de outubro de 1913. A Câmara Municipal, contudo, quase trinta anos antes, já manifestara preocupação com a necessidade de professores para ensinarem o português, pois temiam que a língua pátria não seria mais falada na região se a juventude não recebesse a instrução necessária. No Relatório de 1887, a Câmara aborda o tema de forma enfática:

> É lamentável que numa cidade de mais de cinco mil pessoas, onde mais domina o elemento estrangeiro, não exista uma só escola de instrução secundária. A língua nacional tende a desaparecer submergida sob a variedade de idiomas e dialetos que se fala nesta cidade[...] A Câmara envergonha-se de ver meninos e rapazes de 12 a 16 anos, nascidos e criados no Brasil, que nem praticamente sabem falar a língua de seu país, continuamente misturando-a com o guarany e espanhol, o italiano, e pede[...] para que esta cidade tenha professores que ensinem a gramática portuguesa certo de que a posteridade lembrará eternamente o nome de S. Excia. como o salvador da língua nacional (RPCMP, 1887, fl. 47-49. Livro 205, ACMC), [Grifo Nosso].

A preocupação não é simplesmente com os estrangeiros que não falavam a língua, mas com os filhos destes, nascidos no Brasil, constituindo-se em situação que a Câmara qualifica de vergonhosa para ela mesma. Pinta o quadro de forma tal que fala em necessidade de salvar a língua nacional, elemento fundamental na constituição da pátria. Daí, o apelo aos sentimentos patrióticos das autoridades.

A questão da não utilização da língua portuguesa, mesmo em transações comerciais, perdurou por longos anos e parece ter sido objeto de conflitos na relação com os estrangeiros. O cronista de pseudônimo Gavião, do *Correio do Estado,* em sua seção "Impressões da Semana", de outubro de 1909, afirmou que havia embarcações brasileiras que mantinham os róis de equipagem e a escritura de bordo formulados em castelhano. Relatou uma experiência pessoal, à época em que trabalhava em vapores do Lloyd como criado de servir a bordo, ocasião em que, para pagamento de serviços, entregou ao Comissário certa quantia em dinheiro, de uma agência comercial. Ao lhe entregarem o recibo redigido em espanhol, recusou-se a aceitá-lo e exigiu que o fizessem em português, pois estava em um navio nacional e em território nacional. Segundo o cronista, não havia um empregado a bordo que soubesse redigir em português, vendo-se obrigado a aceitar o recibo naquelas condições, sua atitude foi reprovada pelo comandante do vapor.

Para o cronista, a situação descrita não era isolada, pois reclamava que muitos estrangeiros, morando há vinte ou trinta anos no Brasil, não sabiam duas palavras em português. Teceu outras considerações mais delicadas, deixando vir à tona sentimentos xenófobos, afirmando que os estrangeiros desprezavam nosso idioma e muitas vezes se negavam a responder às perguntas feitas em vernáculo.

Um segundo relato do autor revela esses sentimentos: comentou que um amigo havia sido chamado de "macaco" por um estrangeiro, empregado de um estabelecimento comercial em Corumbá, e provocou uma briga, chegando à agressão física. O proprietário, que presenciara o ocorrido, dispensou o empregado. Explicou que o epíteto era utilizado nas repúblicas sul-americanas para afrontar e ridicularizar os brasileiros. Afirmava que era atitude trivial nessas regiões e que os estrangeiros, nem dentro do Brasil, abandonavam esse hábito, sem a menor consideração pela terra que os hospedava. Para eles, "Somos todos negros desprezíveis". O cronista justificou que recusar esta frase não se tratava de jacobinismo, porque reconhecia a imensidade de benefícios que devíamos aos negros. Retomou a questão da defesa do idioma pátrio, afirmando que abdicar da linguagem natal seria como "repudiarmos a nossa mãe, substituindo-a por uma madrasta" (*Correio do Estado*, 16 out. 1909, p. 1).

A questão dessas relações conflituosas com os estrangeiros e o uso da língua vernácula em Corumbá, portanto, pode ser identificada desde a década de 1870 e estende-se pelas primeiras décadas do século seguinte. Trata-se, contudo, de experiência vivida em outras regiões e cidades do Brasil. Em São Paulo, por exemplo, até a década de 1940, há registros dessa preocupação.

Quanto a esse aspecto particular, da divulgação da língua portuguesa, entendemos que a imprensa periódica de Corumbá, que teve início na época referida, apesar de suas limitações, contribuiu para difundir o português e foi uma das formas de estabelecê-lo. Corroborando esta afirmação, identificamos nos jornais poucos artigos redigidos e publicados em espanhol ou italiano. Os conflitos e as preocupações revelam, por outro lado, que a presença de estrangeiros foi significativa na constituição de Corumbá enquanto cidade.

Logo após a guerra do Paraguai, a cidade de Corumbá recebeu grande número de paraguaios. As condições em que esses imigrantes vieram para a região brasileira, após a guerra contra seu país, não foram das melhores. Fugiam da miséria no Paraguai, mas poucas alternativas encontraram de imediato do lado brasileiro. As primeiras correntes de imigrantes acompanharam o exército, as forças brasileiras, quando de sua retirada de Assunção, e em sua grande maioria eram mulheres, conhecidas por vivandeiras, que assim garantiam o pão e a subsistência dos filhos. Esse fluxo de mulheres paraguaias foi constante no período de 1872 a 1875, conforme comentou, em seu relatório de fevereiro de 1876, o Agente de Colonização João Lopes Carneiro da Fontoura, que estimou a movimentação naqueles quatro anos: "conduzidas em vasos de guerras nossos, e em navios mercantes de toda a espécie têm aportado aqui seguramente três mil mulheres paraguaias". Nesse mesmo relatório, o Agente cita que, apenas em 1876, a Companhia Nacional de Navegação comunicara que 276 imigrantes paraguaios haviam sido transportados para Corumbá, dos quais 84 eram homens, 150 mulheres e 42 menores. (apud, Corrêa, 1999, p. 212). Portanto, muitos paraguaios foram subindo o rio ou cruzando a fronteira seca nos primeiros anos da década de 1870, com predominância de mulheres.

Uma grande parte desses imigrantes retornou às suas origens, pois não encontraram trabalho. Esse trânsito de paraguaios, inicialmente, foi facilitado pela política do governo Imperial e Provincial de subsidiar os transportes de imigrantes para motivar a vinda destes para a região. As companhias que obtinham a concessão da navegação pelo Rio Paraguai reservavam uma cota para passageiros imigrantes, que, dessa forma, viajavam gratuitamente. Muitos paraguaios vinham em busca de trabalho e, não o encontrando em Corumbá, retornavam, pois não lhes eram concedidas passagens gratuitas para outras localidades do estado. Ao tratar dessa questão, Lúcia Salsa Corrêa afirma que as companhias passaram a reclamar em seus relatórios de que muitos só circulavam, inclusive, para ver parentes. O subsídio foi suspenso em 1877, período que também coincide com parcial paralisação das obras do Arsenal da Marinha no Ladário, em função da qual estava havendo dispensa de operários (1999, p. 214).

A necessidade da vinda de imigrantes para o Brasil, no contexto da substituição da mão-de-obra escrava pela livre, foi muito debatida a partir de meados do século XIX. As formas de incentivo foram objeto de discussões, experiências e de políticas públicas, de marchas e contramarchas, dependendo do momento político e econômico (Beiguelman, 1987).

Apesar do retorno de muitos paraguaios e da suspensão do subsídio, um grande contingente permaneceu na região sul de Mato Grosso e outras levas de imigrantes continuaram chegando nas décadas subseqüentes, porém em menor intensidade. Da trajetória dos imigrantes que permaneceram em Corumbá, temos algumas referências gerais em relatórios da Agência de Colonização em Corumbá e relatos de viajantes, das quais é possível inferir que grande parte teve dificuldades em sobreviver e encontrar uma colocação de trabalho.

Sobre as condições, por exemplo, em que viviam as mulheres paraguaias, o médico da Comissão Demarcadora de Limites com a Bolívia, João Severiano da Fonseca, que esteve em Corumbá por um período de três anos, entre 1875 e 1877, oferece-nos algumas de suas impressões e os problemas de saúde pública que relacionou à presença das mesmas:

> Confrange-se-me o coração ao pensar quanta miséria vive por aí, ao idear quanta dor cruciante, quanta agonia, quanta angústia atroz, quanto drama de episódios horríveis não terá por bastidores os ermos das matas ou as taipas da arruinada palhoça, onde o sol e a chuva vão tão bem como ao ar livre. Entregues à sua sorte, adoecem e morrem sem mesmo procurarem um medico, sem tentarem a salvação da vida ou ao menos buscarem lenitivos na medicina (1986, v. 1, p. 198-199) [3].

Esse olhar de compaixão não o impediu de emitir referências desqualificadoras ao modo de vida dessas mulheres, afirmando que viviam na ociosidade, na prostituição e eram vítimas da violência e das doenças, sendo elevado o número de mortes. A avaliação do médico sobre a presença dos imigrantes paraguaios foi desoladora, entendeu-a como negativa para a cidade, prejudicando seu maior crescimento.

> Esse povo de arribação, semelhante à uma praga de gafanhotos, foi uma verdadeira calamidade, avalanche que desabou no meio da florescente Corumbá. Mas não é debalde que se aglomera de imigrantes, a maior parte ociosa e parasita. Em breve, tanto aí [Ladário] como na vila, viram-se as ruas cheias de mendigos, uns enfermos e estropiados, outros apenas afetados de preguiça, esmolando a caridade pública... (Fonseca, 1986, v. 1, p. 197).

Quanto a essa visão preconceituosa, o relatório do Agente de Colonização, João Lopes Carneiro da Fontoura, foi mais contundente ainda ao referir-se às mulheres paraguaias, sequer escolheu termos mais adequados, uma vez que se tratava de relatório oficial, não deixando dúvidas sobre sua forma pouco positiva de ver as imigrantes, como segue:

> [...] uma grande parte desses imigrantes é do sexo feminino e compõem-se em sua quase totalidade de mulheres perdidas, da mais baixa espécie, verdadeiras fezes da sociedade que trazem consigo os vícios mais repugnantes e aqui se vêm entregar a mais imunda devassidão fugindo completamente a todo e qualquer trabalho[...]causa de constantes desordens, roubos e desmoralização[...] (apud Corrêa, 1999).

A figurativização empregada pelo agente engloba imagens por si só reveladoras do lugar social que reservava à quase totalidade dessas mulheres: "fezes da sociedade", "imunda devassidão", "baixa espécie", "mulheres perdidas". São jogadas à vala comum de seres imprestáveis, que não queriam se submeter a qualquer tipo de trabalho, especialmente, o doméstico. O trabalho de empregada doméstica, de lavadeira e engomadeira, conforme relatório do Agente citado, não as atraía. Sobressai-se em seus comentários, portanto, uma crítica à forma de vida daquelas mulheres, não habituadas ao trabalho sistemático e regrado que a ordem capitalista exigia, nem a tarefas reservadas para mulheres pobres.

À condenação da vadiagem, se seguia a dos vícios, da prostituição, da embriaguez. Nesse discurso recorrente da apologia do trabalho, mulheres e homens pobres necessariamente deviam ter uma ocupação, o que justificava a exploração desses. Particularmente com relação aos paraguaios, esse preconceito assumia as formas dos discursos etnocentristas, atribuindo-lhes uma aptidão para os vícios e para a indolência, assim como para a rebelião, como se fossem inerentes à sua nacionalidade. Com relação a essa visão, Lúcia Salsa Corrêa afirma que se constituiu na fronteira um código particular:

> Esses preconceitos constituíram na fronteira um peculiar código de valores, fundado nas relações capitalistas de produção e na necessidade de exploração do trabalho (e da violência) numa região carente de população, código acionado e quase sempre apontado na direção da massa dos paraguaios estabelecidos nessa área fronteiriça, como forma de submetê-los à super-exploração, nos limites da escravidão (1999, p. 213).

A situação dos imigrantes paraguaios, contudo, não se apresentou de forma problemática só no meio urbano. Uma grande parte da mão-de-obra paraguaia, ao longo das três últimas décadas do século XIX, foi absorvida pelo campo, quer nos ervais nativos, como também nas fazendas. E foi nessas atividades que passaram por situações mais humilhantes de trabalho.

Inclusive, logo após a guerra do Paraguai, considerando-se o teor da troca de correspondências entre o Presidente da Província e o Comando da Fronteira, há fortes indícios de ter ocorrido o trabalho compulsório de paraguaios nas terras do Barão de Vila Maria.

De fato, o referido Barão estava empenhado em utilizar imigrantes, conforme ofício que dirigiu ao Presidente da Província em abril de 1872, informando que trouxera trinta e tantos paraguaios de Assunção para trabalhar no reerguimento de suas fazendas, afetadas pela guerra. Afirmou ter gasto com passagens, para esses imigrantes, o valor de um conto e setecentos mil réis. Informou, ainda, que, na última vez que estivera no Rio de Janeiro, obtivera do Ministro da Agricultura a promessa de que o Ministério contribuiria com cinqüenta mil réis para cada imigrante que trouxesse para a região de Mato Grosso. Em razão disso, solicitava que o Presidente da Província fosse seu mediador junto ao Ministro da Agricultura, a fim de obter o que lhe fora prometido (OBVM, 29 abr. 1872, Lata 1872 "E", APMT)[4].

Quanto aos indícios de trabalho compulsório, imposto a trabalhadores paraguaios, podem ser constatados em uma série de ofícios dos meses de agosto/setembro daquele mesmo ano de 1872. Consta, por exemplo, uma ordem do Presidente da Província para o Comandante da Fronteira recolher ao quartel as praças, dezenove no total, que se encontravam na fazenda do Barão escoltando paraguaios que ali trabalhavam[5]. Este fato, por si só, revela que tais imigrantes não estavam ali por livre vontade. Além disso, o próprio Barão confirmou a falta de contrato de locação para os referidos trabalhadores e utilizava-se de expressões como "mandarei recolhidos os mesmos [paraguaios] em plena liberdade" (OBVM, 27 set. 1872, Lata 1872 "F", APMT). Há, portanto, o reconhecimento de que esses trabalhadores estavam privados de liberdade e precisavam ser escoltados. Em outros termos, tratava-se de trabalho compulsório.

Esses ofícios esclarecem também a natureza dos trabalhos realizados, tanto pelos paraguaios como pelas praças da escolta: a limpeza da estrada que ligava Corumbá à vila de Albuquerque, passando antes pela fazenda Piraputangas, de propriedade do referido Barão. Apesar de ser o maior beneficiário, alegava que o trânsito era livre e favorecia a todos. Além disso, imputava aos seus inimigos as tentativas de prejudicá-lo, uma vez que era o único produtor de açúcar na região e contrariava o interesse do monopólio da comercialização.

O Barão era um dos poucos proprietários de escravos na região, possuindo em torno de 20. Exercia o cargo de Juiz de Paz e, nesse mesmo ano de 1872, foi acusado de manipular as eleições por meio de uso ostensivo de um bando particular de homens e, inclusive, da própria força do Exército. Esses fatos parecem corroborar, em primeiro lugar, a interpretação de que a real intenção do Barão fosse reerguer suas fazendas com a mão-de-obra paraguaia, de forma compulsória, pois considerava os mesmos causadores de suas perdas. Segundo, que parecia ser habitual a utilização dos meios públicos para benefícios privados. Terceiro, é realmente provável que o Barão tivesse adversários, pois revela uma disputa entre um senhor de terras e a nova elite de comerciantes que se formava na cidade. Após esse pleito em que o Barão saiu vitorioso, predominariam nas instituições do poder municipal os grandes comerciantes e militares.

Outra situação suspeita, denunciada por autoridades paraguaias, era a de que patrícios seus, feitos prisioneiros pelos índios Guaycurus, se destinassem à condição de escravos, intermediação que seria realizada por um desertor do Exército brasileiro na vila de Corumbá. Os pedidos de esclarecimentos foram encaminhados pelo Ministro brasileiro em Assunção ao Presidente da Província, que, por sua vez, enviou ofícios ao Comandante da Fronteira e ao subdelegado de polícia de Corumbá, solicitando informações e providências[6].

Em resposta, o subdelegado de polícia de Corumbá, José Joaquim de Sousa Franco, afirmou ao Presidente que mais de cinqüenta paraguaios, de ambos os sexos, haviam sido prisioneiros dos Guaycurus; contudo, já viviam livremente no Distrito, onde tinham sido bem acolhidos. Informou, também, que esses paraguaios chegaram a Corumbá em duas circunstâncias distintas: uma turma no início de 1872, de pouco mais de vinte, fugiu de um aldeamento e foram socorridos às margens do rio Paraguai por um cidadão de Corumbá; posteriormente, um segundo grupo, com mais de trinta, foi resgatado de um aldeamento por um Cabo do 2º Batalhão de Artilharia[7].

Esses episódios revelam como foram conflituosas as relações nos primeiros anos após a guerra, na região de fronteira entre Brasil e Paraguai, especialmente, para os paraguaios de poucas posses. A utilização do trabalho compulsório, sob as diversas formas que poderia assumir, contudo, perdurou por longo tempo, especialmente considerando-se o regime de trabalho implantado nos ervais nativos pela empresa Matte Larangeira. Aí, fazia-se presente o sistema do empório, que tornava o empregado um permanente devedor, tolhendo sua liberdade de trânsito, além da carga excessiva de trabalho e de longas jornadas, inclusive para menores. Fazia parte também do regime dessa empresa o processo rígido de disciplinarização, que incluíam práticas como: permanente vigilância, punições e castigos aplicados aos que fugiam. Esses fatores e a existência de uma polícia própria asseguravam à Companhia, em grande parte, o controle dos trabalhadores, em sua grande maioria, paraguaios.

Estima-se que o número de paraguaios trabalhadores nos ervais era em torno de dois mil e setecentos. A imprensa de Assunção denunciava a forma de arregimentação desses trabalhadores e as condições de vida como de escravização[8].

Imigrantes europeus, especialmente italianos, portugueses e espanhóis, mas também franceses e alemães, aportaram em Corumbá. Em sua grande maioria, esses imigrantes trabalhadores tiveram como trajetória a experiência de circularem por cidades correntinas, argentinas, antes de tentarem a vida em Mato Grosso. Vieram, portanto, pelo estuário do Prata, beneficiados igualmente pelas passagens gratuitas para transporte de imigrantes, oferecidas conforme cota acertada com o governo Imperial brasileiro, quando da concessão de navegação às companhias.

A trajetória de várias famílias italianas, antes de chegarem a Corumbá e a outras regiões de Mato Grosso na segunda metade do século XIX e nas primeiras décadas do XX, é identificada por Lenine Póvoas em *Os italianos em Mato Grosso* (1989). Vários relatos de imigrantes, como o do português Manoel Cavassa, apontam para essa trajetória comum. As experiências se diferenciam com relação ao trabalho, às profissões e oportunidades de cada um. Entrevistas com imigrantes ou filhos de imigrantes dão testemunho dessas diversas situações. Alguns se estabelecem em Corumbá trazendo certo capital, abrindo comércio ou pequena indústria, enquanto a maioria chegou como operários ou exercendo profissões autônomas.

Recompor, pelo menos em parte, as principais alternativas ocupacionais que se foram constituindo na cidade oferecerá uma visão das possibilidades que se apresentavam aos trabalhadores, e como, nesse contexto, eles foram contribuindo com suas vivências e experiências, tomando parte na elaboração do urbano.

Os setores de serviços e de negócios no comércio foram os que mais se desenvolveram, tornando Corumbá um centro comercial e distribuidor para as demais localidades de Mato Grosso. Quanto às atividades produtivas propriamente industriais, estas, quando existentes, restringiram-se aos bens de consumo. A exceção em Corumbá podem-se considerar os três estaleiros que chegou a ter e os trabalhos desenvolvidos no Arsenal da Marinha. Ainda na primeira década do século XX, houve um ensaio de exploração das minas de manganês em Urucum, próximas a Corumbá, porém restrita à atividade de extração, o minério não sofria qualquer beneficiamento.

O período que, de modo geral, marca o início da chamada modernização das cidades brasileiras e também da América Latina é a década de 1870. Corumbá, então um pequeno povoado, estava por ser reconstruído, após a guerra contra o Paraguai. A retomada da navegação internacional pelo rio Paraguai, liberada até Corumbá, constituiu-se em importante fator de seu desenvolvimento, como de fato já se revelara pouco antes da guerra, entre 1856 e 1864, quando do tratado de navegação com o Paraguai. A possibilidade de navegação se constituía na forma mais rápida de comunicação de Mato Grosso com a Corte (Rio de Janeiro) e as demais unidades do império. A viagem pelo Prata demandava em torno de um mês, enquanto os caminhos por terra, o triplo do tempo, ou seja, três meses. Em razão disso, Luiza Volpato assinala que, naquele período, o principal aspecto da modernidade para Mato Grosso era a melhoria das comunicações, o encurtamento do tempo para o contato com outros centros. A navegação representou tal meio (1993, p. 41-44).

Para apreensão de como ocorreu o crescimento da cidade, passaremos ao levantamento de sua estrutura ocupacional. Uma dificuldade específica para abordar esses aspectos, no período, é que não há estudos monográficos sobre os setores comercial e industrial, nem estatísticos sobre o número de trabalhadores em cada firma, os valores dos salários e tão-pouco cruzamento desses dados com os preços dos gêneros alimentares, vestuário e congêneres, que possibilitem comparativos das condições de vida dos trabalhadores. Trata-se de campo de pesquisa em aberto.

Mesmo o recente trabalho de Vitor Wagner Neto de Oliveira, sobre os Marítimos, carece de informações mais precisas sobre o número de trabalhadores, seus ganhos e condições de vida. Contudo, o autor afirma que se tratava da categoria de trabalhadores de maior número e mais organizada na cidade. Entendia-se por Marítimo todo trabalhador que desempenhava atividades a bordo de uma embarcação mercante. Implicava numa diversidade de subcategorias, por ofícios: maquinistas, taifeiros e foguistas (2000, p. 13-132).

Sobre as casas comerciais, sua importância e as atividades que desenvolviam, tratamos no capítulo anterior. Interessa ressaltar, contudo, que estas requeriam pessoal qualificado para as atividades de escritório, as quais se constituíam em um setor de emprego para os que possuíam melhor grau de instrução formal. Não há referências sobre organização e reivindicações desses trabalhadores nas páginas dos periódicos pesquisados. Além de se constituírem numa elite de trabalhadores locais, com melhores salários, tinham poucas alternativas de trabalho. O número de grandes casas comerciais importadoras/exportadoras não chegava a ser significativo e muitos, certamente, obtinham emprego pois pertenciam a famílias tradicionais do local ou por elas eram indicados.

A estrutura predominante das atividades econômicas em Corumbá, no período abordado por este estudo, não era muito diferente da configuração econômica do estado de Mato Grosso, com apresentação de índice reduzido de atividades industriais.

Com relação à industrialização mato-grossense no período de 1870 a 1930, Tadeu de Miranda F. Borges, em seu livro *Do extrativismo à pecuária*, afirma que, excetuando a agroindústria do açúcar, das charqueadas e do mate, a indústria urbana era praticamente insignificante (1991, p. 103, 105). O autor constatou que, no período, não se desenvolveu um processo de industrialização em Mato Grosso, apenas houve a instalação de algumas fábricas para atender ao mercado interno, tratando-se de indústrias de produção de bens de consumo. Observou, ainda, que tiveram uma atuação muito limitada nas últimas décadas do século XIX. Faz essa inferência argumentando que a precariedade de informações existentes sobre as mesmas, em parte, o levaram a essa conclusão[9].

Somente no censo de 1907, encontram-se informações mais sistematizadas sobre as indústrias em Mato Grosso. O critério levado em conta para cadastrar os estabelecimentos foi o número de operários - no caso, somente aqueles com mais de cinco. Dessa forma, constam registradas no censo apenas 11 indústrias no estado, das quais, cinco ligadas ao setor exportador (caldo de carne, mate, charque); outras cinco no setor de bebidas, com força motriz variando de 20 a 25 C.V., que empregavam de 15 a 30 operários cada uma; finalmente, uma de construção naval, esta última pertencente ao Arsenal da Marinha em Ladário (Corumbá), constando como aquela que utilizava de maior força motriz no estado (300 C.V.) e empregava 150 operários (apud Borges, 1991, p. 105)[10].

Já o censo de 1920 apontava 20 estabelecimentos, os quais empregavam 370 operários, com destaque para o setor de alimentação, conforme Quadro apresentado por Borges (1991, p. 106) Contudo, não se incluem as indústrias de charque, mate e caldo de carne, impossibilitando um confronto com o censo de 1907. O autor aponta ainda que, para 1930, existe a referência a 431 fábricas, sem maiores especificações. Interpreta que se tratava de estabelecimentos com reduzida dimensão e localizados nos centros urbanos em expansão. Os valores médios produzidos por esses estabelecimentos eram dos mais baixos do Brasil, perdendo apenas para os de Goiás.

Desse breve panorama, de dados quantitativos, não há referência aos estabelecimentos que pertenciam a Corumbá, exceção à referência de 1907 sobre o Arsenal da Marinha. Assim, sob certo ponto de vista, a urbanização de Corumbá contribuiu com a criação de algumas indústrias de bens de consumo, praticamente inexistentes no resto do estado, revelando certo pioneirismo no período. Ainda que sem contar com fontes mais sistemáticas, tentamos estabelecer um panorama das atividades industriais em Corumbá ao longo do período de 1877 a 1920.

O relatório de 1877 da Câmara da então vila de Corumbá informava da existência na cidade de duas serrarias a vapor, que produziam em pequena escala e nem sempre funcionavam; uma fábrica de sabão; uma de macarrão, uma de licores e "águas artificiais" e algumas de telhas e tijolos (RPCMP, Livro 205, fl. 15, ACMC). O número de operários e a produção não são indicados.

Sobre a fábrica de sabão, encontramos em Báez o comentário de que foi a primeira sabonaria instalada no estado, que na produção se utilizava basicamente de sebo *vacum*, matéria prima que existia em abundância na cidade e região. Afirma que isso trouxe enorme vantagem ao desenvolvimento industrial de Corumbá, mas não oferece outras referências (1986, p. 62).

Referência sobre uma segunda fábrica de sabão, em Corumbá, encontramos somente dez anos depois. Conforme Borges (1991, p. 103), fundamentado no Relatório do Presidente de Província de 1887, havia uma fábrica de propriedade de Antonio Jacintho Mendes Gonçalves, com produção insuficiente para atender ao mercado local. A fábrica enfrentava problemas de consolidação e de maior crescimento devido à concorrência exercida pelo sabão fabricado no Paraguai, que custava menos e não pagava impostos na Província.

Um dos pioneiros na fabricação de tijolos e telhas do tipo "marselha", conforme Lenine C. Póvoas, foi Domenico Giordano, que instalou a Olaria S. José por volta de 1889. De acordo com o autor, posteriormente, transformou-se numa fábrica de mosaicos para piso, que ficou famosa pela qualidade e beleza de seus produtos. A responsabilidade pelos modelos e os mosaicos desenhados e coloridos era da filha mais velha de Domenico, Almerinda Giordano, que estudara pintura em Assunção (1989, p. 47-51). Tais empresas, embora de origem familiar, requeriam mão-de-obra para os serviços gerais e mais pesados. Mencionamos a seguir outra olaria, com alguma referência de empregados.

Ainda quanto às olarias e fábricas de tijolos, Báez relata uma versão que ouvira na infância sobre uma olaria que existia nas imediações da Cacimba da Saúde, instalada por Agostinho Chaster, cidadão francês, por volta de 1890, sendo uma das primeiras que existiram na cidade. No local, havia uma nascente de água límpida e fria, aproveitada para formar uma represa. O interessante é que tinha uma função singular, segundo o memorialista: circundada de parede de pedra calcária, servia de banheiro aos seus empregados (1964, p. 97).

Um outro ramo importante em Corumbá foi o de bebidas. Desde 1877, temos referências nos relatórios, já existiam fábricas de licores e xaropes, mas é a partir de 1900 que esse ramo se expande. A Meridional, de Antonio Mandeta e Cia., estabeleceu-se em 1900, com capital de 40 contos, atingindo 280 em 1913. Fábrica a vapor, com máquinas importadas da Alemanha e da França, motores de 85 cavalos de força, produzia gelo, águas minerais ginger-ale, gasosa (soda limonada), xaropes e licores (Album Graphico, 1914, p. XLIII). Além de atender à cidade, fornecia seus produtos aos navios do Lloyd Brasileiro e às demais companhias de navegação. Mandeta havia inicialmente se estabelecido na então vila de Ladário com uma alfaiataria civil e militar, mas transferiu-se para a Argentina, onde começou sua fábrica de bebidas. Depois, resolveu apostar no mercado consumidor de Corumbá, em razão de seu clima quente. A fábrica, considerada pioneira em Mato Grosso por Póvoas, foi transferida em 1912 para Campo Grande (1989, p. 44-47) [11].

Nesse ramo de atividade, temos também as indicações de fábrica de licores e gasosa, mas outra, de maior importância, surgiu apenas no início da década de 1910, a Cervejaria Nacional – Corumbá, fábrica de cerveja e gelo de José Rodrigues San Pedro, e compunha-se de três edifícios. Situava-se à margem do rio Paraguai, na rua do Commercio, além da Alfândega. Seus edifícios eram iluminados a luz elétrica, produzida por geradores próprios. Possuía dois motores de 80 e 50 HP para mover as máquinas distribuídas em três pisos. Tinha capacidade anual para produzir 4 (quatro) milhões de litros de cerveja e 600 (seiscentas) toneladas de gelo. O engarrafamento era feito todo à máquina. A média do consumo local era de mil litros de chope por dia. O quadro de seus funcionários era composto de dois cervejeiros alemães, três mecânicos especiais e oitenta trabalhadores diversos, além do pessoal de escritório (Album Grafhico, 1914, p. 343-344).

No setor de alimentos, instalou-se, em 1906, a firma A Industrial, de Albino Dias da Costa & Cia., com capital inicial de 250 contos de réis. Possuía máquinas movidas por motor a querosene e iluminação elétrica em suas dependências. Tinha capacidade para produzir 2.000 kg de pão e bolachas, 1.500 kg de massas alimentícias, 1.500 kg de café torrado e moído e 300 kg de fumo cortado e desfiado para 80.000 cigarros e charutos (Album Grafhico, 1914, p. XLV-XLVI).

A navegação necessitava de atendimento, reparos em navios e barcos e também motivou o desenvolvimento de estaleiros. O primeiro estaleiro pertenceu ao português Constantino Preza. O segundo a se instalar, o de Antonio Monteiro. O estaleiro Puccini, o terceiro, foi fundado em 1915, com a finalidade de construir e realizar consertos em navios e pequenos barcos. Ganhou grande reputação com a assistência aos navios do Lloyd Brasileiro (Póvoas, 1989, p. 58-59) [12].

O Arsenal da Marinha também realizava consertos e atendimento aos navios, sendo que, em suas dependências, havia 150 operários em 1907. Entre as principais profissões exercidas, temos: marceneiros, carpinteiros, calafates, foguistas, ferreiros, fundidores, mecânicos, ajustadores mecânicos, torneiros mecânicos, torneiros, modeladores, mecânicos de máquinas, caldeireiros de cobre, caldeireiros de ferro, chapeadores, serradores, maquinistas, soldadores, desenhistas, eletricistas, pedreiros etc. Entre os profissionais, Renato Báez cita o marceneiro João Lemos de Barcelos[13] como um de seus maiores operários e artista, tendo realizado o modelo em madeira do portal do Arsenal. Era modelador e escultor, tendo confeccionado um busto de José Bonifácio de Andrada e Silva. Fabricava bonecos de papelão de grande sucesso nos carnavais (1964, p. 101-115).

No setor de prestação de serviços, a instalação da Lavanderia a Vapor–Corumbá, em 1912, foi considerado por Renato Báez um fato marcante, "acompanhando o progresso alcançado por Corumbá", único estabelecimento do gênero à época em Mato Grosso (1986, p. 59). Foi instalada na chamada Ponta do Morro, em frente à matriz de Nossa Senhora da Candelária, em edifício especialmente construído e apropriado para tal função e iluminado a luz elétrica. A caldeira e a fornalha eram instaladas fora do edifício principal. Suas máquinas eram as mais modernas fabricadas na Alemanha para esse ramo de atividade. O proprietário era um ex-funcionário da Alfândega, chamado Santana, o que confirma a importância de funcionários públicos na participação, com seus capitais, na constituição da cidade (*Album Grafhico*, 1914, p. 342).

Embora não tenhamos obtido informações e referências mais sistemáticas sobre o número de funcionários dessa empresa, algumas inferências foram possíveis a partir de fontes iconográficas e de anúncios. Conforme fotos do interior da lavanderia, divulgadas pelo *Album Graphico de Mato Grosso*, pode-se observar o trabalho de sete mulheres diante de uma máquina de passar (1914, p. 342). O jornal *Tribuna* divulgou um anúncio da lavanderia sobre emprego para meninas de 12 a 15 anos, que preferencialmente soubessem ler e escrever (n. 325, 2 abr. 1913, p. 1). Assim, a partir da análise das fotos e do anúncio, podemos inferir que, excetuando os trabalhos nas fornalhas e o da entrega das roupas, realizada por meio de um coche fechado conforme iconografia, a mão-de-obra no interior da lavanderia devia ser predominantemente feminina. Esse fato nos coloca diante da alternativa de um espaço feminino para o trabalho no meio urbano, de adolescentes, menores, e com a exigência de um grau mínimo de instrução, a necessidade da alfabetização, pelo menos, para alguma função. Embora não ficasse claro, no citado anúncio, para qual setor da empresa se destinava a trabalhadora, de qualquer forma, a natureza do trabalho nos permite inferir que exigia pessoal alfabetizado provavelmente não só no setor de escritório, mas no atendimento aos clientes, na recepção e entrega das roupas, o que implicava em registros.

Significativo no período para a economia de Corumbá foi também o setor público, governamental, relacionado às atividades administrativas do município, do estado e especialmente do governo imperial e, depois, federal, com destaque, nesse último, para as atividades do Exército e da Marinha.

Embora o funcionalismo e o setor de obras envolvam um quadro mais amplo, concentrar-nos-emos mais especificamente no setor militar, em razão do que poderia representar para a economia local. A escolha desse segmento tem sua razão de ser. A começar pelo fato de que Mato Grosso reunia, em 1888, em torno de 10,8% dos efetivos do Exército brasileiro, o que representava uma taxa de 13,67 soldados por mil habitantes, a mais alta do Brasil (Mamigonian, 1986). Há que se considerar também os efetivos militares da Marinha, com a instalação do Arsenal da Marinha no Ladário a partir de 1873. Dessa forma, se no conjunto do estado os efetivos militares eram significativos, maior era sua presença em Corumbá, que poderia sofrer alterações dependendo da conjuntura, como exemplo no período da questão do Acre.

O estabelecimento do Arsenal da Marinha foi um dos primeiros impulsos à construção civil, requerendo mão-de-obra que veio impulsionar os primeiros anos de reerguimento da vila de Corumbá. No período após a Guerra do Paraguai, o governo imperial preocupou-se em reforçar a segurança da fronteira, decidindo-se pela construção do Arsenal em Ladário, distante 6 km de Corumbá. Segundo Lúcia Salsa Corrêa, essa foi uma das primeiras atividades que atraíram e empregaram muitos trabalhadores da construção civil, e a cidade em formação se beneficiou com a presença de muitos deles (1980, p. 60).

Contudo, a paralisação parcial e a continuidade em ritmo mais lento da obra, com dispensa de operários, foram apontadas, em relatório da Câmara Municipal de 1877, como fator de crise no comércio local. A situação exposta pelo relatório revelava que a praça, então, não tinha uma base de sustentação mais ampla, estrutura própria para se manter, ressentindo-se imediatamente das oscilações das verbas governamentais para seu desenvolvimento (RPCMP, 1877, Livro 205, fl. 15, ACMC). Esse fato explica a flutuação de população, o retorno de muitos imigrantes para áreas de origem durante a década de 1870.

Os militares representavam, conforme já comentado, significativa parcela da população de Corumbá. Em função disso, seus soldos tiveram importância na formação de um mercado local. Dessa forma, tanto os salários como as obras, tais como as do Arsenal, do Quartel e do Hospital Militar, nos levam a considerar o setor público como importante transferidor de renda. Além disso, corroborando essa nossa hipótese, encontramos referência de alguns militares que acabaram investindo em atividades de prestação de serviços na cidade, como, por exemplo, o Tenente-Coronel Avila Franca, que apresentou propostas de investimento no setor de abastecimento de água e energia elétrica em 1903. Há também os que se tornaram comerciantes, o caso de maior sucesso foi o de Wanderley Mariani, já mencionado, sócio de uma das maiores casas comerciais de Mato Grosso. Há que se destacar que era casado com a filha do fundador da casa.

Quanto à importância dos proventos (salários) dos militares para a economia local, é possível constatá-la a partir de situações de atraso no pagamento, que se constituíram em objeto de comentários em relatórios das autoridades e na imprensa local. Essas manifestações criticando a falta de pagamento aos soldados, e indicando os riscos de rebelarem-se, vinham acompanhadas da observação de que os atrasos eram prejudiciais ao comércio local, o que revela a dependência deste com relação aos militares, setor de emprego fixo.

As referências quanto aos atrasos eram freqüentes e estendem-se por todo o período após 1870, até o final do Império. Sofrem pouca alteração também no período republicano. O relatório de 1877 da Câmara Municipal comentava que a falta de recebimento dos salários pelos militares, por mais de três meses, prejudicava o comércio local. Os soldados obtinham os produtos contraindo dívidas junto aos comerciantes (RPCMP, 1877, Livro 205, fl. 15, ACMC). Embora fosse enaltecido o espírito de ordem desses, apesar dos atrasos, é de se considerar que essa atitude resultava do medo, em função das punições disciplinares que poderiam sofrer. A regularização dos pagamentos não aconteceu naquele ano e, pelo que os periódicos passaram a noticiar, piorou. Em janeiro de 1878, *A Opinião* informava que as praças do Exército e da Armada estavam há seis meses sem pagamento. Fazia a ressalva e criticava o fato de que para os generais e oficiais superiores, sempre havia dinheiro. Nesse contexto, o periódico aproveitou para criticar a monarquia: "E digam que não é mau o nosso sistema de governo" (27 jan. 1878, p. 1). Dois meses depois, em 21 de março, o mesmo periódico vinha à carga, denunciando que os atrasos já se prolongavam por oito meses, e alertava quanto aos problemas de crédito no comércio e aos prejuízos a outros trabalhadores.

A situação não se normalizou no início da década seguinte. O periódico *O Iniciador*, por exemplo, fez também em 1880 várias referências aos atrasos e ao não pagamento das guarnições dos navios da Flotilha, de soldados sem soldo e empregados despedidos (22 e 25 jul. 1880). Voltou a referir-se a atrasos de três meses em 22 de janeiro de 1882; contudo, poucos dias depois, comunicava a boa nova de que os soldos seriam parcelados e regularizados (5 fev. 1882).

Porém, no período republicano, os militares, em diferentes ocasiões, continuaram a enfrentar a mesma situação de atrasos de seus vencimentos. Em 1912, houve um princípio de levante no 17º Batalhão de Caçadores, com os militares saindo às ruas, sendo controlados pelo comandante major Heliodoro Alves Sodré. Situação mais acirrada, conforme Báez, ocorreu em 1925, com tiroteio pelas ruas. Como desfecho, em 27 de março daquele ano houve o fuzilamento do Sargento Antônio Carlos de Aquino, que encabeçara o levante (1979, p. 68, 74)[14].

Também a Alfândega era um setor que tinha funcionários qualificados e trabalhadores de armazéns e foi, em algumas ocasiões, objeto de tratamento pela imprensa. Entre os temas enfocados, além de aumento salarial, encontram-se as reivindicações por ampliação do número de funcionários.

A constituição desse panorama das alternativas ocupacionais esbarra na dificuldade de obtenção de informações mais sistemáticas. Essas considerações gerais, sem o rigor das estatísticas, sobre o quadro de desenvolvimento da cidade e suas atividades comerciais, contudo, ajudam a entender, ainda que parcialmente, as possibilidades e alternativas de trabalho naquele período.

Os segmentos da economia da cidade que geravam oportunidades de empregos fixos eram o comercial, especialmente o das grandes casas, o de transporte, mais especificamente das companhias de navegação, e o público. Associadas a esses, torna-se importante registrar que algumas profissões liberais e de prestações de serviços também foram se desenvolvendo. Com base nas informações dispersas em relatórios e na imprensa, montamos um quadro relativo às atividades mencionadas, compondo algumas informações sobre o número de estabelecimentos, o que nos permite, ainda que de forma incompleta, obter um panorama quantitativo das empresas e atividades existentes no período no meio urbano. Este, porém, não nos possibilita inferir o número de trabalhadores que empregava (Quadro 4).

Exemplos de ausência de informação são os anos de 1873 e 1893, quanto à existência de fornos de cal, serraria a vapor e embarcações, não mencionados pelas fontes (Quadro 4). No relatório do fiscal da Câmara, citado em *O Iniciador* de 11 de novembro de 1883, constava que havia cinco fornos de queimar cal e duas máquinas de serrar a vapor. O número de embarcações era de: 27 barcos, 9 chalanas e 12 botes. Na edição seguinte, o periódico, na seção "Campo Neutro", informava que 11 proprietários de botes questionavam o valor dos impostos, considerando-os elevados, o que os levava a pensar em abandonar esse ramo. Cobravam-se 25 mil réis para bote, o mesmo para chalana e 30 mil para os barcos. Questionavam a proporcionalidade de impostos, em razão da natureza das embarcações.

Note-se que em 1908, há uma ampliação das atividades, crescimento do número de fábricas, portanto maior crescimento do setor produtivo como também do setor de serviços. Não constam referências aos transportes e a sua organização.

O quadro das atividades econômicas, já referido, oferece-nos algumas indicações em diferentes momentos, porém não é suficiente para comparativos e conclusões decisivas, uma vez que as fontes são diversas e os critérios de levantamento distintos e, provavelmente, incompletos. A ausência de algumas atividades nos levantamentos corrobora essa avaliação, pois, certamente, não deixaram de ser exercidas. Contudo, não deixa de ser importante para oferecer uma visão, ainda que incompleta, das atividades.

As informações obtidas, mesmo com os limites apontados, de qualquer forma nos permitem a leitura de que, ao longo de quase quatro décadas, a estrutura de oferta de emprego e de produção cresceu lentamente. Diante disso, de poucas alternativas de trabalho fixo, permanente, temos por objeto reconstituir parte da experiência dos trabalhadores do setor de serviços gerais, em trabalhos temporários, freqüentemente informais, ainda que não exclusivamente. Apreender como sobreviveram e constituíram parte da cidade, deixando suas marcas.

Recuperar os modos de vida e as estratégias de trabalhadores e imigrantes na Corumbá da época é tarefa difícil, em razão das referências esparsas e da ausência de dados estatísticos, inclusive sobre a população geral da cidade, que, na passagem para o século XX, pode-se estimar em torno de 8 mil habitantes. Dessa forma, discutiremos as referências encontradas nos periódicos ou em cronistas e memorialistas sobre as condições de vida e sobrevivência da população mais carente e suas estratégias. Trata-se de compreender esses personagens, de fazê-los voltar à cena da cidade, reencontrar parte de suas pegadas e recuperar algumas de suas vozes.

Das atividades significativas, não só para o comércio, mas para a população em geral, destaca-se a dos condutores de carroça. Sua importância revela-se pela ligação que estabeleciam entre o porto e a parte alta da cidade, ajudando a constituir os serviços de infra-estrutura da mesma. Os carroceiros prestavam serviços de transporte de mercadorias do porto, água, carne, lenha, material de construção, mudanças etc.

Desses serviços, dois eram mencionados com maior freqüência pelos periódicos: o transporte de mercadorias desembarcadas pelos navios e a condução de água. Os carroceiros faziam chegar ao comércio e à população as mercadorias descarregadas dos navios, estabelecendo a ligação entre o porto e a parte alta da cidade. Tratava-se de difícil tarefa, pois a cidade fica numa barranca de aproximadamente 30 metros de altura, e seu porto situa-se numa estreita faixa entre o rio e a barranca. O acesso à cidade alta se fazia por meio de ladeiras íngremes, que, de início, não eram calçadas.

Além das mercadorias, esses condutores também serviam aos viajantes e passageiros das embarcações, carregando suas bagagens, conforme descreve o Cônego Jacomo:

> O paquete, a uns trinta ou quarenta metros de terra, baixa o ferro. Aproximam-se então os botes, ou, como lá lhes chamam, as chalanas, transportando os passageiros, à razão de quinhentos reis cada um. Se estes tem bagagens, em terra não faltam carregadores e carroças. Se a bagagem é volumosa, o catraeiro, antes de chegar a terra, pega das malas, coloca-as em carroças, as quais, imersas na água, aguardam a freguesia, enquanto os animais, atrelados às mesmas, vingam-se, no leito do rio, do sol que do alto os caustica furiosamente (Vicenzi, [1922], p. 63).

Além dos carroceiros, existiam também os carregadores e descarregadores braçais e nessa categoria encontrava-se a presença dos Kadiwéu, que costumavam ficar por alguns meses no porto da cidade, variando seu número de cem a duzentos índios. Acampavam ao relento, sem o menor abrigo, sujeitos à chuva, ao frio, como também ao sol abrasador. No Relatório de 1881, a Câmara Municipal, após afirmar o desejo de estreitar ainda mais as relações de amizade já existentes com os Kadiwéu, propôs erguer um galpão para eles nos períodos em que ficavam acampados ao relento. Não escondeu, contudo, a razão principal ao justificar o gasto com essa construção: "A estada destes índios aqui tem sido de muita utilidade para o comércio que os emprega nas descargas dos navios e carretos de bagagens e mercadorias, cobrando muito menos pelos seus serviços que qualquer outro" (RPCMP, 1881, Livro 205, fl. 19, ACMC). Manifesta, portanto, o interesse em mantê-los por perto, com um mínimo de conforto, pois de fato os Kadiwéu constituíam-se na mão-de-obra mais barata que possuíam.

A integração, via trabalho e também catequese, era a tônica quando das referências aos indígenas como possibilidade de inclusão na civilização. O referido relatório, inclusive, menciona que alguns Kadiwéu passaram a viver permanentemente entre "a gente civilizada". A presença constante dos índios na cidade nas primeiras décadas após a Guerra do Paraguai estava associada à desorganização de seus aldeamentos, atingidos pela guerra e as epidemias que se seguiram. Além disso, outro fenômeno estava em pleno andamento na região do Pantanal: as disputas fundiárias, a sua maior ocupação por fazendeiros.

O transporte de água era outro serviço imprescindível e os carroceiros que o realizavam eram denominados de aguateiros. Enfrentavam a mesma dificuldade para subir as ladeiras em direção à cidade alta, e os preços que cobravam para levar a água até pontos mais distantes da cidade foram várias vezes objeto de conflito com os moradores, que dependiam desse transporte, conforme discutido no capítulo quarto.

Quanto à possibilidade de ganhos financeiros desses carroceiros, embora se caracterizasse por atividade individual e familiar, temos pelo menos duas referências sobre ascensão social. Trata-se de Giuseppe Fragelli, imigrante italiano que chegou a Corumbá por volta de 1882 e iniciou suas atividades como pedreiro, na Base Naval do Ladário, ganhando três mil réis por dia. Logo, obteve uma carroça para transporte de água e lenha e depois outras, nas quais trabalhavam os filhos e empregados. Sua próxima atividade foi tornar-se construtor e distribuidor de material de construção. Enquanto construtor, investiu grande parte de seu capital em imóveis urbanos, tanto que, segundo seu neto, José Fragelli, chegou a possuir de 45 a 50 casas: "Salvo engano, meu avô foi o maior proprietário de casas e prédios em Corumbá" (Póvoas, 1989, p. 33-37) [15].

Outro carroceiro que iniciou a vida em Corumbá distribuindo água foi José Mônaco, conhecido por Pepino. Chegou à cidade num período posterior, já em 1910, época em que a cidade ainda não tinha água encanada. Depois dessa atividade, abriu um açougue e, mais tarde, adquiriu uma fazenda, tornando-se criador de gado (Póvoas, 1989, p. 56-57).

Essas referências nos sugerem que, se não houve propriamente a criação de empresas nesse ramo de atividade, constituiram-se pequenas frotas de carroças sob o comando de um proprietário, o que revela a aplicação de capital no negócio. Na relação de cobrança de impostos de 1911, constava que possuíam sete e nove carros, respectivamente, o advogado João Christião Carstens e Pedro José da Conceição. Houve, naquele ano, cobrança de imposto sobre 87 veículos. Há referências de José Martins Veiga, português que chegou em outubro de 1904 em Corumbá, sobre seu patrício Manjamilhas, informando que este possuía uma frota de trinta carroças de tração animal, em serviço pela cidade e também foi concessionário local da iluminação pública a querosene (Báez, 1977, p. 50-51).

A menção sobre a existência de pequenas frotas demonstra que a atividade era lucrativa e que se reinvestia capital no negócio. Por outro lado, revela que parte dos carreiros era de trabalhadores empregados. Contudo, como não localizamos os registros de licença na Câmara, com exceção de alguns poucos, não nos parece arriscado afirmar que, apesar de tratar-se de setor importante para a cidade, permanecia sem maior controle.

Há referências a que os condutores eram quase todos paraguaios e falavam o Guarani. O maior contingente de estrangeiros que aportou em Corumbá, em fins do século XIX, foi de paraguaios, estigmatizados não só pela guerra, mas pelas concepções racistas de então.

O periódico *O Brazil*, em artigo "Estrada de Ferro Noroeste do Brasil-V", de dezembro de 1909, ao referir-se à necessidade de trabalhadores para desenvolver o estado de Mato Grosso, afirmava que só o crescimento vegetativo não proporcionaria a mão-de-obra necessária e identificava o tipo de trabalhador desejado:

> O aumento de habitantes não terá importância real para nós, enquanto depender do crescimento vegetativo da nossa própria e escassa povoação e só conseguiremos positivamente progredir quando soubermos incorporar imigrantes úteis, civilizados, com hábitos de trabalho, embora ávidos de fortuna e dignos de usufruir as liberdades consagradas na Constituição que nos preside.

> Pois, do que carecemos é dessa imigração que sabia (sic.) voluntariamente deve ser encaminhada para nós e não da escoria que desconhece o uso e o manejo dos mais simples instrumentos rurais, a qual sem resultado prático e após, pouco ou nada fazer, regressa ao país de origem maldizendo-nos, ou aflui para as nossas grandes cidades onde ociosamente perambula, espalhando os germes da decomposição social, que, com diferentes nomes e manifestações, agitam periodicamente todos os elementos operários, isto quando não vão acrescentar o povoamento dos nossos hospitais e penitenciárias (n. 349, 30 dez. 1909, p. 1).

Os imigrantes úteis, civilizados, com hábitos de trabalho, e não a escória, eram os europeus, conforme o periódico. A publicação revela que estava em sintonia com discursos raciais etnocentristas da época, que viam no europeu o modelo de povo civilizado, de raça branca e que só a partir dele, era possível o progresso. Os paraguaios enquadravam-se nesse modelo? Nem eles e nem parte da própria população local. Além disso, desejava-se o cidadão pacífico, ordeiro, dócil, que não reivindicasse nem paralisasse suas atividades com greves. O trabalhador que não se enquadrasse nesses parâmetros era tido como escória, mesmo que fosse europeu.

Pouco mais de dez anos depois, o jornal *A Cidade*, ao anunciar uma reunião entre o Intendente Municipal, industriais, comerciantes, capitalistas, criadores para tratar sobre a forma e os meios de atrair imigrantes para as regiões vizinhas à cidade, visando à produção de manteiga, banha, batatinha, alho, cebolas, fumo, produtos que eram importados, defendia a necessidade de trazer o imigrante europeu qualificado:

> Corumbá precisa despertar deste estado de letargia, precisa sacudir fora o roceirismo que herdamos dos nossos antepassados e procurar prover-se por si mesmo do necessário à sua vida normal. [...] É tempo de nortearmos outro rumo, de apelarmos para a colaboração do estrangeiro, de atrairmos o europeu inteligente e industrioso, agora que as condições de vida na sua terra os levam aos extremos da emigração (13 jun. 1921, p. 1).

Alguns dias antes do anúncio dessa reunião, a Câmara havia aprovado a Resolução n. 34 de 9 de junho de 1921, regulamentando o serviço de colonização do município, em lotes nunca menores de que 50 hectares, para cultivo de cereais e criação de animais. Estabelecia as condições das concessões e, reforçando a importância que se atribuía à produção de gêneros que atendessem à economia local, em seu artigo 22, afirmava que a municipalidade estabeleceria prêmios anuais para o maior produtor de: arroz, feijão, milho, farinha de mandioca, fumo, manteiga, leite, queijo, cebola, alho e batata inglesa, bem como ao maior criador de porcos, carneiros e galinhas ou outras aves domésticas (Legislação Municipal, 1929).

As primeiras referências sobre atividades de greve em Corumbá foram comentadas pelos periódicos como um mal a ser eliminado, extirpado, e chegaram a compará-las com as epidemias de varíola. A organização dos trabalhadores só era bem aceita enquanto sociedade beneficente, de ajuda mútua, que supria as necessidades dos salários baixos ou do desemprego. Sob esse ponto de vista, para a imprensa, o crescimento de Corumbá tinha tal inconveniente, significava também incorporar ao seu cotidiano a bagunça, identificada com as grandes cidades.

Havia também, na parte alta da cidade, os chamados changadores, isto é, carregadores que faziam carretos e tinham ponto habitual de estacionamento nas esquinas mais movimentadas de Corumbá. Eram homens de certa idade, porém fortes. Como o trabalho era de natureza eventual, enfrentavam toda sorte de sacrifícios para obterem recursos que suprissem as necessidades mínimas do lar. Dividiam-se em grupos distintos, geralmente por nacionalidade (brasileiros, portugueses, espanhóis), mas tinham seus pontos certos, que eram respeitados por convenção entre eles e não se misturavam.

> Por exemplo: os brasileiros Minervino, Juvêncio, Maceió, Mulatinho e Madeira, faziam ponto na esquina da casa comercial de Santiago Solari. Os estrangeiros tinham ponto certo na esquina comercial do Preza, tais como os espanhóis Maragatinho e Mendes. Aliás, a palavra "changador" é de origem espanhola, e quer dizer carregador; e os portugueses: José Francisco, Marcantes, José Carminho, José das Moças (conhecido por Zé das môchas), Burro sem rabo e outros (Báez, 1965, p. 91).

Nas duas décadas iniciais do século XX, antes da chegada dos primeiros automóveis e caminhões, os changadores desempenharam papel importante para a população[16]. Temos referências de alguns trabalhadores e suas particularidades, tais como: dois portugueses, um de apelido "Burro sem rabo", possuidor de físico avantajado e de muita força, tanto que carregava sozinho quer um piano ou uma caixa de banha das grandes; o segundo era conhecido por "Derruba", pois ao cobrar pelos serviços prestados ou ao entrar num botequim e pedir uma bebida, utilizava a expressão "derruba", o que lhe valeu o apelido Antônio Derruba.

Essas informações revelam que os serviços requeriam força física e muita energia, pois não havia meios mecanizados de auxílio nos carregamentos. Existia o ponto dos changadores, mas também muitos perambulavam pela cidade, à cata de atividade. É o caso, por exemplo, de "Caxangá", que vivia cantarolando pelas ruas da cidade, à procura de carregamentos, um dos tipos populares mais conhecidos de Corumbá (Báez, 1964, p. 130-131).

Entre outros carregadores, fazemos referência a um nortista, conhecido por Carneiro, que no começo do século XX, após servir no 14º Batalhão, sediado em Corumbá, resolveu fixar-se, formando família, com numerosa prole, e transformou-se em carregador. De seu modo de viver, ressalta-se a presença da mulher, Maria, que aturava as suas impertinências pelas ruas da cidade, especialmente, nas ocasiões em que bebia, quando se tornava prosa, puxando conversa com qualquer pessoa em suas andanças (Báez, 1964, p. 130-131).

Havia também o Jacob, tratava-se de um italiano cuja principal atividade era recolher lenha para as casas de família ou bares. Esta era uma atividade importante, pois as famílias necessitavam da lenha para os fogões e a adquiriam desses carregadores. O italiano freqüentava os bares para beber uma cachaça e jogar baralho, inclusive com pessoas de certa posição social. Em razão disso, houve um período em que se espalhou o rumor de que se tratava de um espião russo, disfarçado de mendigo (Báez, 1964, p. 130-131).

A atividade de lenheiro era importante para a cidade, tanto quanto a dos aguateiros para o abastecimento de água, conforme já mencionamos no capítulo 4, e muitos trabalhadores se especializavam nela, uma vez que obtinham a lenha nas matas próximas à cidade. Além do italiano, encontramos um português, de nome Miguel, dedicado exclusivamente a essa tarefa. Morava ao pé do morro, de onde tirava a lenha e a conduzia, nos próprios ombros, para a freguesia.

Esse português, natural do arquipélago de Cabo Verde, acabou sendo conhecido pelo apelido que designava sua terra. Chegou a Corumbá no início do século XX, com outros quatro conterrâneos[17]. Trabalhou primeiro como maquinista de um navio e depois se dedicou à atividade de lenheiro. Apesar de ser magro, parecia de resistência física impressionante, tanto que se dizia ter falecido com 116 anos. O memorialista Báez fecha suas observações afirmando que foi um herói anônimo da grandeza da terra corumbaense (1964, p. 133).

Muitos desses changadores tornaram-se mendicantes na velhice, juntando-se aos demais já existentes. Entre as figuras populares nessa condição, mencionamos a Piuvinha, uma velha pequena e magra, que perambulava pelas ruas, sempre descalça, exibindo seus pés. Gostava de dançar o "cavalo marinho" e vivia catando vidro pelas ruas, afirmando que eram brilhantes. Era uma senhora secular, pois tinha mais de cem anos quando faleceu, por volta de 1912. Afirmava-se que havia nascido no século XVIII, vivido todo o XIX, vindo a falecer no século XX (Báez, 1964, p. 119-122).

É importante ressaltar que vários desses trabalhadores do setor de serviços gerais haviam exercido atividades formais antes de desenvolverem trabalhos temporários e mesmo informais, o que revela que tinham necessidade de rendimentos para sustentar a família com esses ganhos. Apesar dos discursos sobre a necessidade de destinar esses trabalhadores para atividades mais sistemáticas e organizadas, de forma a ocupá-los integralmente, de fato, muitos já haviam passado pela experiência do trabalho regular, na condição de marítimos, nas oficinas do Arsenal da Marinha ou mesmo ao serviço do Exército. A ausência de maiores alternativas de trabalho no comércio, na indústria e mesmo a falta de sistema previdenciário são fatores, entre outros, que os obrigavam a buscar formas de sobrevivência. A criatividade dos trabalhadores pobres, contudo, há que se considerar, estava associada também às necessidades da comunidade, era o caso do abastecimento de lenha, que os trabalhadores retiravam das matas nas imediações da cidade, ou mesmo dos carregamentos d´água.

Esses trabalhadores irrompem nas esquinas, pelas ruas, marcam presença significativa nas tavernas e nos jogos de ruas, promovendo disputas: corridas de cavalos, de burros e de carroças. Constituem, aos olhos da elite local, camadas perigosas, por insistirem em não se enquadrar nas normas do trabalho capitalista, disciplinado, com horários fixos. Essa cobrança, como se conhece, foi muito mais intensa ainda nos grandes centros urbanos. Em Corumbá, referências mais explícitas desse processo de disciplinar e controlar o trabalhador aparecem claramente com relação aos vendedores ambulantes. Estamos diante de duas visões sobre o trabalho, fundamentadas em referenciais distintos. O trabalhador independente orienta seu tempo pelas tarefas, tende a não fazer separação entre "trabalho" e "vida". Assim, as relações sociais e o trabalho apresentam-se misturadas, não há senso de conflito entre o trabalho e o "passar do dia". Concepção bem diversa possui a sociedade capitalista, o empregador usa o tempo de sua mão-de-obra e cuida para que não seja desperdiçado: o valor tempo é reduzido a dinheiro. Ao trabalhador, é imposta a disciplina, exigidas a regularidade – presença no local de trabalho - e a quantidade estipulada de horas diárias, controladas pelo relógio. Portanto, aos olhos dessa sociedade, a atitude dos trabalhadores independentes para com o trabalho parece perdulária. Os trabalhadores independentes são mal vistos e tidos por ociosos[18].

Existia o discurso veiculado na imprensa quanto ao tipo de trabalhador útil às formas capitalistas de trabalho, e concomitante a crítica a certas atividades, como a dos vendedores ambulantes, desqualificando os trabalhadores a elas vinculados. O artigo intitulado "Vendedores em taboleiros", publicado pelo jornal *Tribuna*, fazia menção aos produtos que esses trabalhadores distribuíam, em pequenas quantidades (frutas, legumes, rapadura, doces etc.), auferindo poucos mil-réis. Criticou o fato de serem homens fortes e robustos e que poderiam empregar-se em outros ramos de negócio, infere-se, do trabalho disciplinado, e lamentou que em Corumbá houvesse tanta falta de braço, de trabalhadores para ocupações diversas e simples. O articulista busca a explicação do comportamento desses homens em conceitos do darwinismo social, referindo-se a eles nos seguintes termos: "É uma classe de degenerados e cada um apresenta os sinais patognomônicos de uma enfermidade, incipiente ou não, porém que vem de longa data, vezes mostrando o grau de civilização de um povo, outras atestando a ruína de uma época" (n. 114, 3 ago.

1912, p. 1). São trabalhadores que não estavam submetidos à disciplina formal do trabalho capitalista e garantiam sua sobrevivência a partir de diferentes estratégias.

Os trabalhadores ambulantes, ou vinculados às atividades gerais e temporárias, freqüentemente eram identificados como sendo vadios e vagabundos. Essa imputação de indolência é um outro viés das teorias raciais e climáticas. Atribuía-se ao clima e à natureza o pouco desenvolvimento do homem americano, ou seja, tendo facilidades para sobreviver em função da pesca, da caça, o homem permanecia em estado não civilizado. Apesar de se tratar de uma concepção formulada e veiculada no início do século XIX, seus ecos pareciam ainda se fazer sentir em Mato Grosso, e continuava a ser implicitamente utilizada, conforme manifestações de autoridades, caso de Presidente de Província em relatórios oficiais[19].

Ao referir-se ao futuro de Mato Grosso, João Severiano da Fonseca previu grande destino, enaltecendo suas riquezas que, no seu entender, estavam bem à vista de todos. Contudo, não confiava em seu povo:

> É só trabalhar para colhê-las e reduzi-las a dinheiro, à indústria, a comércio, a progresso, à civilização, a bem-estar, à grandeza. É só atividade e esforço. Tome o governo a iniciativa, já que o gênio peculiar a seus habitantes não lhes permite, e principie-se a colher, o mais breve possível, essa gigantesca opulência do porvir (1986, p. 170, v. 1).

É dessa perspectiva que o relatório de 1877 da Câmara de Corumbá apontava a indolência como uma das causas do pouco desenvolvimento da lavoura no município, cuja origem identificava na riqueza do solo. Complementava a idéia afirmando que "a fome ainda não obrigou ninguém buscar trabalho". Nesse sentido, comentava que alguns produtos que eram importados, como o arroz, o feijão e açúcar, poderiam ser melhor produzidos no próprio estado. Para o presidente da Câmara, a solução estaria numa boa lei sobre locação de serviço; dessa forma, "a Sociedade lucraria muito e veria cedo convertidos os vagabundos em homens proveitosos a Pátria e a si mesmos" (RPCMP, 1877, Livro 205, fl. 14, ACMC).

Essa mesma maneira de ver os habitantes de Mato Grosso é apresentada pelo viajante Cônego Vicenzi:

> Alguém falando-me de um modo geral, assegurou-me que em Mato Grosso, mais de que em qualquer outro Estado, há muita indolência. E querem saber, a quem atribuía a culpa? Dizia-me ele, com certa graça e sem maldade, que a culpada era a divina Providência. Com efeito: nos matos há grande quantidade de frutas gostosas e alimentícias; por toda parte há caça prodigiosamente abundante; os rios fornecem peixe a quem não quer. Para que então trabalhar tanto? ([1922], p. 103).

Essas falas se completam. Havia um viés do discurso etnocentrista, que imputava a um povo qualidades positivas ou negativas, como se lhes fossem inerentes. Por exemplo, a civilização era identificada, de modo geral, com o europeu; já a barbárie, com os demais povos, enquadrando-se nesse viés os paraguaios, os negros, os índios etc. Contudo, esta divisão não dava conta da realidade, pois existiam também os estrangeiros europeus que se embriagavam, cometiam crimes, não tinham trabalho fixo, participavam de greves... É quanto a esse aspecto que o discurso ganha sua verdadeira face: o que se desejava de fato era o trabalhador disciplinado, que aceitasse as formas capitalistas de produção e que a elas se submetesse inteiramente, sem questionamentos. Daí, os discursos da apologia do trabalho.

É hora de retornarmos aos ambulantes, esses insistentes trabalhadores que não deixam a cena da cidade, da rua, apesar de indesejados por alguns de seus setores. A presença dessas pessoas deixou marcas, ainda que esparsas, estando a principal delas na lembrança de moradores. Alguns se tornaram conhecidos pela população, fizeram um tipo, diferenciaram-se pelo estilo de vender, passaram a ser reconhecidos.

Dentre os trabalhadores ambulantes, podemos destacar Aquidabã, que chegara a Corumbá, como soldado, em 1903. Foi um típico vendedor de bolo de arroz, doces e quitutes fabricados por ele mesmo. Levava seus produtos num tabuleiro de madeira sobre a cabeça, protegida por almofada ou panos enrolados. Carregava um tripé para apoiar o tabuleiro por ocasião da venda ou descanso. Uma de suas características, marcante, era a forma como anunciava seus produtos para atrair a freguesia: por meio de um fone de lata, de forma humorada, em prosa ou verso, ou cantando modinhas antigas e dolentes.

Contudo, Aquidabã não era conhecido apenas enquanto figura típica de vendedor, mas também pela festa que promovia anualmente, em junho, em homenagem a São João Batista, em razão de promessa feita ao Santo[20]. Promovia novena noturna em sua casa, seguida de festa, com fartura de comida e bebida, sendo grande a participação da vizinhança, o que não lhe garantia sossego junto à molecada.

Nem por isso Aquidabã escapava da importunação da molecada de rua. Que, ao vê-lo, chamava-o pelo apelido de "barba de bode" ou de "gambá colhudo", devido à longa barba e a rendidura que possuía.

Diante de tais circunstâncias, o velho se enfurecia e desancava seus detratores com os mais horríveis palavrões deste mundo (Báez, 1964, p. 120-121).

O reconhecimento de sua importância pode ser avaliado, de certa forma, quando de seu falecimento, por volta de 1949, segundo alguns, em idade bem avançada, com 110 anos, ocasião em que se fez o seu necrológio em sessão da Câmara Municipal, e esta também custeou seus funerais, em carro de primeira classe.

Outros produtos vendidos pelos ambulantes e procurados pela população eram as verduras, as frutas e os legumes. Um de seus vendedores era Ulisses Salvador, mais conhecido por Cabeça Gorda, que resolveu fixar-se em Corumbá, após deixar o serviço militar, onde era corneteiro. É daí que vem sua fama, pois, bom clarinetista, animava os carnavais corumbaenses, além de comícios e passeatas políticas, tornando-se muito conhecido do povo (Báez, 1964, p. 134). Esses homens, portanto, possuíam outras formas de integração na sociedade, especialmente, no espaço da rua, das comemorações populares, entre elas o carnaval. Criavam espaços de sociabilidade.

Outra personagem típica de vendedor ambulante, do início do século XX, foi o negro Leopoldino. Vendedor de bucho limpo e aferventado. Em foto editada no *Álbum Gráfico* (1914, p. 50), aparece usando chapéu, vestido com calça branca e um casaco preto que batia à altura dos joelhos, apesar do calor que geralmente faz em Corumbá. Leopoldino apresenta-se conduzindo sua mercadoria em latas de vinte litros, dependuradas nas extremidades de um varal, sendo que, na mão esquerda, carrega um saco de pano, praticamente vazio. Outro aspecto chama a atenção, embora sua atividade requer que caminhe pelas ruas da cidade, está descalço, o que revela a sua condição de pobreza. Como anunciava seu objeto de venda aos gritos de "bucho gordo", assim passou a ser conhecido (Figura 8).

Quando sua mercadoria típica escasseava, substituía-a por peixe fresco, também conduzido nas mesmas condições. Além disso, Leopoldino recorria à venda da bocaiúva, fruta saborosa e nativa, existente em abundância na periferia da cidade, a qual carregava em sacolas. Essas alternativas são exemplos de como a criatividade e a utilização de produtos obtidos por baixos custos ajudavam os pobres na sobrevivência.

Conforme Renato Báez (1986, p. 32-33), Bucho Gordo também fazia tipo ao anunciar seus produtos, com o intuito de comunicar-se e chamar a atenção da freguesia:

> Quando saía vendendo peixe, Leopoldino anunciava assim: "Olha o peixe!" Se o pretendente fosse homem, ele, de imediato, completava: "Fresco!", supostamente para brincar com o freguês. Caso a interessada fosse mulher, ele, está claro, variava para "Peixão!", como um deslumbrado ante a beleza ou a esbelteza na candidata.
>
> Havia uma particularidade: a cada dia 20 de setembro, consagrado à data da unificação da Itália, para brincar ou pilheriar com a numerosa colônia italiana em Corumbá, Leopoldino se exibia cantarolando pelas ruas da Cidade Branca, declamando versos de sua autoria, como estes:
> Viva Garibaldi!
> Vitório Emanuel
> Viva o macarrão,
> embrulhado no papel!

Todavia, pelo que nos relata o memorialista Báez, esta não era a única estratégia de Leopoldino para obter recursos para sua família. Uma outra, não tão convencional, foi também utilizada pelo vendedor. Andarilho, observador e ouvinte, também muito prosa, conversador e comunicativo acabava tomando conhecimento de hábitos de alguns moradores da cidade e detinha informações que nem todos gostariam que fossem divulgadas. Há, por parte dele, um conhecimento da vida privada alheia. Assim, envolvia-se na vida de pessoas de destaque social da cidade, certamente tentando extorquir dinheiro ou vantagem dos cônjuges "infiéis", guardando-se de revelar suas aventuras amorosas extra-conjugais. A figura de Leopoldino era tão conhecida que foi representado por um figurante nas peças de teatro apresentadas no colégio Santa Teresa, dos padres Salesianos.

Muito popular foi também o vendedor Agostinho Peixeiro, um nortista, alto, magro e conversador. Trajava-se com camisas listradas e rústicas e calças curtas, até as canelas. Percorria diariamente as ruas centrais de Corumbá, conduzindo sua mercadoria acondicionada em caixotes presos à sua montaria, um burrinho branco, manso, que conhecia a freguesia e o dono. Pela manhã, Agostinho vendia peixe fresco e à tarde, peixe frito, que anunciava: "Peixe frito, bóia da noite!" Assim, diferenciando sua estratégia de venda, mostrava sabedoria no aproveitamento de sua mercadoria, com o mesmo produto diversificava sua atividade e criava uma alternativa a mais para complementar seus ganhos.

Agostinho, contudo, participara de forma atuante da vida da cidade em outras atividades e tinha muitas histórias. Antes de tornar-se vendedor ambulante, chegou a ser Cabo do Exército, isso nos primeiros anos do século XX, ocasião em que foi colega de Getúlio Dorneles Vargas, então servindo em Corumbá. Um dos episódios que se contava é que numa noite, o então Cabo Agostinho, que comandava a patrulha militar do Exército, foi convocado para apartar uma briga num baile realizado na região conhecida por Trincheira e freqüentada por militares, cabos e soldados. De sua intervenção no tumulto, sobraram algumas sabradas ao seu colega Cabo Getúlio Vargas. Agostinho, na década de 1930, gabava-se da amizade do estadista (Báez, 1964, p. 121-122).

Importa registrar como esses vendedores constituíam seus espaços de sociabilidade. A rua era um deles, fazia parte de seu lazer. Inclusive, em atividades proibidas pelas posturas municipais, como corridas de burros em plena avenida. As tavernas e os jogos de cartas eram outras formas de seu cotidiano e espaço de lazer, que ajudavam a aliviar as tensões do dia. Não perdiam oportunidades de inserção também nas atividades populares, como as festas de S. João e as demais religiosas/profanas.

As referências que nos chegam são desses tipos mais populares, mas certamente havia outros tantos que levavam a vida de forma mais anônima. Apesar de sofrerem discriminação, foram esses trabalhadores que, em grande parte, asseguraram o funcionamento de diversos serviços, prestaram funções de suporte à construção e ao comércio, sem os quais, portanto, não é possível pensar a rotina urbana de Corumbá no início do século XX.

Havia também contratação de trabalhadores para serviços específicos e temporários, ligados a atividades de ordenação da cidade. A prática de apreensão de animais aparece em alguns momentos. Em junho e julho de 1883, constam recibos de pagamentos a cinco trabalhadores por serviços de recolher porcos pelas ruas. Esses trabalhadores receberam mil réis por dia em média, sendo contratados por dois a cinco dias. Também eram contratados para recolher animais doentes ou mortos, e a orientação do fiscal municipal era para que os lançassem no meio do rio Paraguai, como um caso em maio de 1885 de um burro com peste das cadeiras, pois não se sabia quem era o dono.

O senhor José Florencio da Silva aparece duas vezes citado nos recibos, num curto período. Analfabeto, tem os recibos assinados por um terceiro. Tratava-se, possivelmente, de um homem habituado a trabalhos temporários, aos chamados "bicos". Dos cinco trabalhadores, três eram analfabetos. A presença de dois alfabetizados nesses serviços, considerando que se tratava do final do século XIX, 1883, leva-nos a inferir que havia de fato dificuldades de alternativa de trabalho ou tratava-se de pessoas recém-chegadas à cidade.

Também constatamos que nesses trabalhos de recolhimento de animais, eram envolvidos menores, presumivelmente, em atividade menos complexas e de menor risco. Em agosto de 1883, cinco meninos que não sabiam ler foram contratados por um dia para pegar cabras pela cidade (Recibos, 1882, 1883, ACMC). Esses casos revelam utilização de mão-de-obra barata, mesmo de menores, sem qualificação alguma e sem qualquer vínculo de emprego.

Em editorial intitulado "Pro' Labor", o *Correio do Estado* faz a defesa do trabalho como fonte de riqueza, considerando esses dois termos como sinônimos. Para reforçar seu ponto de vista, lança mão de um argumento de autoridade, menciona o autor Bernardino José Borges:

A origem de toda a riqueza é o trabalho estimulado pelas necessidades e pelos deveres do homem. A indústria é o seu fundo; o trabalho a sua aplicação ou emprego; a riqueza o seu resultado; a satisfação de suas necessidades e gozos o seu fim imediato ou primitivo; a sua independência o seu último desideratum (n. 5, 26 maio 1909, p. 1).

Completando esse discurso, ao enaltecer o trabalho, utiliza-se de figurativização associada ao poder e à religião, como que lhe atribuindo caráter de divino. Daí, as imagens: "cercar de prestigio e garantias o trono augusto do trabalho, em que assenta a prosperidade universal". As palavras do autor mencionado pelo periódico são interpretadas como "um hino que entoava à santa instituição". Assim, atribuía poderes de realização ao trabalho, de transformação, equiparados à criação divina; daí, o lugar social do trabalho, um trono a ser enaltecido, uma santa instituição. O trono é a indústria. Ela deve ser cercada de garantias e de prestígio, e a melhor forma de fazer com que isso ocorresse, era impor a disciplina do trabalho à população.

Fica explícito que o autor não se refere especificamente ao produtor direto, o trabalhador, mas às atividades econômicas em geral, como o comércio, as indústrias e profissões. O periódico manifesta sua identificação com esse discurso ao assumir como um dos seus objetivos: "Animar, portanto, o trabalho, influir para que surjam vigorosos, na vasta região mato-grossense, todas as grandes manifestações da atividade, no comércio, nas artes, nas indústrias, será um dos cuidados que teremos na satisfação do nosso escopo" (*Correio do Estado*, n. 5, 26 maio 1909, p. 1). Tanto que, ao final do editorial, o periódico propõe-se a visitar os estabelecimentos artísticos e as indústrias de Corumbá e a divulgar sua produção, o que, de fato, não constatamos na seqüência das publicações.

Diante de tal enaltecimento, a contrapartida era a condenação da ociosidade. Poucos meses depois, o mesmo periódico manifestava preocupação com o fato de que se estavam constituindo focos de vadios e vagabundos, tanto na capital Cuiabá como em Corumbá. Informava que havia na cidade certo número de recalcitrantes vagabundos, que já haviam estado na cadeia por uma ou outra falcatrua.

A qualificação dessa população como uma das "pragas da sociedade e o embrião de crimes contra a segurança individual e de propriedade", argumentação veiculada no editorial "Colônia Correcional" não deixa dúvidas sobre a forma como o periódico os via e a solução para a questão: "A prisão sem trabalho nessa classe de impenitentes infratores, não produz abalo algum capaz de os modificar ou corrigir". Na visão do editorial, não bastava a prisão simples para se reprimir a vadiagem e alterar o comportamento desses homens. Defendia a idéia de que era urgente e necessária a fundação de uma colônia correcional agrícola para Mato Grosso, na qual, os presos teriam que trabalhar, para se modificarem e se corrigirem (*Correio do Estado*, 23 jun. 1909, p. 1).

Observarmos que o editorial do *Correio do Estado*, redigido em 1909, faz referência a um relatório de 1871, do chefe de polícia do Rio de Janeiro, sobre a necessidade do trabalho e da disciplina para recuperar presos. Essa temática tem relação direta com o processo de controle e disciplinarização das populações urbanas, especialmente nesse período no Brasil, em razão da instituição do trabalho livre e da presença dos ex-escravos e imigrantes. Embora, em Corumbá, predominasse o setor do comércio, nem por isso a preocupação com a disciplina e o controle da mão-de-obra foi menor, estava presente nos discursos de autoridades públicas, de viajantes e nos editoriais dos periódicos.

Um olhar sobre as quatro décadas, entre as duas referências mencionadas, revela que, em Corumbá, a questão do enquadramento e controle dos trabalhadores livres às novas exigências do sistema capitalista, não aconteceu como as autoridades desejavam. Nos anos 1870, mencionamos que a cidade recebeu muitos trabalhadores estrangeiros e que parte deles, especialmente os paraguaios, era considerada ociosa. Em todo período, a população pobre, sem muitas alternativas de trabalho, sobrevivia prestando serviços indispensáveis à manutenção da infra-estrutura urbana. O estilo de trabalho independente, informal, que resistia aos enquadramentos rigorosos de horários, assiduidade, criava um modo de vida e de estar na cidade. Este se diferenciava dos projetos e desejos das elites comerciais dominantes, que, por sua vez, não deixavam de utilizar mão-de-obra barata, que tais trabalhadores representavam.

QUADRO 4 - ATIVIDADES ECONÔMICAS – CORUMBÁ

ATIV. ECON.	1873	1893	1899	1908	1911
Casas Comerc.	23	19		24	42
Armazéns					17
Carroças/Carro		13	14		87
Embarcações		32	38		41
Chalanas					53
Tabernas	44	72	70		82
Bilhares	2		3	3	3
Padarias	2		5	4	6
Hotéis			3	3	3
Restaurantes				3	4
Açougues	3	8		9	9
Farmácia			3	3	2
Alfaiataria	3	5	4	3	8
Ourives/Rel.	1		4	5	5
Sapataria	2	6	5		3
Ferraria	1		4	2	4
Funilaria	1			3	3
Fornos de Cal			2	5	4
Olaria			3	3	5
Extr. Areia					5
Carpintaria			4	5	8
Serraria Vapor				1	3
Estaleiros				2	2
Tipografias			3	2	2
Barbearia					8
Tinturaria				1	
Livraria				1	2
Foto				2	1
Médicos			3	7	3
Dentistas			2	2	1
Advogados			2	4	5
Despachantes		7			5
Construtores/			6	6	7
Espingardeiros					3
Fábricas			3	7	17

Fontes:
1873 – Corrêa, V.; Corrêa, L. e Alves, G. *Casario do Porto* (1985, p. 43).
1893 – Corrêa, L. *Corumbá um núcleo* (1980, p. 85). Relação de contribuintes incompleta, muitos sonegavam.
1899 - *Almanack Corumbaense para 1899* – Notas sobre Corumbá.
1908 - *Ofício da Intendência de Corumbá ao Presidente do Estado* (Lata 1908 "D", Maço: Intendência e Câmaras Municipais. APMT).
1911 - *Correio do Estado* (n. 169 e n. 170, 16 e 19 de fev. 1911).

Figura 8 - Leopoldino "Bucho Gordo"
Fonte: *Algum Graphico do Estado de Mato-Grosso*, 1914, p. 50.

7. Festas e lazer no espaço urbano: modernização e conflitos

Esse povo do século XIX tem o sentimento muito forte de que o espaço público lhe pertence. Tudo o que ele pede é poder utilizá-lo à sua vontade, de modo indiferenciado, capaz de aceitar uma certa desordem.

Michelle Perrot
Os excluídos da história

A população de Corumbá, expandindo-se na amplidão dum parque, passeando, ouvindo musica, dará a idéia duma pessoa muito tempo encerrada num subterrâneo e que volve para a luz!

Gavião
Correio do Estado, 1909

As práticas de lazer das camadas populares de Corumbá estavam, com freqüência, associadas ao trabalho que desenvolviam, a suas atividades de sobrevivência, revelando uma relação próxima entre esses universos. Não submetidos a um horário rígido e à disciplina da fábrica, os trabalhadores que circulavam pelas ruas ou atuavam em embarcações pelas águas do rio encontravam nesses espaços também seu divertimento. Momentos sem freguesia ou sem mercadoria eram propícios para desencadear lazer.

Várias dessas práticas não eram bem vistas pelas elites e autoridades, nem eram condizentes com o espaço urbano civilizado que estas almejavam construir, pois interferiam na ordem, na moral, representavam ameaças aos transeuntes e à imagem de progresso pretendida. As mais diversas justificativas motivavam as interferências do poder público. Algumas atividades geravam conflitos entre diferentes segmentos da população, inclusive tornando-se excludentes.

Era o caso, por exemplo, do banho nu às margens do rio na região do porto da cidade. Em pequeno artigo intitulado "Reclamação", o *Correio do Estado*, em junho de 1909, dizendo expressar-se em nome dos moradores da região portuária, manifestava sua indignação contra o hábito do banho nu que ocorria diariamente, ao cair da tarde, no Porto Geral da cidade, portanto, junto à rua do Comércio, expressando-se nos seguintes termos:

> Acontece, porém, que certos indivíduos, alheios a todo sentimento de decoro social, servem-se do rio para banhar-se, completamente nus, das 4 às 6 horas da tarde, nas praias e a bordo das embarcações, justamente nas horas em que torna-se mais aprazível um passeio naquela rua.

As famílias que ali residem ficam privadas até de aparecer à janela, para não presenciarem um espetáculo que ofende a moralidade pública, que desmente os nossos foros de cidade que progride, e que representa para quem o pratica o desconhecimento completo das normas de civilidade (n. 9, 9 jun. 1909, p. 1).

O espaço do Porto, que era o local de trabalho dos chalaneiros, barqueiros, marítimos, carregadores, lavadeiras, carregadores de água, também servia de lugar de banho e lazer para muitos trabalhadores. Essa forma de uso implicava em conflito com outros segmentos sociais, como as famílias, que também poderiam utilizá-lo para seus passeios, os viajantes e comerciantes. O periódico caracterizava a rua do Comércio como de belo aspecto, com grande movimento de negócios e temperatura agradável em função da brisa que vinha do rio, tudo concorrendo para que se tornasse um centro alegre, "onde se respire a vida das cidades adiantadas".

A desaprovação a esse tipo de diversão revela que parte da sociedade desejava uma reformulação dos costumes, especialmente daqueles identificados com o atraso e tidos por incivilizados. Daí alegar-se que não ficava bem esse procedimento numa cidade que desejava ter foros de civilizada e adiantada. Essa parece ser a alegação fundamental, além de ferir a suscetibilidade das famílias, ofender a moral. A disputa por esse espaço e seus usos era antiga, pois as primeiras referências na imprensa, sobre reclamações com relação a banhistas nus no porto, datam de 1882 (*O Iniciador*, n. 26, 2 abr. 1882, p. 1). Tratava-se de hábito cultural arraigado e difundido por outras regiões.

O hábito de nadar nu, de banhar-se sem trajes não era característico apenas de Corumbá, há referências a sua prática em várias regiões do então estado de Mato Grosso e perdurou até as primeiras décadas do século XX, também na região da capital, Cuiabá. Sobre esse aspecto Lara Antunes Maciel cita o artigo "Reparos" de *O Debate*, 07 de novembro de 1913, que trata dos banhos no rio Coxipó, e comenta que esse hábito também era cultivado por parte da população "culta" e de "elite", e que a permanência dessa diversão e os ataques que sofria revelavam o "descompasso entre a intenção reformadora dos costumes e sua efetiva transformação ou extinção" (1992, p. 74-75).

A persistência do hábito pode ser avaliada pelos comentários do Cônego Vicenzi, que o registra em sua viagem de 1918, quer às margens do rio Paraguai, ao longo de seu percurso, não especificando o local, como também em Cuiabá e em suas proximidades, caso de Coxipó da Ponte. Manifesta sua surpresa em constatar esse hábito em um país civilizado e comenta que quanto mais se afastava da civilização, mais sentia que a moral se enfraquecia, assim como a religião. Outro aspecto que ressaltou em suas observações foi a naturalidade com que os rapazes e homens banhavam-se, em plena luz do dia, sem se importar com os transeuntes. Destaca que no Porto de Cuiabá, esses banhos ocorriam em meio às atividades das lavadeiras, e assim nos descreve suas impressões:

> No porto de Cuiabá, logradouro público, ponto de passagem continua para a margem oposta, dá-se muito a miude o seguinte: rapazes e homens, sem o mínimo traje, entram e saem do rio, muito frescamente, como se eles fossem os dominadores do mundo. E note-se que não são as horas mortas, em que não haja probabilidade de indiscretos e pouco escrupulosos espectadores. Pelo contrario, eles têm seus assistentes habituais: são as lavadeiras meio vestidas, e meio despidas, no meio das quais, e de dia, passam e voltam com a maior liberdade talvez do que aqueles que vivem enchafurdados no fundo dos[...] (Vicenzi, [1922], p. 112).

O viajante manifesta seu repúdio à cena, a seu ver incondizente com a moral, os bons costumes e o grau de civilização do país. Contudo, um outro elemento destaca-se: apesar de apontar a existência de espectadores, assinala que as lavadeiras desenvolviam normalmente seus trabalhos, também elas meio despidas. Pelo relato, entende-se que agiam com indiferença à presença dos homens e rapazes. A surpresa, portanto, fica mesmo por conta do viajante, que inclusive manifesta que nunca havia imaginado presenciar semelhante cena. Em sua análise, como já vimos, afirma que quanto mais se afastava do centro civilizado, mais percebia que o sentimento religioso e, por conseguinte, da justiça e da moral eram menores. Utiliza-se inclusive dos verbos "ver" e "apalpar" esse enfraquecimento (Vicenzi, [1922], p. 112).

Há, portanto, para o autor, um *locus* da civilização, o litoral, do qual provinha, e o meio urbano. Quanto às regiões mais afastadas, ao chamado sertão, ao interior, caracteriza-as como o lugar da barbárie[1]. Associa o sentimento religioso - entenda-se, das práticas católicas - ao da civilização, em razão de modelar comportamentos segundo um certo padrão aceito nos meios europeus, desconsiderando, nesse caso, a religiosidade indígena e dos negros africanos. Cabe lembrar que o banho nu é um componente cultural das nações indígenas.

Outro elemento significativo da afirmação do viajante foi sua interpretação da atitude dos homens de, livremente, entrar e sair do rio sem trajes, como se eles fossem os "dominadores do mundo". Essa interpretação do Cônego, certamente, está associada a uma outra afirmação que fez sobre os sentimentos religiosos dos mato-grossenses, considerava-os poucos significativos. Daí, um comportamento moral não submisso à normas rígidas e pouco afeitos a seguir preceitos religiosos.

A figurativização mencionada possibilita outra leitura, revela o que estava em jogo na sociedade naquele período: subordinar o trabalhador e seu tempo ao domínio do capital que se realiza na cidade. É recorrente, no período, a tentativa de normatizar o comportamento do trabalhador, enquadrá-lo aos padrões de disciplina e de controlar seu tempo. Assim, ser dono do mundo significava o poder do trabalhador sobre o seu fazer e o seu tempo, um privilégio reservado apenas aos donos do capital. Dispor da mesma maneira que estes, era uma afronta, exatamente o oposto do que as novas exigências urbanas, inseridas no sistema disciplinar capitalista, requeriam. Na fábrica, no comércio, na construção civil... o tempo é do patrão. O trabalhador não é nem senhor do mundo, nem de si, pelo menos não deveria, sob a ótica então em implantação.

Se o rio, associado mais freqüentemente à natureza e ao sertão, é um espaço que merece ser vigiado, muito mais as ruas da cidade requeriam o controle. Um dos hábitos combatidos era a disputa de corridas de cavalo, burro e carroças pelas ruas. Em artigo "Corridas Perigosas", de fevereiro de 1909, o *Autonomista* reiterava o pedido às autoridades, para que tomassem providências, expressando-se nesses termos:

> Temos, por várias vezes reclamado da autoridade competente as providências necessárias a evitarem o abuso, que freqüentemente

se repete, de fazerem galopar e disparar pelas ruas da cidade animais montados, tiradores de carroças ou tocados por diante.

Nos primeiros tempos, após as reclamações e medidas tomadas cessam as perigosas corridas; mas, depois voltam elas com a mesma imprudência, com o mesmo desrespeito à lei e às ordens expedidas. Temos visto, seguidamente, indivíduos correndo a cavalo e carroceiros metendo os veículos à disparada, em apostas pelas ruas (n. 181, 6 fev. 1909, p. 2).

A principal reclamação do periódico era quanto ao perigo que essas corridas e apostas significavam para as crianças e a população. Menciona que eram práticas recorrentes e apenas cessavam temporariamente, após algumas denúncias, mas retornavam com a mesma intensidade. Conclamava para que o delegado de polícia e o intendente geral segurassem os infratores e impusessem a multa prevista pela lei. Expressava o interesse em que as medidas fossem constantes, e não paliativas.

Havia situações em que, por exemplo, a correria de animais pelas ruas não se caracterizava como disputas, eram tropas de burros e cavalos levadas pelos seus condutores, com destino a cocheiras ou a bebedouros. No referido artigo, mencionaram-se dois casos de crianças que quase foram pisoteadas pelas patas de animais tocados atropeladamente pelos seus condutores, pois a tropa, inclusive, subiu na calçada.

Tais relatos nos mostram que a presença dos animais pelas ruas era freqüente e sempre havia a participação de carroceiros, de condutores ou mesmo de vendedores nesse fato. Os animais constituíam-se, para esses trabalhadores, não só em instrumentos de trabalho, mas também em possibilidade de diversão e lazer. Os homens não dissociavam as atividades, conforme requeria a racionalidade que se tentava implantar no meio urbano. A rua era espaço de sociabilidade. É dessa dimensão que Michelle Perrot comenta a forma como os trabalhadores pobres vivenciam, experimentam a cidade e conclui que: "Essas pessoas têm uma capacidade surpreendente de aproveitar as potencialidades da cidade, não apenas pelo ângulo econômico, mas como local de prazeres" (1992, p. 116).

Agostinho peixeiro, vendedor ambulante, mencionado no capítulo anterior, possuía um burrinho branco para desenvolver suas atividades, mas também o colocava para disputar corridas. Conta-se que em uma dessas corridas, realizada na avenida General Rondon, o burrico do Agostinho, em plena carreira e liderando a peleja, de repente, estancou em frente a uma casa - tratava-se de um dos fregueses do peixeiro. Condicionado a fazer suas paradas diariamente, desta vez, deixou o dono de mãos abanando. Além de conhecer a freguesia, o burrinho também conhecia o dono e o vigiava, não o abandonando nas ocasiões de maior pileque, uma vez que Agostinho era freqüentador assíduo das tavernas (Báez, 1964, p. 121-122).

A presença desse tipo de diversão tendia a ser regulamentada e restrita a espaços específicos. Conforme registra Renato Báez, a cavalhada era uma das diversões favoritas dos corumbaenses. Uma das primeiras touradas de que se tem notícia data de 1890, no antigo largo da cadeia (praça Uruguai), organizada por poconeanos. Menciona outras realizadas em terrenos centrais e também numa cancha para corridas de cavalos, na rua 13 de Junho. Contudo, foi em espaços fechados, no início do século XX, que ocorreram as cavalhadas ou touradas tornadas célebres. Eram realizadas no ex-cinema Odeon, em rua central, a Frei Mariano. Os toureiros exibiam-se para uma platéia ávida de emoções e domavam animais bravios. Conta inclusive um episódio em que um negro alcoolizado, vestido de saco, entrou na arena para recolher os níqueis atirados pela platéia e quando o touro foi solto, não o atacou, ajoelhando-se frente ao mendigo. O fato causou grande admiração e especulação: "de qual reza braba o bêbado se utilizou para se safar do perigo?"

Renato Báez comenta que, durante esses torneios, havia para o público uma série de gincanas, de passatempos, de brincadeiras, tais como atirar lança, tirar com a própria boca moedas de prata lacradas no fundo de bandeja ou frigideira, escalar o "pau-de-sebo", correr com ovo na colher etc., todas de grande agrado do povo.

Essas diversões eram realizadas em espaço delimitado e organizado, com profissionais vindos de outras regiões do estado ou de cidades do Prata. Com relação, mais especificamente, à cavalhada e à tourada, inclusive condenadas também como diversão pouco civilizada, eram pagas, com horários definidos, numa lógica já do espetáculo. Contudo, parece manter seu caráter popular, uma vez que o ingresso para esses eventos, em 1905, custava trezentos réis, valor provavelmente acessível a grande parte da população trabalhadora, pois os salários mais reduzidos giravam em torno de mil e quinhentos réis por dia.

Importa, contudo, registrar como os trabalhadores constituíam seus espaços de sociabilidade e assim retornamos à rua, espaço de trabalho, mas também de seu lazer, inclusive com atividades proibidas pelas posturas municipais, como corridas de burros em plena avenida. Existe nesse fator, uma noção de espaço privado que avança sobre o público, o que era característico dos trabalhadores normalmente não vinculados aos empregos formais.

A presença dos trabalhadores pobres nos grandes centros, particularmente Paris, é analisada por Michelle Perrot, que se interroga: que cidades eles querem e para fazer o quê? Considerando suas práticas, conclui: "Ter uma cidade aberta, morar no centro, circular e utilizar livremente o espaço público[...]" (1992, p. 116). Nessa perspectiva, a rua não é apenas espaço público de circulação, mas de encontros e também de desencontros, conflitos. As referências nos jornais e cronistas sobre conflitos, brigas e mortes são constantes.

As tavernas e os jogos de cartas eram outras formas de seu cotidiano e espaço de lazer, que ajudavam a aliviar as tensões do dia. A cidade de Corumbá sempre contou com um número grande de tavernas, em torno de setenta na última década do século XIX e oitenta em 1911 (Quadro 4). Estas eram subdivididas em duas categorias, de primeira e de segunda classe. As últimas representavam em torno de 80% do total e destinavam-se à venda quase que exclusiva de bebidas, especialmente, a água ardente. Tratava-se de outro espaço significativo da presença dos trabalhadores, tanto dos carroceiros, carregadores, como dos vendedores ambulantes, nas quais se praticava os jogos de mesa e baralho. O carregador de lenha Jacob, italiano, que entregava o produto nas tavernas, mencionado no capítulo anterior, era também um freqüentador desses espaços, especialmente para tomar os seus tragos de cachaça e jogar baralho, inclusive entre homens de certa projeção social (Báez, 1964, p. 119-122). As tavernas, portanto, eram espaços privilegiados de encontro, de sociabilidade entre diferentes segmentos sociais. Tal fato não era de todo bem aceito, causava estranheza, demonstrando que nem sempre essas relações eram compreendidas, tanto que geraram, por vezes, outras interpretações, como com relação ao próprio Jacob, comentava-se que se tratava de espião russo, disfarçado de mendigo.

As casas de jogos, também freqüentadas pelos trabalhadores, eram espaços objeto de vigilância, das quais temos as primeiras referências em periódicos no início da década de 1880. Registramos no jornal *O Iniciador*, sob o título "Providencias", manifestação de um morador contra o jogo (n. 13, 12 fev. 1880, p. 3-4). Dois anos depois, era a vez do próprio jornal, por meio de editorial, tecer censura às mesmas (n. 72, 17 set. 1882, p. 1). As questões relativas aos jogos de azar e a seu combate, sua inconveniência na perspectiva de formação de uma classe trabalhadora disciplinada, não perdulária e dedicada à família, ultrapassaram o século XIX. Logo nos primeiros anos do século seguinte, encontramo-las sendo tratadas pelo periódico *O Brazil,* em artigo de 13 de junho de 1904, "Observando - Jogo do Bicho", lamentava que essa prática estivesse de volta, disfarçada sob o nome de ação lotérica, nem transcorrido um ano das medidas enérgicas do General Cezar Sampaio no sentido de reprimi-la[2].

Em suas considerações, o periódico argumentava basicamente sob dois aspectos: os jogos arruinavam as famílias e eram coisa de gente esperta. Lembrava que o jogo levava a miséria aos lares, caindo o povo incauto nas afiadas garras dos esfaimados leopardos, que o povo honesto, a lutar com mil sacrifícios para viver, sofria com esse tipo de exploração. Destacava, também, que era proibido pelas leis do Brasil, e que sobre essa prática deveria se estender a ação salutar e benéfica da polícia.

É fato que os trabalhadores poderiam pensar em se divertir ou sonhar em ganhar algum dinheiro impossível de ser obtido com o trabalho, mas também corriam o risco de simplesmente estar sendo ludibriados.

Os trabalhadores pobres que atuavam nos serviços temporários, de modo geral, demonstravam integração com a comunidade. Encontramos sua presença nas atividades populares, o que revela que não perdiam oportunidades de inserção, especialmente nas festas de São João e nas demais comemorações religiosas/profanas. Entre os festeiros lembrados desde o início do século XX, reencontramos o vendedor ambulante Aquidabã. Segundo Renato Báez, ele tinha promessa a São João Batista e todo ano, em junho, promovia novena noturna em sua casa, sempre com grande participação, e realizava a festa do Santo, com fartura de comida e bebida (Perez, 1988, p. 14; Báez, 1964, p. 119-122).

As festas juninas eram tradicionais em Corumbá, desde o final do século XIX. Em junho de 1908, o periódico *Autonomista* comentava, em

"Festas Tradicionais", que os santos católicos São João e Santo Antônio haviam sido muito festejados, com fogueiras, balões e todas as classes de jogos de salão. Que em muitas residências realizavam-se belas "soirées", prolongadas até a madrugada. Dessas informações, é possível identificar já naquele momento uma distinção entre as comemorações de setores da elite local, que se reuniam em seus clubes e salões e a forma popular, realizada em frente às casas. A dança e o baile, pela noite adentro, eram características, não só dessas festividades juninas, mas em geral de todas as comemorações religiosas.

Com relação às comemorações de São João, o referido periódico noticiou: "Diversas imagens de S. João, apesar do cortante frio que reinou na noite de 23, foram levadas em procissão até o porto da cidade, em cujas águas sofreram o indefectível banho tradicional" (*Autonomista*, n. 149, 27 jun. 1908, p. 1).

Havia tantas procissões e andores do santo, quantos fossem os festeiros. Tratava-se de pessoas que cumpriam promessa. Tal aspecto diferencia as comemorações de Corumbá, pois normalmente se faz referência a um local central de comemoração, mas não a várias imagens em procissão. Todas as procissões acabavam se encontrando na ladeira central, de acesso ao porto e ao rio Paraguai, pois a cidade situa-se numa barranca, aproximadamente 30 metros do nível do rio. Os diferentes grupos se reúnem para coletivamente celebrar o santo e, após à meia-noite, continuar as comemorações nas respectivas casas dos festeiros.

O local central do início das comemorações, o Porto, e não a praça em frente à Igreja, revela outra característica singular dessa festa. O espaço do porto passa a ser o da vivência religiosa, da esperança, da utopia e da diversão. A razão desse encontro era o banho do santo, que se constituía numa das particularidades dos festejos de São João em Corumbá. Conforme Frederico A. G. Fernandes, esta prática veio da tradição dos árabes:

> A festa de São João no Pantanal torna-se um cadinho onde sentimos vibrações da cultura pré-cristã européia, da religiosidade dos missionários portugueses do século XVIII, de árabes – de onde vem a ablução do santo – de índios e de negros. Com certeza, toda essa variedade formou o cimento que ainda sustenta a tradição... [...] O santo é lavado no Rio Paraguai, no intuito de renovar suas forças e abençoar tudo o que se relaciona com as águas e com o homem (1997/1998, p. 122-123).

O banho ocorria à meia-noite, na passagem de 23 para 24 de junho, pois se acreditava que as águas do rio Paraguai tornavam-se milagrosas e também começavam a baixar. No contexto da região, o rio tinha uma importância vital para toda aquela população, que vivia e dependia do fluxo das cheias e vazantes dos rios do Pantanal. O ciclo das águas desses rios, de modo geral, compreende a cheia de dezembro a junho e a vazante de junho a dezembro. Daí a crença de que na noite de São João, após o banho do santo, as águas do rio Paraguai começavam a baixar. Um dos temas dessa festa, portanto, é a renovação. O fogo e a água associam-se à esperança de renascimento e esperança de dias melhores.

Nas comemorações em outras localidades brasileiras, como Sergipe e Rio de Janeiro, no mesmo período aqui tratado, conforme Mello Moraes Filho, também existia a prática do banho, mas por parte dos participantes, geralmente rapazes e moças que se banhavam nas fontes da cidade ao nascer do sol, pois, depois, as águas perdiam suas propriedades milagrosas (1979, p. 130).

Ao analisar as simbologias desse ritual do banho do santo, e da crença nas propriedades miraculosas das águas, Eunice Ajala Rocha menciona duas versões de festeiros e cantadores tradicionais de cururu em Corumbá, que participaram dessas festas desde as primeiras décadas do século XX. Numa das versões, contava-se que, após ter sido decapitado, o corpo de São João Batista foi atirado a uma fogueira, contudo permanecia íntegro, brilhante. Tomado pelos discípulos de Jesus, foi lançado ao rio Jordão. Uma segunda versão salienta que algumas pessoas, ao verem o corpo na fogueira, tentavam apagar o fogo jogando água, mas a fogueira ficava ainda maior. A água que se esparramava junto ao fogo tinha propriedades curativas. Após ser atirado às águas do rio Jordão, o corpo encontraria Jesus, momento em que o corpo estava inteiro, a cabeça ligada ao corpo e João vivo: foi quando João batizou Cristo e Cristo batizou João (1997).

Conforme esses mesmos informantes, a festa era uma tradição nas aldeias de Portugal. Foram os portugueses que a trouxeram para o Brasil nos tempos coloniais e popularizou-se entre os indígenas. Segundo Mello Moraes Filho, os cronistas coloniais, Frei Vicente do Salvador e Padre Fernão Cardim, registraram as alegrias dos silvícolas na época do S. João, pelas fogueiras e palmas (Rocha, 1997, p. 75).

Sobre suas origens européias, encontramos referências significativas em Peter Burke, ao discutir a cultura popular na Europa moderna. A festa de São João na Europa coincide com o solstício de verão e o autor menciona que a Igreja medieval adotou uma festa pré-cristã e a fez sua. Chegou a essa conclusão identificando os vários rituais que compunham aquela festa: acender fogueiras, tomar banho em rios, mergulhar ramos. E apresenta a sua interpretação:

> O fogo e a água são símbolos usuais de purificação, de modo que é plausível afirmar que o significado da festa era a renovação e a regeneração, e também a fertilidade, pois também existiam rituais para adivinhar se a próxima colheita seria boa ou se uma determinada moça se casaria no ano seguinte (Burke, 1995, p. 205).

Assim, a festa foi reinterpretada como sendo o batismo de Cristo. No hino a São João, cantado pelos cururueiros em Corumbá, as duas últimas estrofes referem-se a esse fato, além de mencionar em a segunda versão, a que já nos referimos, do batismo do próprio João, realizado por Cristo:

> III
> João Batista Santo
> Como Deus usou
> A quem batizaste
> A vós batizou
> A quem batizaste
> A vós batizou
> João batiza Cristo
> IV
> João batiza Cristo
> Cristo batiza João
> Onde foram batizados
> No Rio Jordão
> Onde foram batizados
> No Rio Jordão (Pérez, 1988, p. 12).

É perfeitamente identificável na festa de São João um núcleo religioso cristão, cujo referencial é a bíblia: o profeta que vivia no deserto e anunciava a vinda de Cristo; o batismo de Jesus no rio Jordão; a decapitação de João Batista. Também as práticas devocionais católicas, como a novena, a reza e a veneração da imagem do santo etc. Existe o emprego de uma simbologia constituinte da festa (água, fogo, alimento), que extrapola esse universo religioso e apresenta um potencial passível de resignificações, em razão de sua universalidade e de seus pontos de contato com as mencionadas festas pré-cristãs, tal como no pantanal acabou acontecendo. Exemplificando, a água utilizada no rito do batismo também simboliza a esperança de boa colheita, de maior produção e de fertilidade.

A própria caracterização de João Batista pela Bíblia, carrega elementos que potencializam essas associações. Era apresentado como um eremita, um profeta que vivia no deserto e comia gafanhotos, conforme descrito no Evangelho de S. Lucas. Uma vida típica de quem vivia em lugares selvagens. Em razão disso, foi identificado com o espírito da vegetação e na Europa era representado com um ramo na mão, fato que também se verifica no Brasil.

Outra relação identificável é com a produção agrícola, pois a comida fazia parte integrante da festa, a alimentação dos convidados. Distribuída de graça, constituía-se num dos pontos alto da comemoração, adquire uma importância simbólica significativa, tanto se estabelecermos relação com os ritos religiosos, a comunhão dos católicos, quanto com relação àquela sociedade, com sua hierarquia e respectivas diferenças sociais. Na festa havia fartura, alimentação à vontade para todos. Os mais ricos bancavam as despesas sozinhos, enquanto os pobres faziam coletas para conseguir oferecer a comida e cumprir sua promessa, o que gerava espaços de solidariedade.

As festas juninas, especialmente a de São João, tinham importância particular para os pobres. Os momentos de sociabilidade já ocorriam durante a preparação das atividades. Um deles era a própria coleta de alimentos, recolhimento de doações. Assim, essa atividade é marcada também pela esmola, que muitos praticavam com generosidade em nome do santo. Na festa, a alimentação distribuída a todos ganha a dimensão de partilha.

Ao tratar de diferentes festas do Brasil no século XVIII e início do XIX, Mary Del Priore observa que muitas festas religiosas começavam com o recolhimento de doações pedidas pelos irmãos das confrarias e irmandades. Faz alusão a viajantes que se admiravam da fartura de comida e quanto mais pobres mais liberais com o santo. A autora interpreta que mesmo os escravos usavam a festa para demonstrar que a abundância era, naquele momento, um seu apanágio. Complementa suas observações com uma pergunta: seria essa abundância uma revanche contra os períodos de fome individual, que era suprimida durante a festa? (Priore, 1994, p. 63-71).

Dentre as festas, a de São João apresenta uma relação muito significativa com o universo rural. Os símbolos que a compõem, já mencionados, não deixam de ser reveladores. A própria gratuidade dos alimentos lembra os mutirões de trabalho pelo interior do Brasil, os quais, após a colheita, são seguidos de refeição e mesmo baile, promovidos pela família que está sendo beneficiada. Para compreender melhor a importância manifestada em relatos sobre esse momento da festa, a refeição coletiva, recorremos a Bakhtin e suas reflexões quanto ao banquete, que nos oferece outras possibilidades de interpretação: nos trabalhos por mutirão há o trabalho coletivo, seguido da refeição. Nesse caso, o comer não é um ato da vida privada, nem um ato meramente biológico, mas um acontecimento social. Há um significado fundamental: devora-se a parte do mundo que acabou de se conquistar.

A indissociabilidade da festa com a alimentação está ligada às imagens do banquete, da abundância e do universal. Nos deteremos um pouco nessa simbologia da festa que culmina com a refeição. Ao analisar os banquetes da época de Rabelais, que culminam após atividades de trabalho realizadas no coletivo, Bakhtin assinala seu universalismo, pois representam a vitória do homem sobre o mundo.

> O banquete celebra sempre a vitória, é uma propriedade característica da sua natureza. O triunfo do banquete é universal, é o triunfo da vida sobre a morte. Nesse aspecto, é o equivalente da concepção e do nascimento. O corpo vitorioso absorve o corpo vencido e se renova.
>
> [...] as imagens de banquete guardam sempre sua importância maior, seu universalismo, sua ligação essencial com a vida, a morte, a luta, a vitória, o triunfo, o renascimento. Por essa razão, essas imagens

continuaram a viver, no seu sentido universalista, em todos os domínios da obra criadora popular (Bakhtin, 1999, p. 247, 246), [grifo original].

É significativo um outro comentário do citado autor, de que o banquete é uma peça necessária a todo regozijo popular. As imagens do comer e beber gratuitamente revelam a tendência à abundância. Sobre sua função social no Brasil colônia, assim se expressa Mary Del Priore: "O banquete, comilança coletiva, tinha forte expressão social e o ato de comer juntos era remetido à aliança ou à força de integração social que se gestava durante a festa" (1994, p. 70).

Em Corumbá, a comida era indispensável, elemento presente nas festas populares e nas organizadas pela Igreja. Festa que é festa tem comida e bebida, e de graça. No caso específico das comemorações de São João, fazia parte integrante da promessa. Já mencionamos o vendedor ambulante Aquidabã como um festeiro de fama, e uma das razões mencionadas era pela fartura de comida. Os festeiros ofereciam salgadinhos na noite da festa, o almoço no dia seguinte, alguns até o jantar: compondo-se a mesa com churrasco, arroz carreteiro, sopa paraguaia.

Outra característica da festa era a cantoria e a dança, fazendo parte da reza e também do baile. Os cururueiros têm uma participação especial nas festas de São João: presidem o levantamento do mastro, cantam, dançam e rezam acompanhados de dois instrumentos, a viola de cocho e o reco-reco. Referindo-se ao Cururu, Eunice Ajala Rocha assim o define:

> O Cururu é uma "brincadeira" que envolve movimento, música, cantoria e sapateado, na qual tomam parte somente homens. Encerra um duplo sentido, de religiosidade e lazer que se entrelaçam e se unem de acordo com o motivo que leva o grupo a se reunir, dando origem a movimentos diferenciados (1997, p. 42)[3].

Encontramos uma das primeiras referências sobre essa dança na imprensa, no periódico *O Iniciador,* de 31 de outubro de 1880. Tratava-se de uma reclamação de alguns moradores do acampamento de S. Francisco Xavier, pedindo providências às autoridades competentes "afim de q'os amantes de tal divertimento Cururú deixem descansar a humanidade altas horas da noite, pois que quem trabalha de dia quer descansar aquelas horas. [...] Assinado: um que não é vadio".

A inserção desse divertimento, no âmbito popular, pode-se inferir pelo espaço em que era praticado, o acampamento S. Francisco. Algumas áreas da cidade formaram-se após a Guerra do Paraguai com a chegada de tropas do exército, acompanhadas das vivandeiras, que se estabeleceram próximos à barranca do rio. O que era para ser provisório acabou se tornando áreas permanentes de moradores das camadas populares[4].

A matéria do jornal oferece elementos para inferir outros aspectos do cotidiano. Observamos que essa reclamação é realizada em pleno mês de outubro, no qual não havia festas tradicionais; portanto, o motivo de os curureiros se reunirem era o lazer e o ensaio. Registra que a dança provocava barulho e era desenvolvida até altas horas da noite, prejudicando o sono de pessoas que precisavam trabalhar no dia seguinte. Do caso, dois aspectos podem ser salientados. Em primeiro lugar, o fato de que alguns moradores estavam inseridos numa rotina de trabalho no dia seguinte, revelando que a cidade já possuía um certo grau de organização do trabalho, exigindo uma certa disciplina e ordem pública, sem invasão da privacidade de alguns, de seu descanso. Apela-se para a autoridade, exigindo providencias, restabelecimento da ordem. Um segundo aspecto caracteriza-se como o reverso do anterior, é a atribuição desqualificadora para os adeptos dessa modalidade de música/dança, insinuando-se que esses não tinham o que fazer, eram vadios. Havia, portanto, conflitos gerados pelos estilos de vida então se constituindo na cidade, mesmo entre os trabalhadores. Esse tipo de discriminação ocorreu em outras cidades, como no Rio de Janeiro, com relação às populações negras e ao samba[5].

O Cururu tinha presença marcante em várias festas, não só nas juninas, como também em outras atividades sociais e religiosas, como casamentos, batizados etc. Assim, era praticado durante todo o ano pelos grupos que se reuniam para ensaiá-lo. Considerando-se esses aspectos, a "brincadeira" era trabalho levado a sério, o que não subtraía o caráter prazeroso e sadio da atividade, vivenciada também como lazer. Os cantadores, as duplas do Cururu, ganhavam maior significado e destaque nos momentos de comemoração, pois eram elementos chaves da animação e, conforme Frederico Fernandes, esta responsabilidade dos cantadores era uma forma de integrá-los à sociedade. Daí, a brincadeira ser levada a sério. E conclui que "é muito comum os laços fraternais entre os cantadores e demais festeiros estenderem-se para além da festa, por meio do compadrio" (1997/1998, p. 121).

As reclamações não eram dirigidas unicamente com relação ao Cururu. O mesmo periódico um mês antes, em sua seção *Campo Neutro*, registrava as considerações da moradora Maria de los Angeles Silva, defendendo a dança Gomba, que possui o mesmo nome do instrumento que a acompanha. A moradora informava que tinha lido no *Corumbaense* um artigo criticando a dança e que havia pessoas incomodadas com a sua prática[6]. Questionou o porquê das pessoas não se incomodarem com "a cantarola do tal Cururu dias e noites seguidos". Argumentou, além disso, que para realizarem seu divertimento, pagavam licença, contribuindo com os cofres públicos, e pediu que a polícia não desse maior importância ao artigo (*O Iniciador*, n. 74, 12 set. 1880, p. 2).

Provavelmente, as mulheres paraguaias estavam naquele período preparando a festa de N. S. das Mercês, comemorada no início de setembro, conforme noticiou *O Iniciador*, no número subseqüente ao da referida carta da paraguaia Los Angeles (n. 75, 16 set. 1880, p. 1). Na comemoração profana da festa, entre outras diversões, constava a Gomba.

> Danza colectiva de orígen negro, de carácter frenético y gran número de participantes. Se bailaba a partir de 1860 al ritmo de tambores de diferentes tamaños, algunos de grandes dimensiones y sonido profundo que era audible a varios kilómetros. Se volvió muy popular y su práctica fue combatida y luego perseguida por las autoridades, por considerarse lasciva y ruidosa, al punto que en 1878 se prohibió su práctica, por las autoridades eclesiásticas (Szaran, 1997, p. 232).

A menção sobre a polícia, por parte de Maria los Angeles, para que não desse ouvidos às críticas feitas à Gomba, ganha uma nova dimensão ao considerarmos as informações sobre a dança e as restrições que sofria no próprio Paraguai em 1878, em razão do barulho e da lascívia. Dois componentes intensamente combatidos nesse período, especialmente no meio urbano, onde havia grande preocupação com a disciplinarização e com o controle dos trabalhadores. Em um país estrangeiro, poderiam sofrer restrições ainda maiores; daí, provavelmente, sua preocupação em não ver a polícia envolvida.

Revela que era usual e recorrente solicitar os serviços da polícia para trabalhos dessa natureza. Dela esperava-se a solução de tais conflitos cotidianos, sua intervenção para impor a ordem, o silêncio e a tranqüilidade. Era o poder de polícia a serviço da nova ordem que o meio urbano e sua modernidade estavam a requerer, mesmo numa cidade em formação e nada industrial, como Corumbá.

As opiniões de Maria los Angeles nos permitem inferir que havia alguma rivalidade entre os grupos populares, ou mais especificamente com relação aos paraguaios, pois a Gomba estava associada à sua cultura, ao lazer da colônia paraguaia. Não podemos desconsiderar o período em que isso estava ocorrendo, relativamente próximo do término da guerra contra o Paraguai, em torno de onze anos, o que, em parte, explica a discriminação e conflitos com os paraguaios. Além disso, confirma que os grupos de Cururu se reuniam com freqüência, mantendo-se permanentemente em atividade ao longo do ano, e não só em períodos de festas.

Há que se ressaltar um aspecto significativo das mencionadas denúncias, o fato de que a imprensa de Corumbá, em 1880, também tinha repercussão junto aos grupos populares. Se estes não liam os periódicos, pelo menos suas lideranças tinham acesso a e conhecimento do que lhes interessava mais diretamente, pois, de alguma forma, isto lhes era comunicado. A resposta de Maria de los Angeles, por sua vez, não foi veiculada no mesmo jornal que publicara o artigo criticando a Gomba, mas em outro, adversário.

As festas, com todos os componentes que as constituem, são mencionadas com freqüência pelos memorialistas ou em depoimentos de pessoas que viveram no início do século XX, revelando que marcaram época e a memória de certos segmentos sociais. A presença dos trabalhadores pobres urbanos, conforme mencionamos, revela que possuíam diferentes formas de sociabilidade, que não estavam isentas de conflitos, mesmo entre grupos populares, como as referências sobre as práticas da Gomba e da Cururu. Para além das questões já mencionadas, as festas constituíam-se em momentos privilegiados de difusão de tradições, como as duas referidas danças.

As comemorações de São João não tinham uma dimensão institucional, oficial, uma vez que partiam da iniciativa das pessoas que faziam promessas, os chamados festeiros. Esse número, conforme aludido pelo periódico *Autonomista*, de junho de 1908, já citado, era expressivo. A casa do festeiro era o centro das comemorações: da novena, do mastro, da reza, da fogueira, da música, dos comes e bebes, do baile, das diversões. Constituía-se no local significativo da festa, pois se transformava em centro de uma sociabilidade mais ampla. Momento em que os participantes reafirmavam seus laços de parentesco, amizade e vizinhança, num ambiente de confraternização. As portas se abriam e, com isso, a possibilidade de consolidar os laços de família, a afeição para com os amigos e os nexos interpessoais, além de criar oportunidade para novos contatos sociais, ampliar o grupo de pessoas que conheciam[7].

A maior presença dos setores populares, de trabalhadores não significa a exclusão de outros segmentos sociais, como militares, comerciantes, que também participavam como festeiros ou acompanhantes das procissões e depois comemoravam as festas em salões, em seus clubes. Essas outras formas de comemoração, porém, revelam outras segregações que já ocorriam no espaço da cidade.

Vários traços da organização das festas populares eram compartilhados com as oficiais, promovidas pela Igreja Católica: os festeiros, o capitão-de-mastro, o alferes-de-bandeira, os cantadores[8]. Um grupo indispensável, de apoio à arrecadação de doações, era também mobilizado nas festas da Igreja. O cronista Gavião, por exemplo, ao publicar, em 4 de dezembro de 1909, suas impressões da semana, mencionou que acordara às 5 horas da manhã de uma segunda-feira com foguetes, música e um movimento de moças e rapazes se dirigindo à Igreja Matriz. Afirmou que, de sua janela, presenciou a formação de "um bando precatório para coletar esmolas a São Benedito" (*Correio do Estado*, n. 60, 4 dez. 1909, p. 1). O horário em que essa mobilização ocorreu, os fogos e o envolvimento dos jovens são reveladores da importância que tal prática assumia na preparação que antecedia às comemorações.

Além da organização, outros componentes comuns às festas promovidas pela Igreja e por populares eram as refeições gratuitas, sob responsabilidade dos festeiros do ano, a música e o baile. Incorporavam, por vezes, atividades artísticas como apresentação de peças teatrais. Nas comemorações da Igreja, no último dia, havia sempre um sorteio dos próximos festeiros, geralmente pessoas da elite local, comerciantes, militares ou políticos. Essas festas, até a segunda década do século XX, constituíam-se em forte apelo à população. Fato que registramos também na década seguinte, pois, nas festas de Nossa Senhora da Imaculada Conceição, matava-se gado e as pessoas ficavam quase uma semana comemorando. Sua realização era em dezembro, num local especial: na margem esquerda do rio, em frente à cidade. A imprensa destacava todos os anos, também, outra festa importante para a Igreja, a do Divino Espírito Santo, celebrada entre maio/junho.

Apesar das festas populares, como a de São João, apresentar na sua organização geral elementos comuns com as oficiais da Igreja Católica, algumas de suas práticas causavam desconfiança entre autoridades eclesiásticas, que tentaram coibi-la. Eunice Rocha afirma que um pároco chegou a solicitar forças policiais, nas principais ladeiras da cidade, para proibir as procissões de São João. Embora prejudicados, os festejos se mantiveram, as procissões passaram por caminhos mais distantes e estreitos para atingir as margens do rio ou as cacimbas[9].

A proibição estava respaldada em orientações antigas do bispo diocesano D. Carlos Luís D'Amour, cuja diocese abrangia a Província de Mato Grosso. O costume de banhar o santo era condenado pelo prelado, fato registrado por Karl Von Den Steinen em sua passagem por Mato Grosso em fins do século XIX, ao transcrever a carta pastoral de D. Carlos, de 27 de maio de 1888, desabonando costumes que vigoravam no dia de São João:

> Contém a carta os seguintes dados. Na véspera "pequenas imagens do santo são levadas, com verdadeira palhaçada, aos rios, às fontes, e mesmo à torneira, onde são mergulhadas na água com acompanhamento de cantos e música, e tudo isso com a convicção de se estarem praticando atos piedosos; no dia seguinte levam-se as imagens à igreja, onde são colocadas no altar, durante a missa". Este "abuso extremo deve ser removido por intolerável" (Steinen, Apud Cascudo, 1971, p. 165).[10]

Nas festas oficiais, sob a organização mais direta da Igreja e realizada em seu espaço institucional, existia preocupação de parte do clero com o comportamento dos participantes, especialmente das mulheres. A participação feminina, que era marcante nas festas ou celebrações, por vezes assumia atividades ou funções não recomendadas pela Igreja. Assim, reencontramos mais de uma década depois, o mesmo bispo de Cuiabá, Dom Carlos, em carta de 29 de junho de 1900, enviada ao padre salesiano Cavatorta, manifestar seu descontentamento com a "profanação" da festa do Divino Espírito Santo em Corumbá, qual seja, o fato de moças cantarem no coro da Igreja, juntamente com os homens, e acompanharem a procissão, conduzindo as varas que circundavam os festeiros. Nessa missiva criticou, em tom vigoroso, o então vigário Constantino Tarsio por anuir e assistir a tudo como um palerma. Em resposta, o padre Cavatorta confirmou o fato, complementando que era crônico o problema da presença de moças e homens em atividades religiosas conjuntas, e que ninguém se admirava disso (Duroure, mimeo)[11].

A resposta do Padre Cavatorta indica que a presença feminina, quebrando hierarquias, tida como profanação pelo bispo, era comum e plenamente aceita pela comunidade local e pelo próprio vigário Constantino Tarso. Outra possibilidade é interpretar a atuação da Igreja com menor peso hierárquico, ou seja, como o bispado ficava em Cuiabá, o vigário da paróquia de Corumbá nem sempre respeitava suas orientações. A situação descrita lhe acarretou suspensão do exercício de suas ordens, pelo bispo Dom Carlos e, posteriormente, sua transferência para Cáceres (Duroure, mimeo, p. 2-3)[12].

Além disso, é possível considerar o hibridismo cultural. Práticas das festas populares, como a ativa presença feminina, tendiam a ser reproduzidas nas festas ou vivências religiosas da Igreja, assim como havia a incorporação das práticas de festas oficiais por parte dos populares. Caberia, ainda, considerar nessa explicação a influência de imigrantes (paraguaios, bolivianos, europeus), que, associada àquele distanciamento das autoridades eclesiásticas, facilitava o surgimento de novas relações sociais, mais informais que as de costume, sendo ali menor a segregação entre homens e mulheres nas atividades religiosas.

A resistência dos festeiros e da população às tentativas de interferência de eclesiásticos em suas formas de comemorar pode ser entendida também como a necessidade de garantir um espaço autônomo, pois as festas eram uma das oportunidades que os trabalhadores pobres tinham para fazer da vida algo mais agradável. As comemorações eram esperadas e apreciadas pelo povo, um momento de suspensão dos problemas e da miséria, de expectativas e esperanças, enfim, de humanização da vida dos oprimidos.

Entre as práticas condenadas pela Igreja, também havia os sortilégios, em geral, presentes na maioria das festas. Assim, também em Corumbá havia uma série de simpatias, adivinhações, especialmente destinadas às mulheres para conhecer o futuro parceiro.

A própria devoção ao santo em Corumbá, estava associada também a essas práticas, a atribuição de função casamenteira a São João. Eunice Ajala Rocha afirma que São João foi adotado como casamenteiro em Corumbá, recebendo mais pedidos nesse quesito que o popular Santo Antônio. Na ocasião em que as procissões se encontravam, antes do banho no santo, as moças aproveitavam para passar por baixo dos andores. Essa prática ajudava, era a crença difundida, a conseguir marido ou apressar o casamento de quem tinha namorado. Além dessa, havia outras simpatias, como a expressa nos seguintes versos:

>   Estenda com segurança
>   Numa linha, uma aliança,
>
>   Meio copo de água fria
>   Firme o pulso, energia! ...
>
>   Se bater... conte as batidas
>   Serão elas as medidas
>
>   Que antecedem o momento
>   Do sonhado casamento[13].

Essas simpatias associadas às moças casadoiras são comentadas por outros autores com relação às várias comemorações de São João em diferentes regiões do Brasil. Essa tradição vem desde os tempos coloniais.

Mary Del Priore constata práticas semelhantes no período e interpreta como uma maneira das moças apropriarem-se das festas. Afirma que o alvo da Igreja era coibir o sentido profano das festas, pois estas propiciavam margem aos pecados. A única função das festividades era o sagrado. Diferentemente do olhar do povo que vivia a festa (1994, p. 63-71). Ao tratar da temática com relação ao Mato Grosso, Jérri Roberto Marin ressalta que a Igreja, ao tentar implantar o catolicismo romanizado, procurava purificar os excessos das religiosidades populares e realçar unicamente a dimensão espiritual (2000, p. 87).

Uma vez que a tradição colonial foi legada pelos portugueses, não é difícil identificar nessas simpatias resíduos dos rituais de adivinhação, fertilidade e renovação, presentes nas festas pré-cristãs já mencionadas.

Incorporando mais essa dimensão, e outras características já comentadas, arriscamos uma interpretação sobre a popularização da festa de São João e a caracterização do santo como casamenteiro. Mesmo "cristianizada", a festa manteve uma série de simbolismos universais, que, no contexto da região pantaneira, ganharam força, adquirindo elementos autônomos em relação às festas institucionalizadas pela Igreja Católica. Os ritos do fogo, da água e da refeição, conforme já comentados, guardam uma associação com o renascer, a renovação e a fertilidade. Junte-se a isso o fato de que as festas juninas duravam dias, encerrando-se com a de S. Pedro em 29 de junho, ocasião em que muitos moradores das fazendas vinham para a cidade. É possível interpretar que, em função de todos esses simbolismos, e da sociabilidade que as festas geravam, tornaram-se também momento propício para arrumar um(a) parceiro(a), uma vez que era a grande oportunidade de encontro. Isso ajuda a compreender porque São João assume também o papel de santo casamenteiro.

A interpretação desse fato mereceria estudo mais aprofundado, mas não nos furtamos a apontar alguns aspectos. A festa de São João, como já mencionamos, representou uma tentativa de cristianizar ritos pagãos de fertilidade associados ao solstício de verão na Europa e, aqui no Brasil, especialmente em Corumbá, incorporou outras marcas, como o Cururu, de origem indígena. Assim, apesar de "cristianizada", ganha uma autonomia popular, normas próprias que fogem ao controle da Igreja Católica, incorporando novos significados e práticas. As próprias versões citadas, por exemplo, sobre a morte de João Batista e os acontecimentos milagrosos com seu corpo, não constam da Bíblia. Notamos, também, que práticas consideradas supersticiosas pela Igreja, tais como o banho do santo e as simpatias para se obter o desejado parceiro amoroso, guardam proximidades com o núcleo de significados e os elementos simbólicos das festas pré-cristãs, a água, o fogo, a renovação e a fertilidade.

Em Corumbá, as festas populares como a de São João eram momentos ímpares de expressão e manifestação da cultura popular, de sociabilidade, integrando diversas tradições, nas quais as camadas populares se envolviam com intensidade. As festas possuem um potencial para tornarem-se um momento de liberação e de manifestação popular ou mesmo de quebra de comportamentos padronizados.

Nesse sentido, é reveladora uma carta publicada pelo periódico *Iniciador* de 1 de julho de 1883, em sua seção "Campo Neutro". O missivista registrou que na noite de São João a animação fora grande, com muitas fogueiras, muitas salvas e muitos gatos pretos (bebedeira). Elogiou o fato de não ter ocorrido nada de grave a lamentar, avaliando que os amantes do "Deus Baccho" talvez estivessem compreendendo a importância de saber beber. Considerou que Corumbá não oferecia nenhuma distração e, quando ocorria uma festa, ela se tornava verdadeiramente popular. O texto sugere que, ao referir-se ao popular, o autor pensasse nas dimensões da liberdade, algazarra, bebedeira, desregramento, próximas dos rituais carnavalescos.

Os autores que tratam da festa de São João em Corumbá, já citados, destacam esse típico comportamento ao caracterizar o momento em que as várias procissões com os andores do santo se encontravam na ladeira próxima ao porto: afirmam que os vivas, rojões e as simpatias (passar por baixo do andor) assumiam rituais carnavalescos. Na carta de 1888, já referida, do bispo de Mato Grosso, D. Carlos d'Amour, há menção de que as imagens de São João eram levadas com verdadeira palhaçada.

Essas características, que por vezes assumiam as procissões populares, não contavam com as bênçãos da Igreja. Para Priore, tratava-se de tentativa da Igreja de ordenar o inordenável. A compreensão que os diferentes seguimentos sociais têm da procissão faz que eles a vivam de forma específica. Assim, enquanto para as elites e a hierarquia da Igreja é "pia ação", para as classes subalternas é momento de festejar a tradição, não se enquadrando nos comportamentos ritualizados e vazios de qualquer expressão espontânea. Significa que, para as camadas populares, além do significado piedoso, as práticas ganhavam outros sentidos, canal de comunicação e sociabilidade. A autora lembra, também, que desde os tempos medievais a Igreja condenava os bailes frenéticos, como os de São João, nas noites de verão ao redor das fogueiras (1994, p. 63-71).

O comportamento das camadas populares na procissão de São João, assim como a importância das danças em outras festividades brasileiras, trata-se de mais um ponto de contato com aspectos observados por Peter Burke com relação a esta festa na Europa. Afirma que em Florença, cuja comunidade tinha o santo por padroeiro, e mesmo na Estônia, adotavam uma forma carnavalesca de comemoração.

> Num certo sentido, toda festa era um Carnaval em miniatura, na medida em que era uma desculpa para a realização de desordens e se baseava no mesmo repertório de formas tradicionais que incluíam procissões, corridas, batalhas simuladas, casamentos simulados etc. [...] as grandes festas do ano tinham rituais em comum, e que o carnaval constituía um agrupamento especial importante de tais rituais. Pensar nas festas religiosas dos inícios da Europa moderna como pequenos carnavais está mais perto da verdade do que concebê-las como graves rituais sóbrios à maneira moderna (Burke, 1995, p. 222-223)[14].

Sob a perspectiva de que toda festa é ocasião para a realização de desordens e que um repertório tradicional comum às festas é acionado, tratamos de alguns elementos presentes nas comemorações de São João em Corumbá, tais como: a dança, o Cururu e o siriri, a bebedeira, a comilança, os rituais de adivinhação e casamento. Daí a preocupação manifestada pela hierarquia católica em proibir ou tentar coibir práticas consideradas inadequadas e supersticiosas aos seus fiéis.

Esse repertório de práticas, os vários rituais, ganham em intensidade e energia no carnaval. Apesar de considerada uma festa tipicamente profana, sua compreensão só se completa se pensada em relação à quaresma, período de quarenta dias, um tempo de jejum, abstinência de carne, sacrifícios e orações, proposto pela Igreja Cristã em preparação à Páscoa: celebração da paixão, morte e ressurreição de Cristo. É nessa oposição que o carnaval se reveste de maior sentido. Trata-se de festa que aglutina rituais e outras práticas vivenciadas nas demais comemorações, mas que nesta ganham maior intensidade. Assim, adquiriu significativa importância no contexto cultural das populações urbanas.

Em Corumbá, não foi diferente, era comemorado desde o final do século XIX, constituindo-se em mais uma de suas tradições populares, criando forte vinculação com a cultura da cidade. A principal forma popular de se festejar era o famoso "entrudo", consistindo em foliões que davam verdadeiros banhos d'água nos transeuntes, os quais, em geral, acabavam aderindo à brincadeira. No espaço da rua, onde predominavam a liberdade, o informal, havia também extrapolações dos padrões aceitáveis, tais como o uso de limão-de-cheiro com outros líquidos, tinturas para manchar as roupas, água com odores desagradáveis ou mesmo pimenta, com o objetivo de atingir os olhos dos transeuntes. Nem todos aceitavam a natureza da brincadeira, o que, em muitos casos, resultava em cenas de xingamentos, brigas e pancadaria. Não se trata de uma situação tipicamente local, há registros da mesma problemática em várias cidades brasileiras. Na Corte, em meados do século XIX, os conflitos que tais brincadeiras geravam foram objeto de crítica pela imprensa periódica (Cunha, 2001, p. 53-65).

Assim, essa maneira de brincar o carnaval, originária da tradição portuguesa e introduzida no Brasil desde os tempos coloniais, que se diferenciava de outras formas européias, como, por exemplo, a de Veneza, passou a sofrer restrições. No Rio de Janeiro, em fins dos anos 1840, já era considerada não muito civilizada. Os bailes de salão, com fantasias e máscaras (especialmente fundamentados na tradição veneziana) e os préstitos, passaram a representar mudanças na forma de comemorar, e mais de acordo com os novos padrões considerados civilizados (Alencastro, 1997, v. 2, p. 52-53) [15].

Contudo, as práticas descritas não foram de todo eliminadas, convivendo durante longo tempo com as novas. Nos anos e décadas subseqüentes houve longo debate pela imprensa sobre as vantagens do carnaval substituindo o entrudo. Esse debate não ficou restrito ao Rio, entre outras cidades, mencionamos o caso de Porto Alegre, cuja imprensa no início dos anos 1870, esquentou a polêmica defendendo formas mais civilizadas de comemoração e enaltecendo a formação de sociedades carnavalescas como iniciadoras de uma reforma dos costumes (Lazzari, 2001, p. 69).

As manifestações tradicionais sobreviveram ainda por longo tempo. O memorialista Renato Báez registra que, no início do século XX, o *entrudo* era hábito, ainda, entre as famílias da elite corumbaense, que se reuniam para fazer uma guerra de limão-de-cheiro. Havia todo um jogo de cumplicidade. Escolhia-se previamente uma casa e seus moradores sofreriam o assalto, ocasião em que se estabelecia, então, uma batalha entre os dois grupos, cujo principal componente era a água, atirada, por meio de vasilhas e os limões-de-cheiro. Mulheres e homens participavam e, muitas vezes, a brincadeira finalizava-se com um animado baile e comes e bebes (1964, p. 11-12).

Sobre o debate das novas formas de brincar o carnaval, não constatamos tal polêmica nos periódicos corumbaenses. Fato em grande parte compreensivo, uma vez que seu primeiro jornal, *O Iniciador*, data de 1877, um ano antes da Vila de Santa Cruz de Corumbá ser elevada à condição de cidade. Portanto, esse momento de seu crescimento já se inseria num período em que novas formas de comemorar o Carnaval estavam sendo incorporadas e aceitas na Corte e em outros centros urbanos do país. Uma vez que Corumbá matinha contato direto com o Rio de Janeiro por meio da navegação pelo rio Paraguai, não é difícil identificar as influências que recebia na constituição de certas tradições culturais, entre elas os bailes de salão e os préstitos carnavalescos.

De fato, as primeiras referências às comemorações carnavalescas nos periódicos corumbaenses já nos remetem às novas formas de brincar. Tratavam-se de convites de clubes carnavalescos convocando para os bailes, como por exemplo, o da Sociedade "S.C.D. Diabo a Quatro", convidando para o baile de fantasias, em anúncio no *Iniciador* de 8 de fevereiro de 1880. Nos dias posteriores, traziam breves comentários elogiando esses eventos e a diversão que transcorrera com normalidade. Há um silêncio quanto às outras formas de comemoração.

As sociedades e clubes da época se organizavam em torno dos imigrantes, especialmente os italianos e os portugueses ou estavam relacionadas às profissões, com destaque para a dos militares e dos marítimos. A constituição dessas novas formas associativas é reveladora das especializações que começavam a surgir na cidade portuária e evidencia também a segregação da festa popular de rua em relação aos salões: o pertencimento à entidade e o pagamento de mensalidade eram critérios para selecionar os foliões.

Todos os anos, o carnaval ocupava espaços e referências na imprensa de Corumbá, quer sob chamadas para os preparativos, como sobre o transcorrer da folia, dos bailes. Dentre as suas formas de apresentação, que passaram a ser valorizadas, constava a realização do préstito carnavalesco, o desfile de carros de tração animal, com diversas alegorias, configurando sátiras e homenagens a personagens ou a acontecimentos recentes. Assim, essas formas de festejar eram também incorporadas em Corumbá[16].

O principal carro de 1904 no desfile do Club Carnavalesco, conforme longa matéria no periódico *O Brazil*, foi a alegoria sobre a estação telegráfica da cidade. Na sugestiva alegoria, dois fios partiam da estação telegráfica em comunicação com uma meia lua. Completando a representação, inscreveu-se aos lados do carro: "De Corumbá à lua" (n. 80, 21 fev. 1904, p. 2) [17].

Eis de novo, depois das festividades de inauguração, em janeiro daquele ano, a população diante do telégrafo. Para os que não tiveram acesso aos discursos da imprensa, o carro alegórico recolocava a questão, enaltecendo o poder da comunicação: por meio daquele artefato da modernidade, mais um espaço estava subjugado aos imperativos da civilização. Os elementos visuais descritos pelo periódico e a própria frase nos remetem para uma certa perspectiva de representação sobre os artefatos da modernidade e suas possibilidades de conquistar o homem e a natureza. Trata-se do infinito artificial que produz os efeitos do sublime, conforme definido por Edmund Burke[18], um estado especial em que se imbricam medo e prazer, que se origina, entre outros aspectos, nos efeitos da extensão e a importância das grandes dimensões, como comprimento, altura ou profundidade. Tais elementos encontram-se presentes na referida representação, da comunicação que extrapola os limites da terra, ganhando o espaço, a lua...

Um breve panorama da organização do préstito pode nos oferecer uma visão de conjunto. O periódico qualificou-o de imponente. À frente, três cavalheiros o comandavam, seguindo-se a banda musical do 25º batalhão de infantaria, tocando o *Zé Pereira* – os componentes trajavam calças brancas, casaca vermelha e capacetes repetindo as duas cores. Ladeando a banda, e prestando-lhes homenagens, havia uma guarda de honra, composta de dez lanceiros. O primeiro carro a abrir o desfile era o de identificação do Club Carnavalesco, com seu estandarte luxuoso, empunhado por uma "gentil deidade caprichosamente vestida" e artisticamente ornamentado. Conforme descrito, até o 15º carro, uma ordem foi seguida, a cada carro, com uma alegoria referente a uma República da América do Sul. Seguia-se uma alegoria de crítica a diversas situações vivenciadas na cidade. Informou que havia outros carros, mas não os quantificou e, fechando o préstito, o carro do *Zé Pereira* (*O Brazil*, n. 80, 21 fev. 1904, p. 2).

Segundo *O Brazil*, a massa popular que acompanhou o desfile era enorme e, durante o passeio, recebeu um folheto avulso, fartamente distribuído, contendo a descrição das alegorias e críticas, feita em belíssimos e espirituosos versos. Sobre o trajeto, informou que o préstito percorreu todas as ruas e travessas da cidade e depois se dirigiu ao edifício do Club Carnavalesco. Lá, houve dois discursos, um dos quais, o do major Christião Carsterns, que enalteceu "[...] quanto era livre e folgazã a juventude corumbaense que com independência e gosto criticava hábitos e costumes, rendendo homenagens àqueles que delas são dignos".

O Club Carnavalesco Corumbaense era de fundação recente, tanto que num dos carros alegóricos, pequeno e puxado por cabritos, destacava-se uma criança trajando as cores do clube, simbolizando as conquistas que havia obtido, em pouco tempo, a jovem associação.

A distribuição de folheto em versos nos remete para dois aspectos. As alegorias necessitavam de explicações, se bem que algumas, conforme descritas pelo periódico, eram perfeitamente compreensíveis em suas mensagens. Outra dimensão a considerar é que, embora houvesse no período manifestações de preocupação com o ensino da língua, parte da população fosse alfabetizada e tivesse contato com a escrita, de qualquer forma, os folhetos constituíam-se em uma oportunidade a mais para divulgação do vernáculo.

Percorrer os carros alegóricos é surpreender o universo de preocupações daquela cidade no início do século XX. Senão, vejamos: entre os carros, além das homenagens às Repúblicas-Sul-americanas, ao Club Carnavalesco e da alegoria do telégrafo, predominava a crítica a determinadas situações ou equipamentos urbanos; contrapondo-se às expectativas quanto ao telégrafo. Uma crítica de muito sal, segundo o periódico, foi com relação ao correio, em razão dos extravios de cartas; outras alegorias críticas foram as referências à iluminação, vista como "a fumaça" da cidade, crítica de muita verve e chiste, às casas velhas que infestavam as principais ruas da cidade, ao jogo do bicho (no carro, via-se uma gaiola, dentro da qual, encontrava-se um pequeno gato), à greve dos despachantes, aos impostos inter-estaduais e à cessão territorial de Mato Grosso por ocasião da questão do Acre em 1903.

Referências sobre críticas de atualidade, promovidas em seus desfiles pelo Club, encontramos no *Autonomista* a respeito do carnaval de 1909. Cita o periódico apenas sete carros, sem os descrever, mencionando, porém, o fino espírito crítico e o luxo e gosto de suas ornamentações. Acrescenta a informação sobre uma prática, provavelmente comum também em anos anteriores, qual seja, que alguns carros eram acompanhados por oradores que esclareciam os assuntos criticados, provocando gargalhadas, em função de sua verbosidade "saturada de sal attico" (n. 184, 27 fev. 1909, p. 2). Renato Báez também ressalta esse aspecto do carnaval, dos carros de crítica a tudo e a todos, acompanhados por pessoas que "embora de destaque no âmbito local eram perfeitos e eficientes oradores especializados em desancar os criticados... que sofriam e só se desforravam a muque, depois do Carnaval!" (1964, p. 27-34) O memorialista destaca que as críticas se dirigiam a tudo e a todos, mas, de fato, existiam recortes temáticos e limites a esse procedimento, além disso, predominavam os chistes dirigidos diretamente a desafetos pessoais.

Entre outros carros alegóricos de crítica nos carnavais da década seguinte, temos referência ao de 1911, quando apresentaram um sobre a Cervejaria Corumbaense e outro sobre o paquete Ladário, do Lloyd Brasileiro (Báez, 1964, p. 27-34). Já no ano de 1918, quando irrompeu a gripe espanhola, o fato foi recordado pelo bloco dos "Apaches", dirigido pelo poeta Pedro de Medeiros. As referências não estão completas, pois não descrevem como essas representações foram veiculadas. Apenas os temas nos sugerem as críticas.

As alegorias elaboradas em tais carros podem ser identificadas como sínteses críticas sobre diferentes temas. Eram acompanhadas de discursos e muito humor, divertindo a platéia, conforme já mencionado. Quanto às potencialidades de análise para o historiador, sobre os personagens humorísticos, Marcos Silva afirma que seu estudo pode ser situado junto à discussão do artístico e do ideológico, ao apontarem-se articulações com outros níveis da vida social (1990, p. 9-11)[19]. Outra questão levantada pelo autor é se pode haver um humor a favor. Embora discuta a questão sobre os personagens em charges e quadrinhos, acreditamos que possa se aplicar à situação estudada. Percorreremos, em parte, as alegorias mencionadas com essa perspectiva.

É possível, portanto, fazer uma leitura, mapear as principais questões que povoavam as preocupações de parte dos corumbaenses naquele momento. Ao mesmo tempo que conviviam com a possibilidade da comunicação imediata com o mundo, via telégrafo, careciam de outras tecnologias já disponíveis em outros centros, como a iluminação elétrica - a que possuíam era a querosene; daí, o chiste sobre a iluminação, a fumaça. As principais preocupações com a cidade referem-se à ordem, como temos destacado ao longo do texto, ao incômodo que as casas velhas do centro provocavam, prejudicando seu embelezamento, e que, à época, a prefeitura tentava eliminar, o que significava afastar dali os mais carentes. A greve dos despachantes é ironizada, o termo greve ainda não era muito usual, e carregava naquele momento um sentido de subversão, de perigo. O próprio jogo do bicho, que retornava após ter sido combatido por um general que veio para cuidar das fronteiras, figurava naquele universo de críticas.

Ocorrem nas alegorias citadas críticas de âmbito político com relação ao território, como a questão do Acre e o tratado de Petrópolis, outras sobre as carências ou mau funcionamento de equipamentos relacionados à cidade moderna, ridicularizando os serviços e a sua modernidade, entendida como progresso técnico e embelezamento, tanto que atacam as moradias dos pobres por enfearem o centro da cidade. Parte delas satiriza os serviços prestados, seu mau funcionamento ou sua carência.

As críticas não tinham caráter de contestação ao regime republicano, eram forjadas no âmbito da elite local e, em parte, constituíam-se em ataques de ordem pessoal, com revanche após o carnaval. Sua elaboração era feita pela juventude corumbaense e pelos letrados - jornalistas e poetas -, haja vista a produção de folhetos em versos. Em razão do exposto, podemos afirmar que tinham um caráter predominantemente conservador. Além disso, sofriam uma censura prévia, pois os clubes tinham que apresentar um projeto das alegorias para a polícia, para serem examinadas antes do desfile. Mais uma vez, a vigilância. Ressaltamos, por fim, que, embora tenhamos constatado a presença do povo nos desfiles, não há participação direta deste em sua preparação, pelo menos, nesse momento.

Contudo, ressalta-se que o carnaval, no espaço urbano, constituía-se num dos poucos momentos de explicitação de crítica, a partir do humor presente nesses desfiles. Na imprensa corumbaense, não havia a veiculação do humor visual, pelo menos até a segunda década do século

XX, e a crítica social mais mordaz, escrita, ficava por conta dos vários pasquins, que tinham vida efêmera, e dos quais apenas temos referências muito gerais. Porém, grande parte desses descambava para as disputas infindáveis e divergências de detalhes, ataques pessoais para desqualificar adversários.

Retomando os carros alegóricos produzidos em Corumbá, ao comentar suas qualidades, Renato Báez afirma que eram tão bem feitos e bonitos quanto os do Rio de Janeiro à época. Inclusive, chega a dizer que era uma verdadeira maravilha para as vistas dos felizardos habitantes de Corumbá, pois "os carros possuíam uma vistosidade incomparável, uma vez que, considerando-se a época, pode-se dizer que equivaliam ao que de melhor se poderia desejar em matéria de ornamentação e bom gosto" (1964, p. 27-34).

Ao caracterizar esses carros, menciona o "Rumo ao mar", de 1909, com 12 moças. Representando os deuses mitológicos da antiga Grécia, media seis metros de comprimento por dois e meio de largura, composto por figuras de papelão solidificadas e amparadas em peças de madeira, sobre as quais se sentavam as moças, vestidas elegantemente, com coroas representando os deuses mitológicos. Tal carro revela a marcante presença feminina nos desfiles. O autor menciona que, em alguns carros, trabalhavam operários especializados em gesso, contratados no Paraguai especificamente para esse fim. Uma das formas de se custear as despesas era passar um "livro de ouro", por meio do qual se conseguiam bons fundos.

Nem tudo, porém, corria como o desejado, houve também acidentes com alguns carros, que tombavam em função de seu tamanho. Um desses casos ocorreu em 1910, em alegoria com duas senhoritas ricamente fantasiadas, uma de portuguesa e a outra de brasileira. Já em 1916, quando nove carros desfilaram e entre eles destacava-se o Concha do Mar, segundo Báez, verdadeiro sucesso de arte e bom gosto, o último, lamentavelmente, tombou por ser demasiado alto (1964, p. 27-34).

O carnaval representava um momento significativo na vida da cidade, tirando-a de sua letargia, no próprio dizer de *O Brazil*. Os preparativos começavam a mexer com o pessoal trinta dias antes das comemorações. Em janeiro de 1904, o Club Carnavalesco Corumbaense fazia chamada pela imprensa para que a rapaziada comparecesse a uma reunião em preparação ao carnaval, consagrado ao bem-aventurado e excelso padroeiro – o glorioso Deus momo!(n. 70, 17 jan. 1904, p. 2).

Entre os principais organizadores do carnaval no início do século XX, Renato Báez menciona:

> O maior carnavalesco, até 1905, era Jorge Comuzile, que anunciava o Carnaval, tocando bombo no trecho da rua De Lamare, entre Antônio João e Tiradentes.
>
> [...] De 1906 em diante eram animadores do Carnaval João Batista Oliveira e seu irmão Ladislau, que saíram às ruas com bombo, prato metálico, tambor e gramofone sobre a cabeça, fazendo anúncio do Carnaval.
>
> No mesmo ano de 1906, foi organizado o Clube Carnavalesco Recreativo, tendo por sede social a casa da família Cárcano, na rua Antônio Maria Coelho. Dele faziam parte, entre outros, os irmãos José Gomes Palla e Arthur Gomes Palla, Nicola Ferra, Ângelo Maria Fragelli, Antônio Lemos dos Santos e Miguelito Peres. Até 1916 ainda existia a referida organização (1964, p. 27).

Destacamos que, ao referir-se aos principais carnavalescos, o autor expressa-se como sendo grupos de pessoas da melhor sociedade. A forma aludida de referir-se aos organizadores nos remete para o fato de que não havia uma participação direta da população mais carente e que o carnaval, então, era algo caro para os que não tinham algumas posses.

Entre os promotores do carnaval em 1906, destacou-se o comerciante português João Antônio Estêves, presidente reeleito por três vezes do Clube Recreativo Português, fundado no início do século XX. O clube tinha participação importante no Carnaval de rua, ostentando luxuosos carros alegóricos. O presidente trouxe inovações aos préstitos carnavalescos, pois foi o primeiro a introduzir, à frente dos carros alegóricos, a cavalhada. Os componentes saíam vestidos de setineta, tecido de seda que custava, naquele tempo, em torno de um mil réis o metro. A banda de música que animava o pessoal do Clube era própria, seus instrumentos foram importados de Portugal, especialmente para o carnaval corumbaense (Báez, 1980, p. 39; 1964, p. 27-34).

O carnaval nesse momento, portanto, já possuía um apelo comercial, ou pelo menos tinha seus atrativos para os comerciantes. João Estêves era proprietário da casa comercial "A bela madrugada", que tinha a oferecer os apetrechos indispensáveis para a folia. Encontramos nos periódicos os reclames conclamando a população a adquirir máscaras, fantasias, fachas luminosas. Daí, os laços com a promoção do carnaval não estarem desvinculados de seus negócios enquanto comerciante.

Porém, brincar o carnaval, sair da rotina, extrapolar algumas normas não significava falta de controle, havia a vigilância da polícia. Entre as normas que se mantinham, a delegacia de polícia determinava que os grupos ou clube carnavalescos que pretendessem exibir em público críticas ou alegorias estavam obrigados a submeter o plano destas, antecipadamente, à censura da autoridade, e apenas seriam admitidas as que não ofendessem a moral pública, como anteriormente apontado.[20]Tratava-se, portanto, de um humor vigiado, em que o cidadão poderia expressar-se dentro de certos limites.

No plano individual, para sair fantasiado, requeria-se a competente licença, que deveria ser carregada em lugar que facilitasse a inspeção pelos agentes da autoridade. Algo que pode parecer tão inocente, como o uso de máscara, era também objeto de regulamentação, requeria uma licença (*O Iniciador*, 19 fev. 1880, p. 3)[21]. A regulamentação da vida da cidade, o controle dos costumes de hábitos fazia-se presente também nesses momentos de diversão.

O carnaval foi objeto de crônicas na imprensa corumbaense, comentando alguns aspectos de seu cotidiano. Ressaltavam a alegria e o riso solto, tudo sendo motivos para gargalhadas. As máscaras, por exemplo, representando principalmente o diabo, largamente utilizadas nas brincadeiras, ainda assustavam velhas senhoras, que saíam correndo e, por vezes, caíam (*Autonomista*, n. 184, 27 fev. 1909). Grupos e indivíduos avulsos percorriam a cidade vestidos de farrapos e mascarados. Muitos foliões obtinham sua fantasia junto ao Circo Palácio, que cedia por empréstimo trajes de seu vasto e rico repertório, o que contribuía com o colorido dos folguedos de rua. Havia o uso de confetes e bisnagas cheirosas, limões-de-cheiro para serem atirados, promovendo guerras entre os grupos, perseguições individuais ou provocação ao público (Báez, 1964, p. 27-34).

Entre outros casos de transgressões que o carnaval possibilitava, comenta uma cena em que uma mulher, depois de avisada pela empregada, encontra a sua "costela transviada", o marido com outra, fantasiados, "muito lampeiros de braços a saltarem fazendo momices", e o resultado: sopapos na rapariga, que correu, e depois sapatadas no marido, até que os presentes pedissem que a mulher deixasse de bater no José das Pombas, como era conhecido, pois este não reagia. Perguntado, disse que havia errado e a mulher cumpria uma obra de misericórdia para não vê-lo perdido, castigando-o em tempo. Enternecida, a mulher levou o marido pelo braço, salvo das garras de um abutre. O cronista termina bem humorado, lembrando o que sua avó dizia: "o amor para ser querido, há de ser bem sacudido" (*Autonomista*, n. 184, 27 fev. 1909). Havia, portanto, o espaço à transgressão, desde que dentro dos limites aceitáveis.

As associações de imigrantes, bem como as sociedades recreativas, por profissões ou não, também promoviam suas diversões. Há uma certa composição do que poderíamos chamar de diversões "lícitas". A Sociedade Recreio Corumbaense, inaugurada em 1904, destinava-se a espetáculos de poesia e teatro (*O Brazil*, n. 97, 13 jun. 1904, p. 3).

No início do século XX, período em que Corumbá apresentava grande movimento em seu porto, e além das importações, ocorria crescimento nas atividades de exportação, a cidade cada vez mais incorporava algumas tecnologias da modernidade, inclusive nas áreas de diversão, de lazer e artística, tais como o teatro, o cinematógrafo e o ajardinamento de praças. Era o desejo de refinamento dos costumes e do gosto, do desenvolvimento de certa elegância, de tornar a cidade um lugar mais agradável e desenvolver diversões tidas como civilizadas, modernas.

O mais famoso teatro de Corumbá denominava-se Beijou Theatro, que recebeu essa denominação em 1911, após uma ampla reforma em suas instalações. Antes, era conhecido por Polytheama Moderno, do qual temos referências desde a década anterior.[22] Noticiando a reforma, assim descreveu-a o *Correio do Estado*:

> Os Camarotes para famílias, em número de 32, estão agora instalados juntos à platéia e em semicírculo, de modo que todos os seus espectadores divisam a cena perfeitamente, sem incomodarem uns aos outros.

A platéia está agora pavimentada de lindo mosaico e os antigos camarotes foram transformados em galerias para as classes inferiores da sociedade (n. 184, 1 jan. 1911, p. 2).

Circulavam pela região muitas companhias artísticas, especialmente vindas pelas cidades do Prata, que faziam seus anúncios pelos periódicos, convidando para as representações. Entre elas, destacam-se Companhia de Comédia Salvatierra, Companhia de Teatros Alzira Leão (portuguesa) e a Companhia Italiana de óperas *Citá de Milano*, que excursionou pelo Prata e também por São Paulo e Rio de Janeiro. Contudo, as peças não eram objeto de comentários e críticas por parte da imprensa, o que revela seus limites.

Além das companhias estrangeiras de teatro ou circenses, ressalta-se que havia as tentativas do espetáculo exótico, como a uma situação a que Renato Báez faz referência. Afirma que em 1908 ou 1909, o cidadão italiano Alexandre D'Elia trouxe um espetáculo que seria proporcionado por índios da Barra dos Bugres. Os ingressos foram vendidos, a lotação esgotada, inclusive dos camarotes, o público estava ansioso e aguardava o espetáculo. Descerrada a cortina do palco, os índios, semi-nus, deram de cara com a platéia. Estranharam o ambiente e, demonstrando zanga, nada apresentaram: decepção geral do público e do empresário (1996, p. 26).

Apesar do autor não oferecer maiores detalhes sobre o ocorrido, menciona que eram bugres e os qualifica como "índios semi-civilizados", não informando a nação a que pertencem. O contexto nos permite reconstruir, pelo menos em parte, como a idéia de espetáculo exótico foi-se constituindo no público. Nas três últimas décadas do século XIX, as notícias veiculadas nos periódicos sobre os índios, geralmente, anunciavam "correrias", conflitos nos quais eram apontados como selvagens atacantes de fazendas ou grupos de brancos. Ganhavam também destaque por ocasião de batismos coletivos em que se enalteciam as qualidades da catequese para civilizá-los. Dessa forma, a partir das representações que difundiam-se, é possível compreender as expectativas que o suposto espetáculo causara na sociedade corumbaense, e a natureza exótica que a propaganda deve ter imprimido, atiçando curiosidade, e tornando tais índios objetos de pura exibição. O caso também demonstra que, na primeira década do século XX, já existia um sentimento de distância da população de Corumbá com relação a experiências tão próximas: o viver indígena, que também marcara a cidade.

O cinematógrafo ganhou cada vez mais espaço na vida noturna da cidade na primeira década do século. O primeiro cinema a se instalar pertencia a Francisco Serrador, inaugurado por volta de 1901. Entre os principais, citamos Polo Norte, Cine Chic, Petit Trianon, Odeon, Cine Central. Sobre os filmes, mudos, nos poucos comentários dos periódicos, o que mais destacava-se era seu lado humorístico e divertido, referências às gargalhadas dos espectadores. Os proprietários tinham que recorrer a operadores de fora, de Montevidéu e, além disso, às vezes, ficavam sem novidades para oferecer ao público, quando havia atraso na navegação. O cinema, contudo, representava um momento de sociabilidade importante e tinha uma assistência significativa, tanto que uma das formas das instituições arrecadarem recursos era por meio de sessões beneficentes, constantemente mencionadas na imprensa. Contudo, as chamadas para o início das sessões, ainda em 1918, eram realizadas por meio de foguetões. O relógio, provavelmente, ainda não marcava a vida cotidiana.

O esporte também foi ganhando destaque na cidade, especialmente o futebol, que passou a ser praticado a partir de 1907, de forma amadora. Com a realização dos campeonatos oficiais, o futebol começou a ocupar espaço nas primeiras páginas dos jornais a partir de 1921. No campeonato municipal de 1922, do centenário da independência, constavam cinco clubes: Riachuelo, Corumbaense, Ladarense, Commercio e Constituição (*Tribuna*, n. 4801, 10 ago. 1922). Na oportunidade, o Riachuelo Futebol Clube, fundado em 24 de fevereiro de 1915, venceu a competição. Na década seguinte, campeonatos eram organizados e seus resultados divulgados na imprensa. Entre os futebolistas da época, Renato Báez destaca a presença de paraguaios, sendo que muitos eram alfaiates (1975, p. 65-66).

Tratava-se de esporte concorrido. Os clubes pediam reforço da polícia para impedir os "perus", que não pagavam ingresso e subiam nos alambrados, prejudicando as arrecadações. O esporte requeria espaços próprios no meio urbano para ser praticado. Pode ser considerado dentro do quadro amplo da normatização e educação das camadas populares, pois também exigia disciplina. Contudo, esse caráter muitas vezes era subvertido, como no caso da prática em locais considerados impróprios, caso das ruas. Em artigo "Québra-tudo...", um periódico criticava a prática nas ruas, não só por garotos, mas também pelos marmanjos, prejudicando vidraças e transeuntes (*A Cidade*, n. 1599, 3 jun. 1923, p. 2) [23].

Outro espaço mereceu também atenção dos contemporâneos, um dos símbolos da cidade moderna e higienizada, qual seja, a praça. O principal jardim de Corumbá foi inaugurado em 1917, a praça da Independência. Arborizada com plantas diversificadas e espécies nativas, como o carandá, a bocaiúva, e o ipê-roxo, foi toda murada em mármore e o acesso se dava por meio de portões de ferro. O coreto, em forma octogonal, foi importado da Alemanha, assim como o mosaico do calçamento externo. Quatro esculturas representando as estações do ano, esculpidas em mármore de Carrara e doadas por um conde italiano, também compunham a paisagem.

A importância de espaços ajardinados era discutida na imprensa corumbaense desde a década anterior, como em 1909, pelo cronista de pseudônimo Gavião, em sua seção "Impressões da semana", reveladora das concepções então presentes:

> Os jardins públicos fazem parte da educação dos povos. Seus efeitos são psicológicos. Atuam sobre o físico pela higiene e sobre o moral pela estética. O que torna o Rio de Janeiro a cidade mais formosa do Universo é a grande quantidade de jardins que aquele assombroso prefeito Passos espalhou por toda ela.
> [...] A Câmara precisa cuidar seriamente de tornar realidade o velho sonho dos corumbaenses: um lugar ajardinado e iluminado onde se possa passear (*Correio do Estado*, n. 36, 11 set. 1909, p. 1).

A proposta de criação de parques e a arborização da cidade, como mencionada no capítulo 3, era tema que vinha sendo veiculado na imprensa desde os primeiros anos do século XX e revela essa preocupação de tornar a cidade um lugar agradável. Mais do que isso, o cronista preocupava-se com uma certa imagem de civilização. Ao propor que a praça da República - antiga praça da Candelária em frente à Igreja Matriz - fosse ajardinada e iluminada, manifesta a preocupação com a estética e a higiene na formação do caráter do povo, revelando uma concepção determinista, da influência do meio sobre o homem[24]. A praça, nesse viés, se constituiria num espaço público, ordenado, próprio para os passeios das famílias e importante para a educação do povo. Nesses termos, o espaço público era implantado e mesmo objeto de incentivo, desde que ficasse submetido à determinadas regras. O cronista tinha por referencial a cidade do Rio de Janeiro e as reformas de Pereira Passos. Os contatos com a então capital federal eram freqüentes, especialmente pela elite local, em função de negócios comerciais, políticos e militares. Assim, a cidade se constituía num referencial para Corumbá.

Ao ganhar sua praça em 1917, com as características descritas, esta se revela como um espaço delimitado, cercado e atendendo à tranqüilidade das famílias. As retretas, as músicas aos domingos, passaram a constar da programação da praça e eram divulgadas semanalmente pela imprensa. Contudo, a existência do equipamento coletivo, a apropriação pública do espaço para um uso bem definido, não é necessariamente popular. Assim, como afirma Michelle Perrot, "... pela circulação dos fluxos e especialização dos espaços, o urbanismo canaliza progressivamente a multidão [...] e a disciplina" (1992, p. 124). Enfim, representa o desejo das elites pela cidade civilizada!

No conjunto, como comentamos ao longo deste e dos demais capítulos, de alguma forma, a cidade deveria eliminar de sua visibilidade as casas pobres, os banhistas nus, as lavadeiras com seios à mostra, as disputas de corridas de cavalos pelas ruas, os usos desordenados dos espaços pelos trabalhadores pobres, e construir espaços delimitados e seletivos de convivência, para que pudesse emergir, do subterrâneo para a luz, conforme uma das epígrafes do presente capítulo, a sociedade ordenada.

Considerações finais

Com relação ao tema geral deste trabalho, debatemos as tensões da modernidade de Corumbá na perspectiva de compreender como acontecia a incorporação das novas tecnologias disponíveis a partir do final do século XIX, os discursos que as acompanharam, especialmente as expectativas de progresso, o seu alcance junto à população e quais implicações tiveram nas relações sociais. A modernidade, que pressupunha um modo de vida ideal, tido por civilizado, marcado por comportamentos no âmbito do trabalho, das formas de morar e de se divertir, não se fez sem contradições, de diversas ordens.

Dessa forma, iniciamos nosso trabalho afirmando as possibilidades de leituras da cidade, a partir de várias portas que oferecem olhares diversos, a apreensão de perspectivas, discursos e práticas distintas. A cidade é múltipla e, no seu constituir-se, gerou inevitáveis tensões. Assim, o conjunto de apreensões, as respostas que obtivemos, dependeu, além da diversidade de acessos, essencialmente das perguntas e problemáticas levantadas. Uma questão permeou os olhares sobre Corumbá no período estudado, como foi vivenciado pelos contemporâneos seu propalado cosmopolitismo, progresso, enfim, sua modernidade.

Ao percorrer os acessos à cidade, dialogamos com atores sociais que tornaram possível a sua formação. As suas múltiplas faces e espaços estiveram nas vozes dos trabalhadores e suas práticas, de carroceiros e changueiros, de cantadores de moda, de moradores do Sarobá, das mulheres paraguaias. Tratamos também dos discursos daqueles que desejavam fazer prevalecer seu projeto de cidade, de profissionais médicos sanitaristas, engenheiros militares, proprietários, comerciantes. A memória registrada pelos seus periódicos foi fonte inestimável nessa trajetória de pesquisa. Dessa memória estabelecida, buscamos os ecos daquelas que nem sempre fizeram parte do projeto de construção da cidade "civilizada". Ambas, partes constituinte de Corumbá, de suas tensões e contradições.

A passagem do século XIX ao XX constituiu-se num momento rico de apreensão de processos vinculados à urbanização. No Brasil, as expectativas geradas com a abolição e a instituição do trabalho livre, o regime republicano e a inserção cada vez maior do país no mercado capitalista mundial, em significativa internacionalização naquele momento, confluíram num processo de transformação da sociedade. Nesse contexto, as novas conquistas da medicina, as vacinas para combate das epidemias, a intervenção normatizadora sofreram seus percalços. Contudo, a experiência de cidadania de amplas camadas da população era bem restrita e distinta das elites e classes médias em formação. A exclusão foi uma das marcas da urbanização do período nas cidades brasileiras, também identificada em Corumbá.

A vila de Corumbá, após a Guerra do Paraguai, além de seus antigos habitantes que não ultrapassavam mil e quinhentos, recebeu nacionais de diferentes condições sócio-culturais, principalmente militares e ex-escravos. Teve impulso significativo com a imigração dos vizinhos paraguaios, bolivianos, mas também de portugueses, italianos e, posteriormente, sirio-libaneses entre outras nacionalidades. Inscrevia-se, dessa forma, no mercado internacional de mão-de-obra, na mundialização da força de trabalho. Essas populações foram interagindo, criando seus grêmios e clubes, por vezes entrando em conflitos, não escapando de certa xenofobia, mas, ao mesmo tempo constituindo um modo de vida próprio na cidade.

Ainda nesse contexto, destacamos que os oficias militares contribuíram com a formação de uma elite local. As construções de fortins e do Arsenal da Marinha garantiram a consolidação das instituições militares e sua presença permanente na cidade. Assim, também concorreram com a transferência de recursos para a região, investiram em empreendimentos comerciais. Os soldos percebidos tinham influência direta no desempenho do comércio local. Oficiais atuaram na política exercendo cargos executivos e legislativos. No início da República, tiveram papel importante em movimentos políticos, vinculados ao jacobinismo florianista. No jogo político do estado, participaram apoiando ora essa ou aquela oligarquia.

As principais alternativas de trabalho estiveram, inicialmente, na construção civil, e a edificação do Arsenal da Marinha representou fonte importante de emprego. No geral, as atividades no porto requeriam mão-de-obra contínua para descarregar as mercadorias e transportá-las para a cidade alta, onde se realizava o comércio a varejo. Havia, ainda, o setor de prestação de serviços, que necessitava de carregadores e carroceiros para fazer as mercadorias circularem por toda a cidade, inclusive a água, transportada pelos aguateiros. As ruas, portanto, eram os espaços por excelência da presença de bom número de trabalhadores. Por isso, foi também objeto de ação de controle, espaço a ser disciplinado, inclusive por ocasião de festas, singulares para essa apreensão. As ladeiras principais de acesso ao rio Paraguai foram fechadas a pedido da Igreja, que havia proibido a realização das procissões e do banho no rio da imagem de São João, a população realizou sua tradição utilizando trilhas, cortando, contrariando a lógica romanizadora. O carnaval foi implantado com os bailes de salão e seus préstitos nas ruas, mas também convivia com o entrudo, a brincadeira não "civilizada". Os carroceiros fizeram também suas peripécias pelas ruas: corridas de animais, risco para transeuntes e diversão dos trabalhadores.

Os pobres, segundo Michel Perrot, têm um jeito especial de lidar com os espaços públicos, com a rua. Os atalhos que serviram para as procissões são também os atalhos para burlar a ordem, ocupar e usar de forma diferente, contrariando, invertendo. A presença dos trabalhadores na rua, mesmo quando em atividade, era questionada. Os vendedores ambulantes, por exemplo, foram criticados pela imprensa. Argumentava-se que homens fortes deveriam estar no trabalho pesado, produtivo, rendendo mais, e não a vender miudezas.

A imprensa, vinculada aos partidos políticos, comerciantes e não raro às administrações municipais, fazia a defesa do tipo ideal de trabalhador, o europeu, homem capaz de exercer comportamento adequado ao trabalho, educado e cumpridor do dever. Contudo, a região recebera muitos imigrantes não-europeus, gente que na visão daqueles setores, era considerada não apta ao trabalho disciplinado. As terminologias empregadas com relação a esses trabalhadores deixavam transparecer a desqualificação e o preconceito. Referências às mulheres paraguaias como "fezes" da sociedade constam inclusive em relatório oficial. Os paraguaios e bolivianos eram vistos com desconfiança. Sua presença no porto preocupava, pois não falavam o português, poderiam impressionar mal os visitantes. Dessa prática, identificamos a contradição entre o discurso da cidade que se quer cosmopolita, mas que seleciona os imigrantes desejados.

Assim, no porto, espaço da visibilidade de alguns dos elementos constituidores da modernização no século XIX, como o vapor, os navios do estrangeiro e suas mercadorias, havia também a presença inoportuna desses pobres, que poderiam depor contra essa imagem. Constatamos, contudo, uma dupla face desse processo. Ao mesmo tempo em que se desqualificava esse trabalhador, por não representar o tipo ideal, havia a tolerância a sua presença. Prevalecia, nesse caso, o interesse em explorar essa mão-de-obra. Caso típico da explicitação desse interesse, constatamos nos relatórios da própria Câmara de Corumbá, que reconhecia a importância dos índios Kadiwéu, cuja presença se fazia de forma temporária no Porto, pois desempenhavam os trabalhos por valores bem abaixo dos demais carregadores. Apesar do papel significativo desempenhado pelos trabalhadores do porto, sua presença não era valorizada, apenas tolerada nos termos que conviam aos comerciantes e viajantes, ou seja, como mão de obra barata.

A ambiguidade é outra característica desse espaço da cidade, lembramos que estava associado ao medo das epidemias. Do rio, que possibilitava a importação e exportação de mercadorias e colocava Corumbá em contato com o mundo, também provinha a varíola, o cólera, que exigia novos tratamentos e comportamentos para eliminar seus efeitos. O debate sobre a quarentena, a obrigatoriedade da vacina ganharam as páginas da imprensa.

As ações e práticas faziam-se segundo uma lógica que os sanitaristas e engenheiros ditavam o padrão. O critério de embelezamento do porto, as aspirações de instalação de elevador, de urbanização da área levavam em conta a apresentação da cidade, sua identificação com o progresso. Esse projeto implicava tratar também de áreas que se desejava "sanear". O acampamento de cima, bairro que surgiu após a Guerra do Paraguai, fruto da presença militar e das vivandeiras ou o Sarobá, destoavam da cidade portuária caracterizada pelas construções das casas comerciais ou da cidade edificada conforme o alinhamento e padrões de alvenaria definido no Código de Posturas. Examinando mais de perto, é possível identificar uma outra cidade, não aquela enaltecida pela historiografia que valoriza tão somente o porto e seu casario. Barracos nas escarpadas, fora do alinhamento, não rebocados, na visão de muitos, depunham contra a cidade que se queria moderna. Na cena da cidade, mais uma vez, os pobres vieram para ficar.

A retirada dos bairros, dos acampamentos que se formaram à revelia do Código de Posturas e da simetria pré-estabelecidos, enquadra-se nessa lógica. Empurrar os pobres para áreas menos visíveis, para além do cartão postal, que devia ser o porto. As condições das moradias dos trabalhadores são registradas em alguns momentos pela imprensa, mais na perspectiva de um mercado imobiliário do que das reais necessidades desses trabalhadores. Essa lógica é que preside os debates. Os recursos e melhorias são, portanto, pensados de acordo com o projeto de comerciantes, um modelo restrito de atuação.

Os espaços e usos da cidade são pensados a partir desses pressupostos, o que não se enquadrava nesses parâmetros era considerado atrasado e comprometedor, ameaça ao progresso e à civilização. Os referenciais que norteavam suas práticas não difeririam das matrizes então disponíveis. É o caso, por exemplo, do tratamento dispensado às famílias carentes em momentos de crise por epidemias. A intervenção do poder público na família criava temores que os levavam a esconder os casos de doenças, pois o desalojamento e a separação vinham como conseqüência da ação pública. A moradia dos pobres era espaço de intervenção para se estabelecer a racionalidade professada pela medicina de então. As suas formas e aplicações, culpabilizando os mais pobres, é que merecem reparos, inclusive porque submetia os carentes a humilhações e imposições. Nos momentos de crise da saúde pública, havia as propostas para superação, como nas palavras do Dr. Fragelli, a civilização pressupunha água encanada, esgoto e energia elétrica.

Assim, o desejo de disponibilizar de tecnologias ou serviços já implantadas, há décadas, em outros centros urbanos do país, passou a ser obsessão. Nesse contexto, a imprensa constituiu-se em expressão significativa dos comerciantes e políticos, foi apresentada como a inteligência, a racionalidade necessária ao progresso, e a liberdade indispensável à civilização. São os valores e comportamentos enaltecidos, ainda que distantes da grande maioria dos seus cidadãos. Tratava-se de uma imprensa dirigida aos seus pares, ainda que se possa reconhecer que teve papel também no estímulo à alfabetização e divulgação da língua portuguesa junto à população de imigrantes.

Corumbá era pensada também na relação com outros centros. Além da navegação, o telégrafo e o trem são tecnologias ligadas ao transporte e à comunicação e assim foram saldadas como o elo que faltava na cadeia do processo de integração de Corumbá aos outros centros da civilização.

No âmbito regional, porém, outra consciência se apresentava, ainda que ambígua. Corumbá era vista como mais adiantada e progressista, enquanto a capital Cuiabá considerava-se parada no tempo, atrasada. A existência de energia elétrica, ferrovia e outros serviços, foi o referencial para estabelecer diferenças entre as percepções das elites de ambas as cidades, uma se enlevava com as novas incorporações e a outra sentia perder terreno. São dimensões do mesmo processo. O referencial quantitativo de incorporação de tecnologias era o utilizado para estabelecer o diferencial entre as duas cidades.

Destacamos, contudo, que a incorporação de tecnologias não teve efeitos de homogeneização para a sociedade, esse processo constituiu-se em fator de maior desigualdade: a água encanada não era instalada em casas de valor imobiliário menor, a iluminação elétrica destinava-se às ruas no perímetro central. Eram serviços contratados pelo Município junto às empresas particulares, portanto, com custos elevados para grande parte dos segmentos sociais.

De certa forma, as disputas travadas entre as duas cidades nos servem também para apontar os limites dessa modernidade, o pivô das discussões passava pela representação da aquisição de tecnologias, algumas inclusive já superadas, como o telégrafo convencional implantado pela Comissão Rondon, quando já havia o elétrico ou a ferrovia, também há muito existente no Brasil, desde a segunda metade do século XIX. A incorporação dessas e outras tecnologias e serviços foi acompanhada por discursos produzidos pela elite corumbaense e veiculados pela imprensa sobre a modernização, constantemente perseguida, cuja realização se concretizaria com a nova aquisição técnica. Tal percepção tem relação com o próprio caráter dinâmico da modernidade e dos parâmetros de referência das elites corumbaenses, ou seja, a cidade do Rio de Janeiro e as da região do Prata. Assim, sentiam-se adiantados em relação a Cuiabá, mas aquém quando consideravam as demais. Cabe aqui ainda outra reflexão, a de que a consciência que muitas sociedades ocidentais capitalistas possuem da modernidade está associada a um entendimento do moderno, mais como a novidade do que o novo, não realizam a reflexão crítica sobre sua condição, situação que identificamos em Corumbá.

O povo das festas de São João e do carnaval, do bairro pobre Sarobá, dos trabalhadores ambulantes e changadores viveu outras dimensões da cidade, que a memória dominante tenta ocultar. Não identificados com a modernidade que se tentava estabelecer, de forma autoritária, estes permaneceram nas ruas e praças, resignificaram e se apropriaram à sua maneira de espaços proibidos. Inventaram formas novas de trabalho e burlaram normas, mas também contemporizaram, sobreviveram, se alfabetizaram na leitura da cidade.

Finalmente, ressaltamos que a racionalidade, a modernidade que se desejava implantar convivia com tradições culturais diversificadas. São exemplos de reinvenções culturais as festas de São João e do carnaval, e as danças, como o Cururu e a Gomba. Corumbá incorporava-se, em parte, no circuito do comércio e do movimento do capital, mas enquanto cidade periférica não foi mimética.

Notas

1. O progresso contra a natureza: vapor, fios e trilhos

[1] *O Brazil*, publicado em Corumbá por Temístocles Serra, circulou por oito anos, de set. de 1902 a set. de 1910. Inicialmente intitulava-se independente, depois passou a ser representante do Partido da Coligação.

[2] Lucia Lippi Oliveira aborda essa temática em *A questão nacional na primeira república* e cita R. S. Maciel de Barros ao definir: "O cientificismo do século XIX analisava o mundo humano como um objeto em mutação, um mundo histórico cuja evolução era regida por leis naturais. Todos os valores, fossem eles morais ou políticos, estavam aprisionados ao estágio de evolução, e recorria-se ao critério histórico como padrão de julgamento da conduta humana. A 'positividade' de um valor dependia de sua conexão com a lei geral da evolução humana. Cumpre valores completamente diversos" (apud Oliveira, 1990, p. 83).

[3] A adoção de aspas na expressão "geração de 1870", justifica-se para evitar a ilusão da unidade de grupo ou da homogeneidade de época (Cf. Ventura, 1991. p. 10).

[4] Para uma visão mais ampla sobre o desenvolvimento comercial de Corumbá e das empresas de navegação que atuaram no período, ver: Lúcia S. Corrêa (1980, p. 70-124), especialmente a parte II: o Ciclo Comercial de Corumbá (1870-1920); (Cf. Reynaldo, 2000), principalmente a segunda parte, subitem: as empresas de Navegação em Mato Grosso p. 96-118 e a terceira parte: O Comércio Mato-Grossense, p. 121-149; (Cf. Bradão, 1991), principalmente os itens: o 1º período da navegação a vapor; o Comércio e o 2º período da navegação, p. 48-84.

[5] Em artigo "Queixas contra o Lloyd", *O Brazil* (n. 208, 7 abr. 1907) faz um balanço da atuação da Companhia abrangendo 16 anos (1891-1907),

destacando que, apesar das subvenções recebidas do governo, a empresa não atendia bem ao público e nem ao comércio.

[6] (Reynaldo, 2000, p. 104); ver também Lúcia Salsa Corrêa (1980), que comenta essas reclamações e os transtornos provocados ao Comércio e aos passageiros, inclusive com protestos da Associação Comercial Corumbaense.

[7] Ver Gilberto Luiz Alves, A Trajetória Histórica do Grande Comerciante dos Portos em Corumbá: 1857-1929 (In: Corrêa; Alaves, 1985, p. 58-85) Em linhas gerais, o autor discute a natureza das casas comerciais, inclusive seu papel de financiadora, pois não haviam instituições financeiras na região (a primeira a instalar-se em Corumbá foi o Banco do Brasil, em 1916) e as estratégias de dominação exercidas sobre os produtores.

[8] A autora lembra que o proprietário de uma grande casa comercial, Cavassa & Cia, iniciou dessa forma suas atividades comerciais, em período anterior à Guerra do Paraguai.

[9] O jornal foi produzido por Silvestre Antunes P. da Serra, ligado aos comerciantes portugueses, e circulou por nove anos, até setembro de 1886. Dos exemplares disponíveis em microfilmes, o primeiro é apenas o de n. 182, de 18 de janeiro de 1879 (FEC-MS; NDIHIR-UFMT; BN).

[10] O primeiro jornal brasileiro foi a *Gazeta do Rio de Janeiro*, que circulou pela primeira vez em 1 set. 1808.

[11] Para uma abordagem do desenvolvimento do Telégrafo em geral e particularmente da política de sua utilização no Brasil, pelo Império e pela Primeira República, ver *A nação por um fio* (Maciel, 1998, p. 43-93). Em nota n. 2, p. 46, comenta que o desenvolvimento do telégrafo elétrico na década de 1830, ocorreu associado à expansão da rede ferroviária inglesa e ao código elaborado por Samuel Morse, nos EUA.

[12] Porto Esperança está localizada à margem esquerda do rio Paraguai, a 70 km de Corumbá. O autor é citado por Francisco Foot Hardman (1988, p. 108-109), que, por sua vez abordou esse aspecto, da presença das máquinas na selva, quando trata da construção de outra ferrovia no norte do então estado de Mato Grosso, a Madeira-Mamoré, realizada em duas fases: 1878-1879 e 1907-1912.

[13] Walter Benjamin está se contrapondo às propostas positivistas da social-democracia alemã e tece crítica ao filósofo Josef Dietzgen, que afirmava: "O trabalho é o Redentor dos tempos modernos[...] No aperfeiçoamento[...] do trabalho reside a riqueza, que agora pode realizar o que não foi realizado por nenhum salvador" (1993, p. 228).

[14] Exemplo dessa posição foi Nina Rodrigues, que opunha o litoral, reduto da civilização e dos grupos brancos, ao sertão, dominado por uma população mestiça, infantil e inculta. Aos sertanejos atribuía uma inferioridade evolutiva e os tinha por incapazes de civilização (apud Ventura, 1991, p. 54).

[15] O periódico *O Brazil* números 344, 345, 347 a 349 apresentou, em dezembro de 1909, numa série de cinco artigos com o título geral "Estrada de Ferro Noroeste do Brazil", reportagem sobre diversos aspectos da construção, tais como: as relações trabalhistas, problemas de abastecimento de alimentos, as dificuldades da topografia, como também apontou perspectivas econômicas para a região sul do estado, pensadas a partir do transporte pela ferrovia.

[16] Ambas as referências são feitas por Paulo R. Cimo Queiroz (1999, p. 78).

[17] Sobre as Linhas Telegráficas em Mato Grosso, consultar (Maciel, p. 135-143). O índice de mortos foi de 19% dos trabalhadores, isso reconhecido oficialmente pela Comissão. A autora trata dos relatórios médicos sobre as condições de trabalho e salubridade na região Madeira –Mamoré.

[18] Foram deportados "105 ex-marinheiros, 292 vagabundos, 44 mulheres", conforme relatório de bordo do navio mercante Satélite, que partiu do Rio de Janeiro em 25/12/1910 (Cf. Silva, 1982. p. 87). Sobre os ex-marinheiros, demais deportados e seus destinos, trata Francisco Foot Hardman (1988, p. 154-159). Laura Antunes Maciel, em *A Nação por um fio*, especialmente no capítulo "Amansando Sertões" (1998, p. 95-177), aborda as formas de contratação de trabalhadores pela Comissão das Linhas Telegráficas, sob a chefia de Rondon, inclusive as compulsórias, as duras condições de trabalho e castigos sofridos pelos mesmos, assim como suas revoltas e deserções.

[19] A ligação telegráfica de Cuiabá com o Rio de Janeiro tinha sido concluída em 1891, portanto, mais de uma década em relação a Corumbá (Cf. Maciel, 1998, p. 101, nota 7).

[20] A autora, entre outros aspectos, discute o contexto econômico em que ocorre a rivalidade entre o Norte e o Sul do estado no início do século XX, especialmente no capítulo 8 – "O estigma da barbárie", p. 239-272.

2. Imprensa, representações e poder: elites em confronto

[1] Sobre esse primeiro jornal e as décadas iniciais da imprensa em Cuiabá, conferir: (Caetano, 1981) *História, sociedade e discurso jornalístico: análise de alguns jornais veiculados em Corumbá-MS durante o Estado Novo*; (Jucá, 1986) *A imprensa oficial em Mato Grosso*; (Mendonça, 1975) *Breve memória sobre a imprensa em Matto-Grosso* e (Mendonça, 1963) *História do jornalismo em Mato Grosso*.

[2] O segundo jornal de Corumbá foi editado quase um ano depois de *O Iniciador*. Trata-se do periódico *A Opinião*, fundado por Pedro Moseller, em janeiro de 1878, que circulou até julho de 1880.

[3] Utilizaremos as manifestações de poucos periódicos, pois, além do exposto, constatamos que existe recorrência nesses discursos, e nos amparamos no conceito de *formação discursiva*, entendida como um conjunto de temas e figuras que materializam uma dada formação ideológica. As visões de mundo se materializam na linguagem, em suas diferentes manifestações, e se corporificam num estoque de temas e figuras, que constituem a maneira de pensar o mundo numa dada época (Fiorin, 1988. p. 12-14).

[4] Trata-se de citação de Victor Hugo, em artigo intitulado "A imprensa", publicado pelo jornal *O Sertanejo*, de Corumbá (n. 28, 16 mar. 1898, p. 2). O periódico foi fundado em 1 set. 1897 pelo Capitão Manoel José Brandão (cf. Mendonça, 1919, v. 2. p. 128).

[5] Compõe o editorial "Nossos intuitos", da edição inaugural do jornal *Correio do Estado*, de Corumbá (12 maio 1909, p. 1), de propriedade de Francisco Castelo Branco.

⁶ Do editorial "Juiz substituto", (*Correio do Estado*, n. 2, 15 maio 1909, p. 1).

⁷ Publicado como "Carta de...", pelo *Autonomista* (27 jun. 1908). Jornal fundado em agosto de 1904 por João Antonio Rodrigues, que circulou até primeiro de maio de 1909.

⁸ Carta do exilado paraguaio Juan F. Finoquetto ao diretor do *Correio do Estado*, publicada com o título "Dos palabras" (n. 2, 15 maio 1909, p. 2).

⁹ Editorial sobre "A freguesia do Ladário", (*Correio do Estado*, n. 4, 22 maio 1909, p. 1).

¹⁰ Texto de Victor Hugo: "A imprensa", (*O Sertanejo*, n. 28, 16 mar. 1898, p. 2).

¹¹ *Autonomista* (27 jun. 1908).

¹² "Dos palabras", publicada pelo *Correio do Estado* (12 maio 1909 p. 2).

¹³ Editorial "Nossos intuitos", quando do lançamento do *Correio do Estado* (n. 1, 12 maio 1909, p. 1).

¹⁴ Na seqüência, com o intuito de melhor identificar o sentido dos enunciados dos periódicos sobre como se auto-representam, utilizaremos algumas categorias da teoria do discurso, embora não realizando a análise lingüística em todos os seus termos, fundamentados em *Elementos de análise do discurso* (Fiorin, 1996).

¹⁵ Fundamentamos essa narrativa no editorial "A freguezia do Ladario", (*Correio do Estado*, n. 4, 22 maio 1909), no qual o jornal comenta as justificativas de um ministro de Portugal a um projeto de lei sobre a imprensa, as quais versam sobre essa vinculação da civilização e imprensa.

¹⁶ Um exemplo dessa aplicação encontra-se em *Sacralização da política*, de Alcir Lenharo (1986), na qual analisou as potencialidades e as funções dos discursos políticos do poder no Brasil das décadas de 1930 e 1940, que incorporaram símbolos, imagens e comparações (parábolas) do Cristianismo e particularmente do catolicismo.

¹⁷ No Quadro 01, constam os principais periódicos de Corumbá, período 1877-1918, especialmente daqueles que obtivemos exemplar ou microfilme.

[18] Sobre a hostilidade nacionalista urbana, da qual os comerciantes portugueses tornaram-se alvos no período do Império, ver: (Alencastro; Renaux, 1997, v. 2, p. 291-335). Quanto à mencionada gazeta que teria apoiado os militares, presumimos que seja o periódico *A Opinião*, pois desconhecemos a existência de outro jornal naquele período em Corumbá.

[19] Estevão de Mendonça comentou que o governador João José Pedrosa não aceitou o fato como consumado, pois embora não tivesse provas para processar os autores do atentado, agiu com energia, adotando medidas de alcance administrativo. Concluindo: "A verdade é que o exemplo dado pelo Presidente Pedrosa produziu os frutos desejados. No regime republicano, porém outros atentados de igual natureza têm sido praticados, e ainda em 1916 foi empastelado a tipografia do *Diário de Corumbá*, com a impunidade dos delinqüentes" (Mendonça, 1919, v. 1, p. 274-275).

[20] O Forte foi fundado em 1775, e o povoado de Albuquerque, futura Corumbá, em 1778, quando governava Mato Grosso o capitão-general Luís de Albuquerque de Mello Pereira e Cáceres (Cf. Mello, 1966. p. 7-8; 124-130).

[21] O contexto anterior à Guerra do Paraguai, sobre a liberação da navegação internacional pelo rio Paraguai em 1856, a criação da Alfândega e a elevação de Corumbá à categoria de Vila em 1862, é tratado por Lúcia Salsa Corrêa (1980) na dissertação *Corumbá: um núcleo comercial na fronteira de Mato Grosso*, especialmente no cap. II, p. 32-49. Com relação à restauração do município após a Guerra do Paraguai, em 1871, e a instalação da Câmara, ver Lécio G. de Souza ([ca. 1984]. p. 65-70).

[22] Sobre os interesses da burguesia mercantil local e da aliança dos militares com o Partido Nacional Republicano, ver Valmir Batista Corrêa, "O comércio de Corumbá como um capítulo da história política de Mato Grosso. (In Corrêa, V. B.; Corrêa, L. S.; Alves, 1985. p. 9-22).

[23] Ponce e os Murtinhos constituíram-se, junto com os Barros, nas principais oligarquias do estado de Mato Grosso, que se digladiaram ou realizaram alianças temporárias pela hegemonia do poder no estado.

[24] Cf. os periódicos *Echo do Povo*, edições de 31/03, 15/04 e 22/04 de 1894; *Oasis*, edições de 08/04 e 15/04 de 1894.

[25] Voltou a circular no período de 1905-1906, vinculado ao Partido da Coligação.

[26] Sobre o interesse de Ponce nos ervais do Sul de Mato Grosso e as disputas que gerou entre coronéis apoiados por ele e os aliados dos Murtinho e da Cia Mate Larangeira, ver Alisolete Antônia dos Santos Weingartner. *Movimento divisionista no Mato Grosso do Sul: 1889-1930*, (1995 p. 37-62).

[27] Para um maior detalhamento das disputas do período, ver Maria M. R. de Novis Neves. *Elites políticas: competição e dinâmica partidário-eleitoral (caso de Mato Grosso)* (1988, p. 75-107).

[28] Gilmar Arruda (2000) discute a importância da fotografia nesse tipo de publicação, a partir da qual analisa a relação entre a representação da natureza e os processos de urbanização e industrialização no Brasil no início do século XX. Especialmente, capítulo dois, p. 63-98.

[29] Osvaldo Zorzato (1998) trata especialmente no capítulo dois sobre o *Album Graphico*, discutindo sua composição e a construção de suas representações sobre Mato Grosso.

[30] As produções historiográficas mais recentes têm abordado o *Album* de forma crítica, desconstruindo seu discurso. É comum o *Album* ser citado, principalmente entre os memorialistas, como fonte indiscutível, a verdadeira história. Além das obras já mencionadas, que estabelecem a crítica ao *Album*, citamos: (Galetti, 2000, p. 262-5 e Maciel,1992, p. 104-108).

[31] O folheto "A anarchia em acção" foi reproduzido pelo periódico *O Tiradentes*, Corumbá, 14 out. 1897. n. 6, ano I, p. 4. Os exemplares de *O Tiradentes* não foram obtidos por meio de microfilmes, mas no Arquivo Público do Estado de Mato Grosso, documentos do Tribunal da Relação do Estado de Mato Grosso (TRMT, 1898, Cx. 47, pasta 785, APMT). Na seqüência, faremos apenas a referência ao periódico. Os termos utilizados retratam o momento político em que o país vivia, de combate a Canudos. Assim, *jagunços*: era referência aos seguidores de Antonio Conselheiro, acusados de restauradores (monarquistas, portugueses); *jacobinos*: eram os identificados com o florianismo, em

Corumbá participantes do Club Nativista. Abordaremos, na seqüência, com mais detalhes, o contexto político geral em que essas tensões ocorreram.

[32] Boletim redigido em 11 out. 1897, pela redação do periódico *A Federação*, em nome das autoridades judiciárias, militar e policial de Corumbá.

[33] A menção de "Federação" no slogan refere-se ao periódico corumbaense de mesmo nome. Grifos do original.

[34] Suely Robles Reis de Queiroz (1986, p. 17-18) comenta que as expressões jacobinos e jacobinismo eram correntes desde a implantação da República. De maneira geral, a historiografia e as fontes apontam a Revolta da Armada como o momento que o jacobinismo emerge mais claramente. Outros autores que abordam o tema: (Carvalho, 1997, p. 21-24 e Janotti, 1986, p. 108 e 115).

[35] A autora trata da questão da formação da autoconsciência militar, recuperando aspectos desse processo desde a Independência, passando pela Guerra do Paraguai. Aponta para as frustrações dos militares e o sentimento que nutriam de não reconhecimento, pelos governos civis, de sua importância nos quadros da Nação e as implicações disso (Queiroz, 1986, p. 211- 220).

[36] A autora também analisa as influências positivistas no movimento. Sobre as relações com os portugueses, Janotti (1986) tece comentários em vários momentos de sua obra. A temática, em relação ao período do Império, é tratada por Alencastro (1997, p. 291-335).

[37] Por meio de *O Tiradentes*, edição de 14 out. 1897, tivemos conhecimento da existência em Corumbá desse periódico denominado *O Jacobino*, pois havia a informação sobre a interrupção da publicação deste último em função de uma viagem de seu proprietário e redator chefe Capitão Deocleciano Martyr ao Estado da Bahia. Não obtivemos nenhum exemplar e tampouco outras informações sobre *O Jacobino*. Outros periódicos que circulavam naquele momento, como *A Federação* e o *Echo do Povo*, contrapunham-se aos nativistas.

[38] Entre outros autores, abordam as reações dos jacobinos à derrota de Moreira Cesar e os ataques a jornais monarquistas: (Bello, 1983, p. 148-149; Galvão, 1977, p. 16; Janotti, 1986, p. 139-142; Carvalho, 1997, p. 23). Sobre a abordagem desses autores, destacamos que José Maria

Bello, deputado em legislatura anterior a 1930, escreveu um livro quase de memórias, comenta Canudos como um acontecimento trágico, um desacerto do regime republicano que tentava se consolidar. Quanto aos jacobinos, identificava-os como radicais que adotavam os discursos, as fraseologias demagógicas da Revolução Francesa, da qual eram um arremedo. Os trabalhos de Janotti; Carvalho e também Queiroz (1986), já mencionados, embora não deixem de registrar o radicalismo dos discursos e práticas do jacobinismo, tentam entendê-lo nos quadros do início da República, como um dos projetos em disputa, que, por não ter sido vencedor, vinha recebendo tratamento pouco aprofundado pela historiografia.

[39] O Tenente-Coronel Emiliano Gonçalves Frajano, membro do Clube Nativista, foi acusado pelo subdelegado Major Gregório Henrique do Amarante de distribuir panfleto com artigos difamando as autoridades judiciárias e policiais de Corumbá, os quais foram lhe atribuída a autoria. Por seu lado, o Clube acusou as autoridades locais de impedir a distribuição livre dos folhetos do Clube e do periódico *O Tiradentes* (TRMT, 1898. Doc. n 533, Cx. anterior 43, maço 785 APMT). Um outro caso, envolvendo esses mesmos personagens também por questões políticas, foi em 1898, quando o Sr. Salvador Augusto Moreira e outros acusaram Pedro Paulo Medeiros, coletor e 2º Juiz de Paz da Paróquia, de ter incluído no alistamento eleitoral seu cunhado Francisco Castelo Branco, menor de 21 anos, após ter convencido o escrivão a elaborar documento falso, sem a certidão competente (TRMT, 1898, Doc. 536, Cx. anterior 44, maço 787, APMT).

[40] Abordamos as questões do carnaval e das referidas danças no capítulo 7.

[41] Os dezessete sorteios identificados corresponderam aos de n. 13 ao n. 30. O sorteio de n. 13 foi publicado pelo *Autonomista* de 07 dez. 1907. Quanto ao de n. 30, como o periódico *Autonomista* havia sido vendido, foi publicado pelo novo jornal *Correio do Estado* em seu primeiro número, (12 maio 1909).

[42] Elites tradicionais entendidas no contexto da cidade letrada, conforme Rama as identifica, pertencentes à administração do Estado, dos quadros da Igreja e do setor terciário até meados do século XIX (RAMA, 1985).

⁴³ Mencionamos alguns periódicos, que tratam da instrução aos pobres como forma de adquirirem disciplina: *A Opinião:* n. 9, 24 fev. 1878; n. 10, 3 mar. 1878; *O Brazil:* n. 39, 24 jun. 1903; n. 248, 19 jan. 1908; n. 249, 26 jan. 1908; n. 330, 19 ago. 1909; n. 339, 21 out. 1909; *Autonomista:* n. 144, 13 maio 1908; n. 145, 30 maio 1908; n. 180, 30 jan. 1909.

⁴⁴ Entre outros nomes, citamos, também, Luis Feitosa Rodrigues (1890 – 1970) e Pedro Paulo de Medeiros Junior (Báez, 1980, p. 20 e Castro, [s.d], p. 24-27, 34).

3. A profilaxia da humanidade: higienização dos espaços e dos corpo

¹ A referência às afirmações do jornal *Autonomista*, de oposição ao Intendente, foi extraída do periódico *O Brazil*, de seu editorial "Sem comentário", no qual cita o artigo "A varíola", publicado dias antes pelo primeiro.

² Esclarecemos que o Quadro não deve ser tomado como uma identificação rigorosa, uma vez que existiam discussões sobre a definição dos sintomas dessas doenças. Os relatórios oficiais, tanto dos inspetores de higiene como as mensagens encaminhadas à Assembléia Legislativa pelos Presidentes da Província/Estado, não oferecem parâmetros, critérios, sobre a partir de que momento consideravam um surto como uma epidemia. Tais documentos carecem de informações estatísticas, mesmo que aproximadas, por exemplo, do número de pessoas acometidas e dos óbitos. Os periódicos trazem informações fragmentadas sobre os acometidos e internados de alguns meses. A dificuldade de maior sistematização residiu nesses fatores.

³ Constatamos esse tipo de informação em alguns Relatórios enviados ao Presidente do estado de Mato Grosso pelo Inspetor de Higiene (RIH, jan. 1902, Lata 1902 B, Maço: Inspetoria de Higiene; RIH, abr. 1907, Doc. 84, APMT).

⁴ Veneno, vírus, quando referido a uma doença, ou ao princípio contagioso dessa doença (*Novo Dicionário Aurélio*, 1975). Tratamos dos paradigmas explicativos sobre propagação de doenças (contágio e infecção) ao longo do texto.

⁵ Lúcia Salsa Corrêa (1999. p. 112) cita Relatório dos Vereadores João Lopes Carneiro da Fontoura e Jacinto Pompeu de Camargo sobre o estado da lavoura do Município de Corumbá ao Presidente da Província de Matto-Grosso em 1º de novembro de 1872, os quais comentam a morte de indígenas.

⁶ Decreto n. 39, de 18 mar. de 1893. Especialmente, capítulo 4º - Da polícia sanitária. – Coleção de Leis e Decretos do Estado de Matto-Grosso - APMT.

⁷ Para definição desses conceitos, nos apoiamos em Sidney Chalhoub, *Cidade Febril* (1996. p. 65-67, 168-170, nota 167, p. 218) que fundamentou-se em informações do século XIX: *Dicionário de medicina popular*, de Pedro Luiz Napoleão Chernoviz.

⁸ Decreto n. 39, de 18 de março de 1893. Regulamenta a lei n. 18, de 1892, que organiza o serviço sanitário do Estado. In: *Coleção de Leis e Decretos do Estado de Matto-Grosso* – 1893. p. 134 - 153. APMT.

⁹ Alguns exemplos: o isolamento constituído por ocasião do surto de cólera em 1886/87; o Hospital do Borrowsky, quando da varíola em 1890; o isolamento para os suspeitos com peste bubônica, em 1908.

¹⁰ A Resolução n. 23 da Câmara, que criou o lugar de Médico Municipal, foi publicada em 29 dez. 1907 (*O Brazil*, n. 245, p. 2). Não era a primeira vez que se criava o cargo, o Intendente anterior o extinguiu alegando falta de verbas (RICM, 1906).

¹¹ A edição fac-similar, de *Viagem ao redor do Brasil 1875 – 1878*. Rio de Janeiro: Biblioteca do Exército, 1986. v. 1 e 2 (Col. Taunay. Série Letras militares ; 1), é comemorativa do sesquicentenário de nascimento de João Severiano da Fonseca.

¹² Relatório apresentado à Câmara Municipal pelo Intendente (RICM, nov. 1913). Propunha verba de 10 contos de réis para auxílio ao Hospital.

¹³ O médico era filiado à Igreja e Apostolado Positivista do Brasil. Foi vice-presidente honorário da Anti-Vaccination League of America, mas recusa o cargo por entender ser incompatível com sua filiação à Igreja Positivista. Os anti-vacinistas fundamentavam sua argumentação no pensamento liberal (Cf. Lopes, 1988, p. 52-53).

[14] A expressão, conforme Chalhoub, foi utilizada por Jacinto Pereira Reys ao descrever a resistência da população à vacina em relatório apresentado ao Ministério do Império, em 29 de março de 1871 (1996, nota 38, p. 209).

[15] Nicolau Sevcenko comenta que Lauro Sodré estava envolvido na preparação de uma sedição militar, inicialmente prevista para 15 de novembro de 1904 (1984, p. 14, 31-35).

[16] A interpretação historiográfica mais recente apresenta diferentes abordagens sobre a Revolta da Vacina. Entre os principais textos, encontram-se: (Carvalho, 1997; Chalhoub, 1996, p. 97-185; Lopes, 1988, p. 95-124 e Sevcenko, 1984).

[17] Sobre o ano de 1804, quanto à introdução da vacina no Brasil, Chalhoub (1996, p. 107) afirma que há discordâncias entre os historiadores da medicina. Tânia Fernandes (1999) o endossa. A referência sobre a vacina animal é da autora.

[18] O autor trata das relações da população com essas práticas a partir de relatórios de alguns médicos que as descrevem por ocasião de epidemias em localidades próximas ao Rio de Janeiro, nas quais atuaram. Exemplo, o relatório do Dr. Lino Romualdo Teixeira, sobre sua experiência em 1874. (1996, p. 123-127).

[19] Relatórios: RIH, 1907, Doc. n. 84, Manuscrito – APMT; RIH, 1910, *Gazeta Official*, n. 3274, 10 jun. 1911; RIH, 1911 - *Gazeta Official*, n. 3378 e n. 3379, 15 e 17 fev. 1912.

[20] A autora cita o ofício de João Batista Teixeira ao presidente da Província João José da Costa Pimentel, Cuiabá, 15/1/1850 (Cx. 1850 C, APMT).

[21] José Murillo de Carvalho (1997, p. 96) comenta que não havia estudo mais detido sobre as tentativas de implantação da vacina obrigatória e sobre as razões do fracasso da ação do governo. Chalhoub trata da questão ao discutir as origens e evolução da "vacinophobia", (1996, p. 114 -134).

[22] (Chalhoub, 1996, p. 174). O autor discute os limites da ação do Estado numa ordem social organizada em torno da idéia da inviolabilidade da vontade senhorial.

²³ A julgar pelo relatório do médico municipal Dr. Nicolau Fragelli, apresentado ao Intendente Geral do Município Francisco Mariani Wanderley, em novembro de 1912 (Cx. Doc. Diversos 1912, ACMC), os dois surtos de epidemias, ocorridos no segundo semestre daquele ano, tiveram grande repercussão na imprensa. Contudo, não obtivemos exemplares de jornais do período. Dos disponíveis em microfilmes, dezessete no total, quinze são do *Correio do Estado*, todos do primeiro semestre e apenas dois da *Tribuna*. De qualquer forma, o Relatório do médico municipal aborda conflitos latentes e explicita o discurso higienista.

²⁴ As implicações desse processo de expropriação de conhecimentos e práticas populares são mais amplas do que parecem. Sidney Chalhoub, ao comentar essa questão, destaca as observações de Roger Cooter "Anticontagionism and history's medical record", que defende a idéia de que a teoria médica da infecção, ainda que não fosse sua intenção precípua, contribuía para as mudanças nas relações de trabalho, características da emergência de uma sociedade capitalista, especialmente quanto à subordinação do trabalhador na produção e em outras esferas da vida (1996, p.172-173).

²⁵ Ainda estudante de medicina no Rio de Janeiro, era colaborador do periódico *Correio do Estado*, enviando artigos e comentários. Num deles, de 18 jul. 1909, anunciou que Oswaldo Cruz descobrira o micróbio da varíola, um chlamydozoario. Esclareceu que os jornais de Paris noticiaram o fato e teceram elogios ao cientista nacional (*Correio do Estado*, n. 42, 20 out. 1909, p. 2). A formatura do médico foi noticiada na edição de 8 junho de 1911, p. 2 do referido periódico, do qual era colaborador. Na notícia, ressaltava-se que Nicolau era o primeiro mato-grossense, natural de Corumbá, formado em medicina. Seu período de formação coincidiu com as significativas transformações que ocorriam no Rio de Janeiro. Na ocasião, seu irmão Angelo, formava-se em Odontologia.

²⁶ O *Correio do Estado* publicou uma série de quatro artigos, em agosto/setembro de 1909, intitulados "*As Molestias de Corumba': meios de evitá-las e modos de curá-las.*", redigidos pelo Dr. Alfredo Haanwinckel. Apresentou-o como seu colaborador. Tratava-se de médico que atuara no Rio de Janeiro, especialmente no combate às febres palustres. O objetivo da publicação foi sendo explicitado pelo próprio autor, que, entre outros aspectos, destacou a intenção de divulgar informações sobre diferentes modalidades de

paludismo, descrevê-las em linguagem ao alcance de todos, indicando os meios mais fáceis de evitá-las e os medicamentos mais comuns, próprios e baratos. Reconhece os limites das descrições dos sintomas em "artiguinhos de imprensa leiga ou profana", além de cansar a paciência do leitor. Seus fins eram humanitários: *"o que eu desejo, o que eu quero, o que eu hei de conseguir, é evitar que se adoeça e se morra estupidamente de moléstias positivamente evitáveis e facilmente curáveis"* (Correio do Estado, n. 28, 14 ago. 1909, p. 1).

[27] Denise Bernuzzi Sant'Anna, em "O receio dos 'trabalhos perdidos': corpo e cidade" (1996, p. 122-123), aborda, em linhas gerais, como a obsessão higiênica e produtivista, no início do século XX, atingia o social visível, corpos e espaços, e o invisível, ar e costumes.

[28] Esses anúncios foram publicados nos jornais *A Tribuna* e *A Cidade*, ambos de Corumbá, nos anos de 1919 – 1921.

4. A cidade e seus espaços: tensões do viver urbano

[1] Os moradores que reclamavam, da não prestação desse serviço, moravam em quadras situadas acima da rua Cuiabá, paralela ao rio e distantes quatro quadras de sua barranca.

[2] As caixas situavam-se onde posteriormente se construiu a sede social do Grêmio dos Subtenentes e Sargentos, atrás do edifício próprio dos Correios e Telégrafos.

[3] Renato Báez relata em *Corumbá e outros encantos* (1996, p. 28) que obteve informações por meio de entrevistas com moradores que viveram em 1900, nesse texto trata da Caixa d´água primitiva. Em vários de seus livros, Báez aborda, de forma fragmentada, informações relativas à forma como os moradores se abasteciam de água em fins do século XIX e primeira década do XX, como em: *Corumbá: Poesia & Saudade* (1979, p. 127); *Cenas de minha terra* (1965, p. 129).

[4] Os Relatórios do Presidente da Câmara Municipal de Corumbá ao Presidente da Província de Matto-Grosso serão identificados pela sigla RPCMP. Trata do tema, também, o RPCMP, jun. 1885, Livro 205, fl. 58-60, ACMC.

⁵ Apesar de várias tentativas de definição das fronteiras coloniais entre as duas monarquias ibéricas, Portugal e Espanha, (Tratado de Madri – 1750, Tratado do Rio Pardo – 1761, Tratado de Santo Idelfonso – 1777), permaneceram indefinidas e motivo de conflitos. Nesse contexto, a ação do governador da Capitania de Mato Grosso Luís de Albuquerque de Melo Pereira e Cáceres foi fundamental, no período de 1772 a 1789, para consolidação do território da Capitania e para efetivação da conquista do rio Paraguai em favor dos lusitanos. Fundou fortes e povoados na fronteira ao sul da Capitania principalmente o Forte Coimbra (1775) e a povoação de Albuquerque (Corumbá) – 1778; ao norte o Forte Príncipe da Beira – 1776 e Vila Maria (Cáceres) – 1778. (Corrêa, L. S, 1980; Mello, 1966 e Silva, 1999).

⁶ O povoado (Corumbá) foi fundado no Governo de Luiz d'Albuquerque Pereira e Cáceres, em 21 set. 1778. Uma outra região, próxima à foz do rio Miranda, também era conhecida por Albuquerque e seu desenvolvimento na primeira metade do século XIX, passou a gerar confusão. A primeira, passou a ser chamada de Albuquerque Velha, mesmo assim, permanecia a confusão e o comando militar passou a denominá-la de Corumbá, nome empregado pela população local. Ao ser elevada à condição de Vila e Freguesia em 10 jul. 1862, o nome Corumbá é oficializado. Vários autores tratam da questão, mas, de forma mais abrangente, citamos: Raul Silveira de Mello. *Corumbá Albuquerque e Ladário* (1966, p. 86-7, 125-7).

⁷ Pela resolução de 15 jul 1903, a Câmara Municipal concedeu, a cinco senhores ou, à empresa que viessem a organizar, o privilégio por 40 anos para estabelecerem os serviços de canalização e distribuição de água, esgoto e luz elétrica e construção de um ou mais matadouros na cidade. Entre os cinco, constavam o empresário Manoel Cavassa e o militar João de Avila Franca. Conforme art. 11 dessa resolução, os contratos assinados em 1896 e 1898 com a empresa Progresso Corumbaense dos proprietários Antonio Vicente de Magalhães e Martin Santa Luci seriam rescindidos. Publicado pelo *O Brazil*, n. 46, 09 ago. 1903.

⁸ Encontra-se referência a essa autorização de empréstimo para construção de edifício no Relatório apresentado à Câmara Municipal pelo Vice-Intendente, Tenente-Coronel Pedro Paulo de Medeiros, em 5 mar. 1909 (RICM, Lata "A", 1909 - Maço: Intendência e Câmara Municipal, APMT).

No RICM de 1913, apresentado pelo Vice-Intendente Salustiano Antunes Maciel, constava a informação de que um edifício fora adquirido para alojar a Intendência (Cx. Doc. Diversos, ACMC).

[9] Essas informações referem-se exclusivamente à população da cidade, e não do município. Somente pelo censo de 1940, tem-se a distinção do urbano (sede do distrito) e do município (rural) e, naquele momento, a população urbana correspondia a 45%, mantendo-se na década essa proporção, pois em 1950 era de 48%. O salto, a virada para uma maior concentração urbana acontece durante a década de 1950, cujo índice atinge 62,8% (Censo de 1960).

[10] Para os anos 1861, 1864 e 1872, ver Lúcia Salsa Corrêa (1980, p. 40, 61). A autora cita J.S. Fonseca, J.F. Moutinho e o Recenseamento de 1872. Para 1881 e 1884, Relatórios da Câmara Municipal de Corumbá, ACMC, Livro 205. Sobre 1920, Recenseamento do Brasil realizado em 1º de setembro de 1920. Volume IV (1ª parte). População, p. 111-112. Para o município, apontava 19.547 habitantes, calculamos a população urbana em torno de 45%.

[11] Houve moradores na área de frente à cidade, margem direita do rio Paraguai, até quando uma grande cheia no Pantanal, no início do século XX, inundou-a e não houve mais possibilidades de utilização.

[12] Ato intendencial n. 65 de 24/10/1910, conforme mencionado no RICM de 1913, do Primeiro Vice-Intendetente, Tenente-Coronel Pedro Paulo de Medeiros.

[13] No Relatório de 1913, o Intendente informava que o pagamento das desapropriações havia totalizado 338,5 contos (304 por meio de emissão de apólices e 34,5 em dinheiro). Comunicou, ainda, que 16 lotes vendidos em hasta pública tinham produzido somente a quantia de 25 contos.

[14] Esse aviso, do fiscal de construções Sr. Raymundo Por Deus, informava sobre onde obter areia e como preparar a argamassa, e as medidas de cal ou cimento (*O Brazil*, n. 319, 2 jun.1909).

[15] José R. do Amaral Lapa comenta essa dificuldade de diferenciar o rural e o urbano em relação a Campinas ao final do séc. XIX (1996, p. 131).

5. O porto, o cais e os comerciantes: projetos e realizações

[1] Manoel Cavassa foi o primeiro comerciante a se estabelecer em Corumbá (1857), produziu um *Memorandum* dirigido ao Presidente da República do Brasil (1893), reivindicando indenização de perdas com a guerra. Esse texto foi publicado em 1997, sob o título *Memorandum Manoel Cavassa*, com apresentação e notas de Valmir Batista Corrêa e Lúcia Salsa Corrêa.

[2] Planta da Vila de Corumbá, organizada pelo Marechal de Campo Manoel Deodoro da Fonseca, em 1889, quando de sua presença em Corumbá: (Mello, 1966, p. 132).

[3] Algumas explicações se fazem necessárias. Mantivemos a nomenclatura dos fortins, constantes da planta de 1889, que é a mesma seguida pelo Tenente-Coronel Avila Franca ao escrever sobre o Porto em 1902. Diferenciamo-nos de outros autores, Lécio G. de Souza, ([ca 1984] p. 67); Haroldo de Carvalho Netto (1979, p. 85-90), Maria do Carmo B. G. da Silva, (1999. p. 207-209), que atribuem denominação e posição diferenciada para alguns desses fortes: por inverterem o F. Caxias no local do S. Francisco (na ponta do morro) e Major Gama no lugar de Caxias (próximo ao Tamengo). Nisso, parecem seguir as denominações apresentadas por João Severiano da Fonseca, *Viagem ao redor do Brasil*, (1986, v.1, p. 310). Contudo, no próprio texto de Fonseca, há contradição entre a enumeração que faz dos fortins ao descrever sua viagem de Ladário a Corumbá (nota de rodapé (a), p. 310) e a planta da cidade de 1875, que apresenta na p. 237. Decidimos seguir as plantas de 1875, 1889 e as Cartas Municipais de Avila Franca, por guardarem maior coerência.

[4] (Mulhall, *Viagem a Mato Grosso*, 1998, p. 35), como o autor descreve o porto, provavelmente esteja se referindo ao forte S. Francisco.

[5] O autor, Cônego Jacomo Vicenzi, informa na introdução do livro *Paraíso Verde: impressões de uma viagem a Matto Grosso em 1918*, que o redigiu entre junho e dezembro de 1918 e a intenção era publicá-lo em 1919, em homenagem ao bi-centenário da fundação de Cuiabá, mas a publicação ocorreu somente em 1922.

[6] Relatório da Câmara Municipal de Corumbá ao Presidente da Província de Mato Grosso, 23 dez. 1878, Livro 205, fl. 35-37, ACMC.

[7] Conforme 4º Relatório (Porto de Corumbá) da Comissão Revisora dos Contratos do Ministério da Viação e Obras Públicas, Rio de Janeiro, 10 mar. 1915. (Fundo GIFI 4B 370, maço 216, Processo n. 209, 10/03/1915, AN).

[8] Para registrar o que foi a longa espera pelo Cais, a qual já mencionamos até 1918, a cidade esperaria ainda por um longo tempo até se completar essa verdadeira epopéia. Ainda que de forma breve, menciono que o governo federal, em março de 1920, concedeu ao estado de Mato Grosso autorização para construção e gozo de melhoramentos do porto fluvial de Corumbá (Decreto n. 14.106 de 22/03/1920); ainda em 1933 o governo autorizou o enviou de verbas para o estado para construção do porto, as quais não foram liberadas (Decreto n. 22.962 de 19 de julho de 1933 e Decreto n. 23.054 de 9 de agosto de 1933). Também em 1933, o governo da União declarou a rescisão do contrato celebrado com o Estado de Mato Grosso, para a construção e exploração do porto de Corumbá, pois este deixara de cumprir os prazos previstos (Decreto n. 23.075 de 14 de agosto de 1933). Após essa data, o então Deputado Federal Carlos Vandoni de Barros, com outros dois, apresentaram projeto n. 396, de 13 de novembro de 1935, autorizando o Poder Executivo a abrir ao Ministério da Fazenda o crédito especial correspondente a réis ouro 961:014$865 para atender a construção do porto de Corumbá. Não foi ainda desta vez que se concretizaria a obra. Conferir Carlos Vandoni de Barros, *Construir-Palavra de Ordem: problemas do Brasil solucionados pelo Estado Novo*. (1941, p. 99 –100). Em 1944, celebrou-se o contrato entre a firma B. Dutra & Cia. Ltda. e o governo federal, para a construção do Cais do Porto de Corumbá. A obra portuária teve início com o lançamento da pedra fundamental pelo Chefe da Nação, General Eurico Gaspar Dutra, ao ensejo de sua visita à Princesa do Paraguai, em agosto de 1948. Chefiou o serviço de construção do Cais, do início até a sua conclusão, o engenheiro Léo Frederico Glass (Báez, 1982, p. 41).

[9] Do procurador dos signatários do Contrato de construção do porto de Corumbá, ao Ministro da Viação e Obras Públicas Dr. Augusto Tavares de Lyra, em 29/04/1916 (Fundo GIFI / Coleção Ministério dos Transportes 4B 367, maço 219, Proc. 13-A - AN).

[10] Conforme Renato Báez relata em *Corumbá: memórias e notícias* (1977, p. 1920): "Sob a gerência do Comandante Francisco Mariani Wanderley, oficial da reserva da Marinha Brasileira, poliglota, professor secundário, cônsul honorário da Bélgica, França e Inglaterra, a firma alcançou notável progresso, tanto comercial como na navegação fluvial". As informações, na seqüência, sobre número de empregados da firma foram extraídas dessa obra.

[11] Segundo reportagem do periódico *O Brazil*, de dezembro de 1909, sobre os trabalhos de construção da ferrovia, a Noroeste enfrentou graves problemas com fornecedores de gêneros alimentícios aos trabalhadores. Tal situação provocou revoltas e abandono do emprego. A situação foi solucionada com a contratação da empresa Wanderley, Bais & Cia, que normalizou o fornecimentos de gêneros em três meses, praticando preços da praça de Corumbá, segundo o periódico em seu artigo "Estrada de ferro Noroeste do Brasil II" (*O Brazil*, n. 345, 2 dez. 1909, p. 1).

[12] Trata-se da primeira rua da cidade alta, paralela ao rio. Na planta de 1889, consta como rua Augusta; passou depois para rua Liberdade, mais tarde foi denominada Cândido Mariano e finalmente consta como avenida General Rondon.

6. Alternativas de trabalho e sobrevivência

[1] O Comandante escreveu trabalho sobre a Revolta da Chibata: "A Revolta na esquadra brasileira em novembro e dezembro de 1910." Separata da *Revista Marítima Brasileira*, out./dez. de 1949. Conforme Marcos Antônio da Silva (1984, p. 13-14), nesse texto Cunha mostrou-se preocupado em valorizar a versão oficial sobre a Revolta e desqualificar os argumentos dos revoltosos. Informa que, à época da Revolta, ocupava o cargo de Chefe de Gabinete de Joaquim Marques Batista de Leão, Ministro da Marinha.

[2] Maria Inez M. B Pinto (1994, p. 33-39) analisa o vertiginoso crescimento de São Paulo e sua relação com a imigração estrangeira, mencionando seu alto grau de "estrangeirização".

[3] O texto é citação de um trecho de artigo do próprio autor, publicado no jornal *O Iniciador*, 6 maio 1877.

[4] Os ofícios do Barão de Vila Maria estão indicados pela sigla OBVM.

⁵ Tratam-se dos documentos: Ofício n. 132. Quartel do Comando da Fronteira do Baixo Paraguay enviado pelo Major Joaquim da Gama Lobo d'Eça ao Presidente da Província de Mato Grosso Francisco José Cardoso Júnior em 30 set. 1872, e Ofício do Sr. Alferes Francelino Rodrigues Nunes, Comandante da força que acompanhou os imigrantes à fazenda do Barão de Vila Maria em 27 set. 1872. (Lata 1872, Maço: Ofícios dirigidos ao Presidente da Província, APMT).

⁶ O Comandante respondeu com o Ofício n. 28 . 11 dez 1872, do Quartel do Comando Geral da Fronteira do Baixo Paraguay, Coronel Manoel d'Almeida Gama Lobo d'Eça ao Presidente da Província de Mato Grosso Tenente Coronel Dr. Francisco José Cardoso Júnior, (Lata 1872 "A" Maço: Quartel do Comando da Fronteira, APMT).

⁷ Ofício do subdelegado de polícia, de 17 dez. 1872, ao Presidente da Província de Mato Grosso (Lata 1872 "A" Maço: Quartel do Comando da Fronteira, APMT).

⁸ Para maior esclarecimento das condições de vida e situação dos trabalhadores paraguaios nos ervais, ver especialmente os capítulos: "O Rancho não tem hora" e "Não há dia útil, os dias são quase sempre inúteis", de Gilmar Arruda (1997). Conferir também Lúcia Salsa Corrêa (1999), particularmente o capítulo: "A fronteira da rebeldia e da transgressão".

⁹ Trata também do tema, especialmente no capítulo I, subtema: "A constituição econômica" (Aleixo, 1995, p. 66-81).

¹⁰ As referências na seqüência, aos censos de 1907, 1920 e 1930, foram fundamentadas nas informações do autor.

¹¹ Antonio Mandeta, natural de Valle Cilento, na Província de Salerno, no sul da Itália, chegou a Corumbá em 1889, com 21 anos, dois anos depois da chegada de seu pai Nicola Mandeta. Casou-se em 1895 e por volta de 1897 transferiu-se para a Argentina , retornando posteriormente (Póvoas, Lenine C. op. cit, p. 44-47).

¹² O autor informou que o estaleiro permaneceu até 1961 em mãos da família, quando foi vendido.

¹³ Báez informa que contou com a colaboração de ex-operários, especialmente o escriturário e encarregado do Pessoal Civil, Arídio

Claudiano Aranda para obter o nome de antigos servidores, assim como suas respectivas profissões.

[14] O episódio requer pesquisa específica, que não é objeto deste estudo, pois certamente o acontecimento não pode ser dissociado do movimento tenentista.

[15] O neto de Giuseppe, José Manoel Fontanilhas Fragelli, foi Deputado Estadual, Federal, Governador de Mato Grosso, Senador e Presidente do Senado e do Congresso Nacional no governo José Sarney.

[16] Renato Báez comenta que seus entrevistados afirmaram que o primeiro automóvel a circular em Corumbá foi um Ford bigode, modelo T, em 1919. O autor não tem dúvida, porém, de que o primeiro casamento utilizando automóvel foi em maio de 1921. Afirma que, nesse ano, a Prefeitura local possuía dois caminhões "Sauri", com rodas de ferro, que realizavam grande parte das obras administrativas do Município (1964, p. 57-58).

[17] Além de Miguel, faziam parte do grupo: Pedro Chalameiro; Chico Nhato; Camurjo, famoso por usar anel de brilhante; e o quinto, também Pedro. Eram da ilha da Madeira e se radicaram em Corumbá, constituindo família e trabalhara em vários ramos de atividades (Cf. Báez, 1965, p. 91).

[18] E. P. Thompson (1998, p. 271) identifica essas distinções ao analisar as questões do tempo, disciplina do trabalho e o capitalismo industrial no período em que a Inglaterra se industrializava.

[19] Gilmar Arruda, em *Cidades e sertões*, comenta, por exemplo, a concepção de natureza e trabalho expressa pelo Presidente da Província de Mato Grosso em seu relatório de 1872 à Assembléia Legislativa (2000, p. 183).

[20] Tratamos sobre a festa de São João e seus significados no capítulo 7.

7. Festas e lazer no espaço urbano: modernização e conflitos

[1] Elaborações dessa natureza eram freqüentes no século XIX e até início do XX. Ao referir-se aos viajantes, exploradores, clérigos e militares que circularam pelas regiões semidesconhecidas: selvas, desertos, colônias longínquas e fronteiras, espaços ainda não completamente subjugados aos

imperativos da civilização, Francisco Foot Hardman afirma que deixaram ali suas marcas e foram "construindo, ao mesmo tempo, todo um arsenal de imagens da barbárie" (1988, p. 99).

[2] O general João Cezar Sampaio comandou uma expedição militar com efetivos de quase dois mil homens, entre março de 1903 e abril de 1904, para proteger as fronteiras por ocasião da questão do Acre. Estevão de Mendonça afirma que o general promoveu patrulhamento na cidade e outras medidas de policiamento que fizeram desaparecer as arruaças, os tiroteios noturnos, o que possibilitou que as artérias da cidade fossem percorridas por cavalheiros e senhoras nas primeiras horas da noite (Mendonça, 1919, v. 1, p. 138-139).

[3] Sobre a origem do Cururu, a autora informa que nasceu da aglutinação dos ensinamentos dos jesuítas na catequese e dos valores culturais da música e dança próprios aos indígenas (1997, p. 46).

[4] No Capítulo 4, tratamos desses espaços de Corumbá, que se constituíram após a Guerra do Paraguai.

[5] Entre outros autores, José Geraldo Vinci de Moraes (1995) trata da constituição da música no meio urbano e sua relação com as chamadas classes perigosas.

[6] *O Corumbaense* foi fundado em julho de 1880, conforme noticiado pelo *O Iniciador* em 18 jul. 1880. Não tivemos acesso ao artigo mencionado por Maria de los Angeles, pois os primeiros números microfilmados e disponíveis do referido periódico são de 1881.

[7] É nessa perspectiva que MariaInez M. B. Pinto comenta as festas informais e os bailes promovidos pelos trabalhadores pobres de São Paulo no início do século XX. Ao analisar as possibilidades de relações que essas festas propiciavam, cita E. D. Genovese e E. Le Roy Ladurie (1994, p. 248-249).

[8] Sobre a função de cada um dos organizadores da festa de São João, especialmente o reinado, ver (Fernandes, 1997/1998, p. 125).

[9] Rocha, Eunice. op. cit. p. 49. As tentativas de coibição encerram uma contradição, pois, segundo a autora, historicamente, a festa de S. João pode ser considerada como uma "invenção" da Igreja. Comenta sua

formação a partir das cerimônias pagãs na Europa e a capacidade de adaptação dos padres, que traduziram em festa cristã aquelas práticas (p. 53-54). Também constatou, em períodos mais recentes, outro aspecto do sincretismo religioso da festa: muitas procissões partem de terreiros de umbanda. Sobre as origens da festa, ver Fernandes, op. cit.

[9] Sobre a atuação de D. Carlos Luiz d'Amour, bispo reformador, ultramontano, que assumiu a diocese em 2 de maio de 1879, estando à sua frente por 42 (quarenta e dois) anos, até sua morte em 26 de agosto de 1921, ver (Marin, 2000, p. 90-172).

[10] A correspondência do Pe. Cavatorta datava de 12 de julho de 1900. Os salesianos chegaram em Corumbá e abriram um colégio em abril de 1899.

[11] Os principais atritos com o bispo, além do relatado, foram: aceitar pessoas afiliadas à maçonaria como padrinhos de batismo e confirmação e celebrar missa pelo finado Humberto 1º, Rei da Itália, exibindo seu retrato e fazendo discurso durante a celebração, o que estava proibido pela Internunciatura Apostólica, tendo motivado a aplicação da sanção. O vigário também entrou em atrito com os salesianos.

[12] Sobre a simpatia do andor, ver (Rocha, 1997 p. 48; os versos em PÉREZ, 1988, p. 21).

[13] Sobre as regiões nas quais a comemoração da festa de São João assumia formas carnavalescas, ver (Burke, 1995, p. 218-219).

[14] O autor informa que em meados de 1840 foi organizado no Rio de Janeiro, por uma trupe italiana, "um carnaval veneziano de máscaras". Afirmou que, alguns anos depois, o *Jornal do Commercio* saudou a nova festa: "O Carnaval [...] é mil vezes preferível ao entrudo de nossos pais, porque é mais próprio de um povo civilizado e menos perigoso à saúde."(p. 52-53).

[15] Alencastro (1997, p. 52) comenta que os desfiles de carros alegóricos, no modelo italiano, foram também incorporados no Rio de Janeiro, em meados do século XIX, junto com os bailes de máscaras, de salão.

[16] As referências sobre o carnaval são, na seqüência, sempre fundamentadas nessa reportagem.

[17] Citado por Francisco Foot Hardman (1988, p. 97-99), ao comentar as novas tecnologias da modernidade, e uma representação sobre o trem veiculada no livro *Thesouro da Juventude*: *trens que partiam de estações da terra, com destino aos planetas do sistema solar...* Hardman analisa a sensação de estranhamento diante da representação, provavelmente expressão dos anseios cósmicos de uma época: o trem era o espetáculo tecnológico de que se dispunha para enfrentar os gigantes do tempo e do espaço. É a partir desse contexto que discute os conceitos de sublime e do belo em Edmund Burke. Contudo, as representações sobre o trem no carnaval de 1911 em Corumbá, época da construção da ferrovia Noroeste do Brasil, não alcançaram esse mesmo grau simbólico que o telégrafo: um carro alegórico representava um vagão, puxado por 10 juntas de bois e com a denominação "Rumo Itapura-Corumbá" (Báez, 1964, p. 27-34). Além do tamanho do carro, imaginável pelo número de juntas, os trilhos estavam bem fixos à terra.

[18] O autor critica a hierarquia tradicionalmente estabelecida pelos estudos históricos com relação aos documentos e, especificamente, o descaso com a documentação visual, que, para muitos historiadores, serve apenas como ilustração nas análises que outras fontes permitem sobre a vida social.

[19] A delegacia de polícia publicava os editais pela imprensa e fixava-os em lugares públicos. Entre estes, citamos as publicações em (*Autonomista*, 22 fev. de 1908; *Correio do Estado*, 16 fev. 1911).

[20] O jornal relata caso do folião que queria permanecer mascarado e se desentendeu com a polícia.

[21] O periódico *Autonomista* anunciou várias atividades dessa casa em 1908.

[22] Sobre o futebol subvertendo algumas de suas funções sociais, o futebol desregrado, ver: (Moraes, 1994, p.98)

[23] O cronista trata do mesmo tema em edições subseqüentes do *Correio do Estado*: 25 set.; 2, 16 e 30 out. 1909. Nesse último, anuncia a arborização da praça. Contudo, foto publicada em 1914 (Cf. *Album Graphico*, 1914, p. 334) revela que essa arborização não aconteceu. Em 1921, o jornal a *Tribuna*, de 28 ago. 1921, defendia a necessidade de arborização dessa mesma praça.

Fontes e Bibliografia

Relatórios da Câmara Municipal

Relatório da Câmara Municipal da Villa de Santa Cruz de Corumbá ao Presidente da Província de Matto-Grosso, apresentado em 02 de abril de 1875. In: Cópias de relatórios da Câmara, projetos de leis de orçamentos para a receita e despeza annuaes, assim como das leis e regulamentos expedidos pelo Corpo Legislativo da Província. 1875 a 1888. (Abertura do livro – 15 de fevereiro de 1884). Folhas 1 a 4. ACMC.

Ibidem – Apresentado em 2 de abril de 1876. Folhas 4 a 10.

Ibidem – Apresentado em 1877. Folhas 11 a 15.

Relatório da Câmara Municipal de Corumbá ao Presidente da Província de Matto-Grosso, apresentado em março de 1881. In: Cópias de relatórios da Câmara, projetos de leis de orçamentos para a receita e despeza annuaes, assim como das leis e regulamentos expedidos pelo Corpo Legislativo da Província. 1875 a 1888. (Abertura do livro –15 de fevereiro de 1884). Folhas 18 a 22. ACMC.

Ibidem – apresentado em 22 de abril de 1882. In: Livro 205, op. cit. Folhas 34 a 37. ACMC.

Ibidem – apresentado em 24 de setembro de 1884. In: Livro 205. op. cit. Folhas 47 a 49. ACMC.

Ibidem – Apresentado em junho de 1885. In: Livro 205. op. cit. Folhas 58 a 60. ACMC.

Ibidem – Apresentado em 28 de julho de 1886. In: Livro 205. op. cit. Folhas 68 a 70. ACMC.

Ibidem – Apresentado em 24 de maio de 1887. In: Livro 205. op. cit. Folhas 80 a 85. ACMC.

Ibidem – Apresentado em 20 de agosto de 1888. In: Livro 205. op. cit. Folhas 104 a 105. ACMC.

Relatórios da Intendência Municipal

Relatório da Intendência Municipal de Corumbá, aos Srs. Presidente e mais Vereadores da Câmara Municipal, em 1º de novembro de 1904 (Manuscrito) ACMC.

Relatório do Intendente João Christião Carstens aos Ilmos Srs. Presidente e membros da Câmara Municipal de Corumbá em 11 de dezembro de 1906 (Manuscrito) APMT, Ano 1907, Lata "C ". Maço: Intendência e Câmaras Municipais.

Relatório apresentado à Ilustrissima Câmara Municipal pelo Sr. Tenente-Coronel Pedro Paulo de Medeiros, Vice Intendente em exercicio, aos 5 de novembro de 1909. (Manuscrito). APMT, Ano 1909, Lata "A". Maço: Intendências e Câmara Municipal.

Relatório do Intendente JoãoBaptista de Oliveira Brandão Junior aos Snrs Presidente e mais membros da Câmara Municipal em 28 de julho de 1910. (Manuscrito). ACMC.

Relatório do Snr. Capitão de Fragata Francisco Mariani Wanderley, Intendente Geral do Municipio, em exercicio, apresentado à Câmara Municipal e sua 1ª sessão ordinaria a 18 de novembro de 1912. Corumbá Matto-Grosso, Off. Typ. d' "A Luz".

Relatório apresentado à Câmara Municipal, pelo 1º Vice Intendente em exercício, Salustiano Antunes Maciel, em 5 de novembro de 1913. (Datilografado). ACMC.

Relatórios de Inspetores de Higiene e Médicos

Relatório enviado ao Presidente do Estado de Mato Grosso Coronel Antonio Pedro Alves de Barros pelo Inspetor de Hygiene Dr. José Marques da Silva Bastos, em 1 janeiro de 1902. Lata 1902 B, Maço: Inspetoria de Hygiene. APMT.

Relatório apresentado ao Cel. Vice-Presidente do Estado, Pedro Leite Osório, pelo Inspetor de Hygiene Dr. Cesario Alves Corrêa, referente ao anno de 1906, em 15 abr. 1907. Doc. 84, ano 1907. APMT.

Relatório apresentado pelo Dr. Inspetor de Hygiene ao Exm. Sr. Coronel Pedro Celestino Corrêa da Costa, DD. Vice-Presidente em exercicio, referente ao anno de 1908 próximo findo. *Gazeta Official*, Cuiabá, 8 mai. 1909. n. 2951. APMT.

Relatório apresentado ao Exm. Sr. Cel. Pedro Celestino Corrêa da Costa, Digno Presidente do Estado de Matto-Grosso pelo Inspetor de Hygiene, relativamente ao ano findo de 1910. *Gazeta Official*. Cuiabá, 10 jun. 1911, n. 3274. APMT.

Relatório apresentado ao Exmo Sr. Dr. Secretário de Estado do Interior, Justiça e Fazenda pelo Dr. Estevão Alves Corrêa, Inspetor de Hygiene. *Gazeta Official*. Cuiabá, 15 e 17 fev. 1912. n. 3378 e 3379. APMT.

Relatório apresentado ao Exmo Sr. Dr. Secretário de Estado do Interior, Justiça e Fazenda pelo Dr. Caio Corrêa, Inspetor de Hygiene. Em 29 mar. 1919. APMT, Doc. 86.

Relatório do Médico Municipal Dr. José Carmo da Silva Pereira apresentado ao Exmo. Coronel Salvador Paes de Campos, D. Intendente Geral do Muncipio de Corumbá, em 11 out. 1904. (Manuscrito) Cx. Doc. Diversos. ACMC.

Relatório do médico municipal Dr. Nicolau Fragelli, apresentado ao Intendente Geral do Município Francisco Mariani Wanderley, em 4 nov. 1912. (Manuscrito), Cx. Doc. Diversos 1912. ACMC.

Relatórios, Ofícios e outros

Relatório do Fiscal Antonio Carvalho à Câmara Muncipal em 20 jan. 1883 – sobre os problemas da cidade.

Relatório do Fiscal Elio Maia ao Ilmo. Sr. Dr. Intendente Geral do Município de Corumbá, em 14 out. 1918. (Datilografado). ACMC. Cx. Doc. Diversos.

Offício dirigido ao Presidente do Estado Cel. Generoso Paes Leme de Souza Ponce pelo Sr. Eugênio Antunes da Cunha, em 21 mar. 1908. APMT Lata 1908 D. Maço: Intendência e Câmaras Municipais.

Offício da Delegacia de Hygiene de Corumbá ao Presidente da Câmara. Em 19 de fevereiro de 1887. Sobre quarentena de vapores e epidemia. ACMC. Cx. Doc. Diversos.

Offício da Delegacia de Hygiene de Corumbá – 04/mar. 1890 – comunicando paquete com casos de moléstia a bordo (Cx. Doc. Div. 1882 – Ofícios – 1890).

Offício do Barão de Villa Maria ao Presidente da Provincia de Matto Grosso em 29 de Abril de 1872. APMT, Lata 1872 "E", Maço: Ofícios dirigidos ao Presidente da Província.

Offício n. 132. Quartel do Commando da Fronteira do Baixo Paraguay enviado pelo Major Joaquim da Gama Lobo d'Eça ao Presidente da Provincia de Mato Grosso Francisco José Cardoso Júnior em 30 set. 1872. APMT, Lata 1872, Maço: Ofícios dirigidos ao Presidente da Província.

Offício do Ilmo Sr. Alferes Francelino Rodrigues Nunes, Comandante da força que acompanhou os imigrantes, ao Barão de Villa Maria em 27 set. 1872. APMT, Lata 1872, Maço: Ofícios dirigidos ao Presidente da Província.

Offício do Barão de Villa Maria ao Presidente da Provincia de Matto Grosso em 27 set. 1872. APMT, Lata 1872 "F", Maço: Juiz de Paz / de Direito – Diversos Municípios.

Offício n. 28 – *Quartel do Commando Geral da Fronteira do Baixo Paraguay pelo Coronel Manoel d`Almeida Gama Lobo d'Eça ao Presidente da Província de Mato Grosso Tenente Coronel Dr. Francisco José Cardoso Júnior*, em 11/12/1872. APMT Lata 1872, "A" Maço: Quartel do Comando da Fronteira.

Offício do Subdelegado de Policia José Joaquim de Sousa Franco ao Presidente da Provincia de Mato Grosso Tenente Coronel Dr. Francisco José Cardoso Júnior, em 17/12/1872. APMT Lata 1872 "A", Maço: Quartel do Comando da Fronteira.

Correspondência da Câmara ao Delegado de Hygiene em 22 de fevereiro de 1887. Acusando-o de descuidado, em relação às não providências sobre a desenfecção de vapores e liberação. Livro Nº 168 – De Registros: Correspondência Oficial da Câmara Municipal com as Diversas Autoridades: 1881 – 1890. Fl. 70.

Carta do Dr. Manoel Joaquim dos Santos ao Presidente da Câmara Municipal – 08/ dez./1886 - s/ epidemia do cholera morbus.

Legislação

Colleção de Leis e Decretos do Estado de Matto-Grosso. APMT.
Código de Posturas de Santa Cruz de Corumbá, ano 1875. (Manuscrito). APMT.
Código de Postura de Corumbá, ano 1881. (Manuscrito). APMT.

Tribunal da Relação

Tribunal da Relação do Estado de Mato Grosso, 1898. APMT, (Cx. anterior 47), pasta 785.

Tribunal da Relação do Estado de Mato Grosso, APMT, Doc. 506 (Cx. anterior 44), Solicitação de *habeas corpus*.

Tribunal da Relação do Estado de Mato Grosso, 1898. APMT, Doc. 529 (Cx. anterior 43), pasta 781.

Tribunal da Relação do Estado de Mato Grosso, 1898. APMT, Doc. 532 (Cx. anterior 43), maço 784.

Tribunal da Relação do Estado de Mato Grosso, 1898. APMT, Doc. 533 (Cx. anterior 43), pasta 785.

Tribunal da Relação do Estado de Mato Grosso, 1899, APMT, Doc. 557, (Cx. anterior 45), pasta 808.
Tribunal da Relação do Estado de Mato Grosso, 1899, APMT, Doc. 560 (Cx. anterior 45), pasta 811.

Imprensa

Jornais

Jornais (Microfilmados) – Biblioteca Estadual "Isaías Paim" – BEIP- Campo Grande,MS.

Autonomista: periódico noticioso, comercial e literário. Ano I – 1904, ano III – 1907, ano V – 1909.

O Brazil: Orgão Noticioso e Commercial, dedicado aos interesses do povo. Ano I – 1902 ao ano VIII – 1910.

A Cidade. Ano I – 1918, ano II – 1919, ano IV – 1921.

Correio do Estado: Órgão dos interesses gerais do povo. Ano I - 1909, ano I/II -1910, ano II/III - 1911 e ano III - 1912.

Echo do Povo: Periódico comercial e noticioso. Ano I - 1893, ano I/II - 1894, ano II - 1895, ano IV - 1897.

O Iniciador: Legalidade, Justiça, Ordem e Liberdade. Ano III - 1879 ao ano X – 1886.

Oásis: periódico imparcial. Ano I - 1888 a Ano IX - 1896.

A Opião: periódico literário e noticioso. Ano I - 1878 a ano III - 1880.

A Patria: imprensa independente. Ano II a Ano IV - 1902.

Tribuna: diário independente de maior circulação, Ano I - 1912 a ano VIII - 1919.

ALMANACK CORMBAENSE PARA 1899.

Album Graphico do Estado de Matto-Grosso. AYALA, S. Cardoso & SIMON, Feliciano (Org.). Hamburgo-Corumbá, 1914.

Viajantes, Memorialistas, Cronistas

Báez, Renato. *Corumbá: episódio e comentários*. São Paulo: Resenha Tributária. 1979.

____. *Corumbá: figuras & fatos*, Bauru: Tip. & Liv. Brasil, 1964.

____. *Corumbá: lembranças & tradições*. São Paulo: Resenha Tributária, 1980.

____. *Corumbá: nótulas & depoimentos*. Corumbá: [s. n.], [1978?]

____. *Corumbá: poesia & saudade*. São Paulo: Resenha Tributária, [1979?]

____. *Corumbá: reminiscências & impressões*. São Paulo: V. Bicego, 1975.

____. *Corumbá: reportagens & pesquisas*. São Paulo. V. Bicego, 1974.

____. *Esboços & sentimentos*. São Bernardo do Campo: ed. M.N.J., 1988a.

____. *Homenagens & mosaicos*. São Paulo: [s. n.], 1988b.

____. *Mármores & painéis*. Corumbá: [s. n.], 1990.

____. *Imagens & miscelânias*: São Paulo: Resenha Tributária. 1986.

____. *Perfis e missivas*. São Paulo: Resenha Tributária, 1985.

____. *Imagens e devaneios*. São Paulo: Resenha Tributária, 1987.

____. *Pioneiros e registros*. São Paulo: Resenha Tributária, 1982a.

____. *Ensaios e cartas*. São Paulo: Resenha Tributária, 1984.

____. *Esboços e paisagens*. São Paulo: Resenha Tributária, 1991.

____. *Genealogia e opiniões*. São Paulo: Resenha Tributária, 1983.

____. *Garimpando na cidade branca*. São Paulo: Resenha Tributária, 1992.

____. *Corumbá e outros encantos*. São Paulo: KMK Editora, 1996.

____. *Textos e idéias*. São Paulo: Resenha Tributária, 1982b.

____. *Corumbá: memórias e notícias*. São Paulo: V. Bicego, 1977.

____. *Evocações e realidade*. Bauru: Tip. & Liv. Brasil, 1965.

____. *Corumbá: notas & mensagens*. 2. ed. São Bernardo do Campo: Ed. M.N.J. São Paulo: Ed. Resenha Tributária, 1981.

____. *Cenas de minha terra*. Bauru: Tip. e Liv. Brasil, 1965.

Cavassa, Manoel. *Memorandum de Manoel Cavassa*. Apresentação e notas Valmir Batista Corrêa e Lúcia Salsa Corrêa. Campo Grande, MS: Editora UFMS, 1997.

Cunha, H. Pereira. *Viagens e caçadas em Mato Grosso: três semanas em companhia de Th. Roosevelt*. 4ª ed. Rio de Janeiro: Francisco Alves, 1949.

D'Alincourt, Luiz. *Memória sobre a Viagem do porto de Santos à cidade de Cuiabá*. São Paulo: Livraria Martins Editora, 1953.

Fonseca, João Severiano da. *Viagem ao redor do Brasil (1875 – 1878)*. Rio de Janeiro: Bibliex, 1986.

Matos, Lobivar. *Sarobá: poemas.* Rio de Janeiro: Minha Livraria Editora, 1936.

Mello, Raul Silveira de. *Corumbá, Albuquerque e Ladário.* Rio de Janeiro: Biblioteca do Exército - Editora, 1966.

Mendonça, Estevão de. *Datas Mato-grossenses.* Niterói : Escola Typ. Salesiana, 1919.

_____. *Breve memória sobre a imprensa em Matto-Grosso.* Cuiabá: Edições UFMT/ Secretaria de Educação e Cultura, 1975. (Cadernos de História, 1).

Mendonça, Rubens de. *História do jornalismo em Mato Grosso.* [S.l.: s.n.], 1963.

Mulhall, M. G. *Viagem a Mato Grosso.* Cuiabá: IHGMT, 1998.

Póvoas, L. C. *Os italianos em Mato Grosso.* São Paulo: Resenha Tributária, 1989.

Schneider, José Luciano. *Filmando terra & Gente. (Crônicas).* São Paulo: Esc. Prof. Salesianas, 1974.

Vicenzi, Jacomo. *Paraíso Verde: impressões de uma viagem a Mato Grosso em 1918.* [S.l.: s.n.], [1922].

Bibliografia

Aleixo, L. H. Gaeta. *Vozes no Silêncio:* subordinação, resistência e trabalho em Mato Grosso (1888 –1930). Cuiabá: EDUFMT, 1995.

Alencastro, Luiz Felipe de; RENAUX, Maria Luiza. "Caras e modos dos migrantes e imigrantes". In: NOVAIS, Fernando A. (Coord. Geral). *História da vida privada no Brasil.* Império: a corte e a modernidade nacional. 1ª reimpressão. São Paulo: Companhia das Letras, v. 2, p. 291-335, 1997.

Alencastro, Luiz Felipe de. "Vida privada e ordem privada no Império". In: Novais, Fernando A. (Coord. Geral). *História da vida privada no Brasil.* Império: a corte e a modernidade nacional. 1ª reimpressão. São Paulo: Companhia das Letras, v. 2, 1997.

Alves, G. Luiz. *Casario do Porto de Corumbá.* Campo Grande: Fundação de Cultura de MS; Brasília, Gráfica do Senado, 1985.

_____. Mato Grosso e a História: 1870-1929. *(Ensaio sobre a transição do domínio econômico da casa comercial para a hegemonia do capital financeiro). Boletim Paulista de Geografia,* n. 61, 1984.

Argan, Giulio Carlo. *História da arte como história da cidade.* São Paulo: Martins Fontes, 1992.

Arruda, Gilmar. *Cidades e Sertões:* entre a história e a memória. Bauru: EDUSC, 2000.

Bahia, Juarez. *Jornal, história e técnica*. São Paulo: Ática, 1990.

Bakhtin, Mikhail. *Marxismo e filosofia da linguagem*. 6. ed. São Paulo: Hucitec, 1992.

Barros, Diana L. Pessoa. *Teoria semiótica do texto*. 2. ed. São Paulo: Ática, 1994. (Série Fundamentos – 72).

Beiguelman, Paula. *A crise da escravidão e grande imigração*. 4. ed. São Paulo: Brasiliense, 1987 (Tudo é história, 2).

Bello, José Maria. *História da república, 1889-1954*: síntese de sessenta e cinco anos de vida brasileira. 8. ed. São Paulo: Ed. Nacional, 1983.

Benjamim, Walter. *Magia e Técnica, arte e política*. Obras Escolhidas, v. 1. 5. ed. São Paulo: Brasiliense, 1993.

Bentham, Jeremy. Panóptico – "Memorial sobre um novo princípio para construir casas de inspeção e, principalmente, prisões". *Revista Brasileira de História*. São Paulo: ANPUH/Marco Zero, v. 7, n. 14, p. 199-229, mar.-ago. 1987.

Berman, Marshall. *Tudo que é sólido desmancha no ar:* a aventura da modernidade. 9. reimpressão. São Paulo: Companhia das Letras, 1992.

Bertucci, Liane Maria. *Saúde:* arma revolucionária. *São Paulo – 1891/1925*. Campinas: CMU/Unicamp, 1997. (Coleção Tempo & Memória, 3)

Bezerra, Holien Gonçalves. "E. P. Thompson e a teoria na história". *Projeto História*, Revista da Pós-Graduação em História da PUC, n. 12, p. 119-127, out. 1995.

Borges, Fernando Tadeu de Miranda. *Do extrativismo à pecuária:* algumas observações sobre a história econômica de Mato Grosso (1870 a 1930). Cuiabá: Gráfica Genus, 1991.

Borges, Vavy Pacheco. *Getúlio Vargas e a oligarquia paulista:* história de uma esperança e de muitos desenganos através dos jornais da oligarquia: 1926-1932. São Paulo: Brasiliense, 1979.

Bosi, Alfredo. *Dialética da colonização*. 3. ed. São Paulo: Companhia das Letras, 1996.

Bourdieu, Pierre. *O poder simbólico*. Lisboa: Difel, 1989.

Brandão, Jesus da Silva. *História da navegação em Mato Grosso*. Cuiabá: Editora Livro Matogrossense, 1991.

Bresciani, Stella. *Londres e Paris no século XIX*: o espetáculo da pobreza. 8. ed. São Paulo: Brasiliense, 1994 (Tudo é história, 52).

_____ (org.). *Imagens da Cidade*: séculos XIX e XX. São Paulo: ANPUH/Marco Zero, 1994.

_____ "Cidades: espaço e memória." In: *O direito à memória: patrimônio histórico e cidadania*. São Paulo: Departamento do Patrimônio Histórico, Secretaria Municipal de Cultura – DPH/SMC, 1992.

Burke, Peter. *Cultura popular na idade moderna*: Europa, 1500-1800. 2. ed. São Paulo: Companhia das Letras, 1995.

Caetano, Kati Eliana. *História, sociedade e discurso jornalístico*: análise de alguns jornais veiculados em Corumbá-MS durante o Estado Novo. 1981. Dissertação (Mestrado na área de Lingüística), FFLCH/USP, São Paulo.

Calvino, Italo. *As cidades invisíveis*. 10. reimpressão. São Paulo: Companhia das Letras, 1998.

Capelato, Maria Helena R. *Imprensa e história do Brasil*. São Paulo: Contexto/EDUSP, 1988 (Repensando a história).

_____. O controle da opinião e os limites da liberdade: imprensa paulista (1920-1945). *Revista Brasileira de História*. São Paulo: v. 12, n. 23/24, p. 55-76, set. 91/ago. 92.

Carvalho, José Murilo. *Os bestializados*: o Rio de Janeiro e a república que não foi. 3. ed. São Paulo: Companhia das Letras, 1997.

Carvalho Netto, Haroldo. Corumbá, praça de guerra. *Revista Militar Brasileira*. Brasília: Centro de Documentação do Exército, v. 115, p. 85-90, jan.- abri. 1979.

Cascudo, Luiz da Câmara. *Antologia do Folclore Brasileiro*: séculos XVI-XVII-XVIII. 4. ed. São Paulo: Martins, 1971(Biblioteca de Ciências Sociais).

Certeau, Michel de. *A invenção do Cotidiano*: artes de fazer. 2. ed. Petrópolis: Vozes, 1994.

Chalhoub, Sidney. *Trabalho, lar e botequim*. São Paulo: Brasiliense, 1986.

_____. *Cidade febril*: cortiços e epidemias na corte imperial. São Paulo: Companhia das Letras, 1996.

Chartier, Roger. *A história cultural*: entre práticas e representações. Lisboa/Rio de Janeiro: Difel/Bertrand Brasil, 1990.

Chauí, Marilena. *Cultura e democracia*. 4. ed. São Paulo : Cortez, 1989.

Collichio, T. Alves Ferreira. *Miranda Azevedo e o Darwinismo no Brasil*. Belo Horizonte: Itatiaia; São Paulo: Editora da Universidade de São Paulo, 1988.

Contier, Arnaldo D. *Imprensa e ideologia em São Paulo, 1822-1842*: matizes do vocabulário político e social. Petrópolis: Vozes; Campinas: UNICAMP, 1979.

Corrêa, Lúcia Salsa. *Corumbá*: um núcleo comercial na fronteira de Mato Grosso(1870-1920). 1980. Dissertação (Mestrado em História Social), FFLCH-USP, São Paulo.

_____. *História e fronteira*: o sul de Mato Grosso 1879 – 1920. Campo Grande, MS: Editora UCDB, 1999.

Corrêa, Valmir Batista; Corrêa, Lúcia Salsa; Alves, Gilberto Luiz. *Casario do Porto de Corumbá*. Campo Grande: Fundação de Cultura de MS; Brasília: Gráfica do Senado, 1985.

Corrêa, Valmir Batista. *Coronéis e bandidos em Mato Grosso:* 1889-1943. Campo Grande: Editora UFMS, 1995.

Corrêa Filho, Virgílio. *Matto Grosso*. Rio de Janeiro: Typ. do Jornal do Commercio, 1922.

_____. *História de Matto Grosso*. Várzea Grande, MT: Fundação Júlio Campos, 1994 (Col. Memórias Históricas, 4).

Cruz, Heloisa de Faria. *Na cidade, sobre a cidade:* cultura letrada, periodismo e vida urbana – São Paulo 1890/1915. 1994. Tese (Doutorado em História Social), FFLCH/USP, São Paulo.

Cunha, Euclides da. "Um clima caluniado". In: *À margem da história*. 6 ed. Porto: Livraria Lello & Irmão, 1946.

Cunha, Maria Clementina Pereira. *Ecos da folia:* uma história social do carnaval carioca entre 1880 e 1920. São Paulo: Companhia das Letras, 2001.

Daou, Ana Maria. *A belle époque amazônica*. Rio de Janeiro: Zahar, 2000.

Davis, Natalie Zemon. *Culturas do povo*: sociedade e cultura no início da França moderna. Rio de Janeiro: Paz e Terra, 1990 – (Coleção Oficinas da História).

Dias, Maria Odila L. da Silva. *Quotidiano e poder em São Paulo no século XIX*. 2. ed. São Paulo: Brasiliense, 1995.

_____. "Hermenêutica do quotidiano na historiografia contemporânea". *Projeto História*. Revista da Pós-Graduação em História da PUC-SP, n. 17, p. 223-58, nov. 1998.

Engels, Friedrich. *A situação da classe trabalhadora na Inglaterra*. São Paulo: Global, 1985.

Fausto, Boris. *Trabalho urbano e conflito social (1890-1920)*. 4. ed. São Paulo: Difel, 1986 (Corpo e Alma do Brasil).

Fenelon, Déa Ribeiro. E. P. Thompson, história e política. *Projeto História*. Revista da Pós-Graduação da PUC-SP, n. 12, p. 77-93, out. 1995.

_____. Cultura e história social: historiografia e pesquisa. *Projeto História*. Revista da Pós-Graduação da PUC-SP, n. 10, p. 73-90, dez. 1993.

_____. (Org.). *Cidade*. Programa de estudos pós-graduados em história PUC/SP. São Paulo: Olho d'Água, 1999 (Pesquisa em História, 1).

Fernandes, Frederico A. G. "Os Cururuzeiros na festa pantaneira de São João: apontamentos de literatura oral". *Revista Letras*. São Paulo, n. 37/38, 1997/1998.

Fernandes, Tânia: "Vacina antivariólica: seu primeiro século no Brasil (da vacina jenneriana à animal)". *História, Ciências, Saúde* - Manguinhos, VI(1): 29-51, mar-jun 1999 (versão impressa). Disponível em: <http://www.scielo.br/scielo.php?lng=pt>. Acessado em 10 ago. 2001.

Fiorin, José Luiz. *Elementos de análise do discurso*. São Paulo: Contexto, 1996.

_____. *O regime de 1964*: discurso e ideologia. São Paulo: Atual, 1988.

Foucault, Michel. *Vigiar e Punir*: História da violência nas prisões. Petrópolis: Vozes, 1977.

_____. *Microfísica do Poder*. 7. ed. Rio de Janeiro: Graal, 1988.

Galetti, L. S. Guedes. *Nos confins da civilização*: sertão, fronteira e identidade nas representações sobre Mato Grosso. 2000. Tese (Doutorado em História Social), FFLCH-USP, São Paulo.

Galvão, W. Nogueira. *No calor da hora*: a guerra de Canudos nos jornais: 4ª expedição. 2. ed. São Paulo: Ática, 1977.

Gertz, Clifford. *A interpretação das culturas*. Rio de Janeiro: Guanabara, 1981.

Ginzburg, Carlo. *O queijo e os vermes*. São Paulo: Companhia das Letras, 1987.

_____. *Mitos, emblemas e sinais*: morfologia e história. 2. reimpressão. São Paulo: Companhia das Letras, 1991.

Guimarães Neto, Regina Beatriz. *Grupiaras e monchões*: garimpos e cidades na história do povoamento do leste de Mato Grosso - primeira metade do século vinte. 1996. Tese (Doutorado em História), IFCH/UNICAMP, Campinas.

Habermas, Jürgen. *Mudança estrutural da esfera pública*: investigações quanto a uma categoria da sociedade burguesa. Rio de Janeiro: Tempo Brasileiro, 1984.

Hardman, Francisco Foot. *Trem Fantasma*: a modernidade na selva. São Paulo: Companhia das Letras, 1988.

Harvey, David. *Condição pós-moderna*: uma pesquisa sobre as origens da mudança cultural. São Paulo: Edições Loyola, 1994.

Hunt, Lynn. *A Nova História Cultural*. São Paulo: Martins Fontes, 1992.

Ito, Claudemira Azevedo. *Corumbá*: o espaço da cidade através do tempo. Campo Grande, MS: Ed. UFMS, 2000.

Janotti, Maria de Lourdes Mônaco. *Os subversivos da república*. São Paulo: Brasiliense, 1986.

Jucá, P. Rocha. *A imprensa oficial em Mato Grosso*. Cuiabá: Imprensa Oficial de Mato Grosso, 1986.

Lanna, Ana Lúcia Duarte. *Uma cidade na transição Santos*: 1870-1913. São Paulo: Hucitec; Santos: Prefeitura Municipal de Santos, 1996.

Lapa, José Roberto do Amaral. *A cidade os cantos e os antros:* Campinas (1850-1900). São Paulo: Edusp, 1996.

Lazzari, Alexandre. *Coisas para o povo não fazer*: carnaval em Porto Alegre (1870-1915). Campinas: Ed. Unicamp, 2001 (Várias Histórias).

Lefebvre, Henry. *O direito à cidade*. São Paulo: Editora Moraes, 1991.

Leite, Eudes Fernando. *Marchas na história*: comitivas, condutores e peões-boiadeiros nas águas de Xarayes. 2000. Tese (Doutorado em História), UNESP - Assis, São Paulo.

Lenharo, Alcir. *Sacralização da política*. 2. ed. Campinas. Ed. Unicamp: Papirus, 1986.

Lopes, Myriam Bahia. *Práticas médico-sanitárias e remodelação urbana na cidade do Rio de Janeiro* – 1890/1920. 1988. Dissertação (Mestrado em História), IFCH/ UNICAMP, Campinas.

Lustosa, Isabel. *Insultos impressos*: a guerra dos jornalistas na independência (1821-1823). São Paulo: Companhia das Letras, 2000.

Maciel, Laura Antunes. *A capital de Mato Grosso*. 1992. Dissertação (Mestrado em História), PUC, São Paulo.

_____. *A nação por um fio*: caminhos, práticas e imagens da 'Comissão Rondon'. São Paulo: EDUC, 1998.

_____ *A constituição dos serviços de saúde pública em Mato Grosso* (1880-1940). 1985. Monografia (Especialização em saúde coletiva), FUFMT/CCBS, Cuiabá.

Mamigonian, Armen. "Inserção de Mato Grosso ao mercado nacional e a gênese de Corumbá". *Geosul*, n. 1, 1986.

Mariani, Riccardo. *A cidade moderna entre a história e a cultura*. São Paulo: Nobel, Instituto Italiano di Cultura di São Paulo, 1986.

Marin, Jérri Roberto.*O acontecer e o "desacontecer" da romanização na fronteira do Brasil com o Paraguai e a Bolívia*. 2000. Tese (Doutorado em História), FCL/ UNESP, Assis.

Mattos, Kátia Queiroz. *A cidade de Salvador e seu mercado no século XX*. São Paulo: Hucitec, 1978.

_____. *Bahia, século XIX*: uma província no Império. Rio de Janeiro: Nova Fronteira, 1992.

Mello, Raul Silveira. *Corumbá, Albuquerque e Ladário*. Rio de Janeiro: Biblioteca do Exército-Ed., 1966.

Melo, José Marques de. *Sociologia da imprensa brasileira*: a implantação. Petrópolis: Vozes, 1973.

Mendonça, Rubens de. *História de Mato Grosso*. 2. ed. [S.l.: s.n.], 1970.

Moraes, José Geraldo Vinci de. *Cidade e cultura urbana na primeira república*. 2. ed. São Paulo: Editora Atual, 1995.

Moraes Filho, Mello. *Festas e tradições populares do Brasil*. Belo Horizonte: Itatiaia; São Paulo: EDUSP, 1979.

Morse, Richard M. *O espelho de Próspero*: cultura e idéias nas Américas. São Paulo: Companhia das Letras, 1988.

Mota, Carlos Guilherme. *Ideologia da cultura brasileira (1933-1974)*: pontos de partida para uma revisão histórica. 6. ed. São Paulo: Ática, 1990.

Mumford, Lewis. *A cidade na história:* suas origens, transformações e perspectivas. 3. ed. São Paulo: Martins Fontes, 1991.

Needell, Jeffrey D. *Belle époque tropical*: sociedade e cultura de elite no Rio de Janeiro na virada do século. São Paulo: Companhia das Letras, 1993.

Oliveira, L. Lippi. *A questão nacional na primeira república*. São Paulo: Brasiliense, 1990.

Oliveira, Vitor Wagner Neto de. *Movimento operário no sul de Mato Grosso:* avanços e recuos dos trabalhadores no Rio Paraguai – 1917-1926. 2000. Dissertação (Mestrado em História do Brasil), PUC-RS, Porto Alegre.

Patarra, Neide L. "Dinâmica populacional e urbanização no Brasil: o período pós-30". In: FAUSTO, Boris (dir). *O Brasil Republicano:* economia e cultura (1930-1964). 2. ed. São Paulo: Difel, 1986, p. 263 (História Geral da Civilização Brasileira, v. 11).

Pérez, Ângela Maria (org.). *Cadernos Literários*. São João – Mato Grosso do Sul Porto Alegre: Edições Caravela-ICP e Corumbá: Núcleo Cultural Português do Mato Grosso do Sul, 1988 (Testemunhos literários).

Perrt, Michelle. *Os excluídos da história:* operários, mulheres e prisioneiros. 2. ed. Rio de Janeiro: Paz e Terra, 1992.

Pinto, Maria Inez Machado Borges. *Cotidiano e sobrevivência:* a vida do trabalhador pobre na cidade de São Paulo (1890-1914). São Paulo: EDUSP, 1994.

Póvoas, L. *Influências do rio da Prata em Mato Grosso*. Cuiabá: Resenha Tributária, 1982.

Priore, Mary Del. *Festas e utopias no Brasil colonial*. São Paulo: Brasiliense, 1994.

Queiroz, Paulo Roberto Cimó. *As curvas do trem e os meandros do poder.* O nascimento da estrada de ferro Noroeste do Brasil (1904-1908). Campo Grande, MS: Editora UFMS, 1997.

_____. *Uma ferrovia entre dois mundos*: E.F. Noroeste do Brasil na construção histórica de Mato Grosso (1918-1956). 1999. Tese (Doutorado em História Econômica), FFLCH/USP, São Paulo.

Queiroz, Suely Robles Reis de. *Os radicais da república*: jacobinismo: ideologia e ação (1893-1897). São Paulo: Brasiliense, 1986.

Rama, Angel. *A Cidade das letras*. São Paulo: Brasiliense, 1985.

Reis Filho, Nestor Goulart. "Urbanização e modernidade: entre o passado e o futuro (1808-1945)". In: MOTA, Carlos Guilherme (org.). *Viagem Incompleta*: a experiência brasileira (1500-200): a grande transação. São Paulo: SENAC/ SESC, 2000.

Reynaldo, N. Iared. *Comércio e Navegação no rio Paraguai (1870-1940)*. 2000. Dissertação (Mestrado em História e Sociedade), FCL/UNESP, Assis.

Rocha, Eunice Ajala. *A festa de São João em Corumbá*. São Paulo: EditorAção, 1997.

Romero, José Luis. *Latinoamérica:* las ciudades y las ideas. Mexico, 1976.

Roncayolo, Marcel. "Cidade", *Enciclopédia Einaudi* 8 (Região). Lisboa: Imprensa Nacional/Casa da Moeda, 1985.

Said, Edward W. *Cultura e imperialismo*. São Paulo: Companhia das Letras, 1995.

Samuel, Raphael. "História local e história oral". *Revista Brasileira de História*, São Paulo, ANPUH/ Marco Zero, v. 9, n. 19, set. 1989/ fev. 1990.

Sant'Anna, Denise Bernuzzi. "O receio dos 'trabalhos perdidos': corpo e cidade". *Projeto História*. Revista da Pós-Graduação em História da PUC/SP, n. 13, jun. 1996.

Schwarcz, Liliam Moritz. *O espetáculo das raças*. São Paulo: Companhia das Letras, 1993.

Sevcenko, Nicolau. *Orfeu extático na metrópole:* São Paulo sociedade e cultura nos frementes anos 20. 1. reimpressão. São Paulo: Companhia das Letras, 1998.

_____. *A revolta da vacina*: mentes insanas em corpos rebeldes. São Paulo: Brasiliense, 1984 (Tudo é história, 89).

Silva, Marcos A. da. *Caricata República*: Zé Povo e o Brasil. São Paulo: Marco Zero/ CNPq, 1990.

_____. A. da. "O trabalho da linguagem". *Revista Brasileira de História*, São Paulo, ANPUH/Marco Zero, v. 6, n. 11, p. 45 - 61, set. 85/ fev. 86.

_____. "A História e seus limites". *História & Perspectivas, n. 6*. Uberlândia: Universidade Federal de Uberlândia, jan/jun/92.

_____. *Contra a chibata*: marinheiros brasileiros em 1910. São Paulo: Brasiliense, 1982 (Tudo é história, 43).

Silva, Maria do Carmo Brazil Gomes da. *Rio Paraguai*: o "mar interno" brasileiro. Uma contribuição para o estudo dos caminhos fluviais. 1999. Tese (Doutorado em História Social), FFLCH/USP, São Paulo.

Sodré, Nelson Werneck. *História da imprensa no Brasil*. 2. ed. Rio de Janeiro: Graal, 1977.

Souza, João Carlos de. *Na luta por habitação*: a construção de novos valores. São Paulo: EDUC, 1995.

Souza, Lécio Gomes de. *História de Corumbá*. [S.l.: s.n], [ca.1984].

_____ *Bacia do Paraguai*: geografia e história. Brasília: MEC, 1978.

_____. *História de uma região*: Pantanal e Corumbá. São Paulo: Resenha Tributária, 1973.

Zaran, Luis. *Diccionario de la Música en el Paraguay*. Asunción, 1997.

Thompson, E. P. *A formação da classe operária inglesa*. Rio de Janeiro: Paz e Terra, vol. I, 1987.

_____. *A miséria da teoria*. Rio de Janeiro: Zahar, 1981.

_____. *Costumes em comum*. São Paulo: Companhia das Letras, 1998.

Touraine, Alain. *Crítica da Modernidade*. 7. ed. Petrópolis: Vozes, 2002.

Ventura, R. *Estilo Tropical*.1. reimpressão. São Paulo: Companhia das Letras, 1991.

Vieira, Maria do Pilar de A. et al. *A pesquisa em história*. 2. ed. São Paulo: Ática, 1991.

Vigarello, Georges. O trabalho dos corpos e do espaço. *Projeto História*. Revista do Programa de Pós-Graduação da PUCSP, n. 13, jun. 1996.

Volpato, Luiza Rios Ricci. *Cativos do sertão*: vida cotidiana e escravidão em Cuiabá em 1850-1888. São Paulo: Editora Marco Zero; Cuiabá, MT: Editora da Universidade Federal de Mato Grosso, 1993.

Weingartner, Alisolete A. dos Santos. *Movimento divisionista no Mato Grosso do Sul*: 1889-1930. Porto Alegre: Edições EST, 1995.

Williams, Raymond. *O campo e a cidade:* na história e na literatura. 1. reimpressão. São Paulo: Companhia das Letras, 1989.

_____. *Cultura*. São Paulo: Paz e Terra, 1992.

Zorzato, Osvaldo. *Conciliação e Identidade*: considerações sobre a historiografia de Mato Grosso (1904-1983). 1998. Tese (Doutorado em História Social), FFLCH/USP, São Paulo.

Agradecimentos

O presente livro originalmente foi apresentado como tese de doutorado, defendida na Universidade de São Paulo, em dezembro de 2001. A trajetória que culminou com sua produção, durante a qual tive oportunidade de crescer intelectual e pessoalmente, contou com a participação de muitas pessoas. Sempre compartilhei da opinião de que o conhecimento é socialmente construído. Essa idéia ganhou um sabor e uma dimensão ainda mais concreta no processo de elaboração deste trabalho. Ao olhar para trás e ao fazer o balanço das atividades, constato quantos marcaram presença, direta ou indiretamente, em uma empreitada dessa natureza. A todos, os meus agradecimentos.

No início dessa trajetória, contei com o acompanhamento de Déa Ribeiro Fenelon, a quem agradeço carinhosamente, pois devo muito pela aprendizagem e paixão pela pesquisa, desde o mestrado, e contei, nessa nova etapa, na defesa, com suas observações críticas e sugestões.

Ao Marcos Antonio da Silva, que durante todo esse percurso manteve diálogo, fez sugestões, ativou o "plantão-orientador" via correio eletrônico e, mais do que isso, incentivou-me nas encruzilhadas da pesquisa. A amizade, que já nos unia de outros trabalhos, fortaleceu-se ainda mais.

Às professoras Esmeralda Blanco Bolsonaro de Moura e Maria Amélia Mascarenhas Dantas e ao amigo Cláudio Alves de Vasconcelos, que também compuseram a Banca Examinadora, agradeço as várias sugestões e críticas, em boa medida incorporadas neste trabalho, outras ficaram por conta dos limites próprios do autor e de suas opções, inclusive os eventuais problemas que apresenta.

Aos membros da Banca de Qualificação, Ariovaldo Umbelino de Oliveira e Laura Antunes Maciel, cujas observações críticas e sugestões muito enriqueceram o trabalho.

Nesses tempos difíceis, em que escasseiam os recursos, em função de políticas públicas acanhadas em relação à pesquisa, obtive o privilégio de contar com apoio financeiro da CAPES, através de bolsa do Programa de Incentivo a Capacitação e Desenvolvimento Tecnológico – PICDT, para realização deste trabalho. Também contei com afastamento integral proporcionado pela Universidade Federal de Mato Grosso do Sul. Assim, agradeço aos professores do Departamento de História do Campus de Aquidauana e do Departamento de Ciências Humanas do Campus de Dourados, que durante meu afastamento, assumiram diligentemente minhas atividades de docência.

A todos os funcionários de bibliotecas que carinhosamente me acolheram, especialmente aos da Biblioteca Pública Municipal "Lobivar de Matto" de Corumbá e aos da Biblioteca Estadual "Isaias Paim", em Campo Grande, MS, onde estive por mais tempo, em função da leitura dos microfilmes dos periódicos. Nessa atividade e na transcrição dos artigos, foi imprescindível a colaboração do amigo Beto.

Aos funcionários do Arquivo Nacional e do Arquivo do Estado de Mato Grosso, pela atenção, pela localização dos documentos. No Arquivo da Câmara Municipal de Corumbá, o atendimento de Laucidio foi indispensável, uma vez que a documentação mais antiga não possui organização adequada. As indicações obtidas no NDIHR-UFMT, especialmente com Sibele de Moraes, sobre os microfilmes dos periódicos, encurtaram o caminho da pesquisa.

Aos amigos professores Osvaldo Zorzato e Paulo R. Cimó Queiróz, pela leitura de parte do texto, sugestões, indicações de fontes e bibliografia, no que agradeço também a Jorge Eremites. Pelas várias oportunidades de interlocução com o amigo Carlos Martins, com quem compartilhei preocupações de pesquisa. As observações das professoras Silvana de Abreu e Aparecida Parra foram esclarecedoras para o trabalho.

Em minha estadia em Corumbá, contei com a hospitalidade do amigo Eudes Fernando Leite, que me auxiliou no conhecimento da cidade, além de contribuir com leitura e sugestões sobre o trabalho. Nas estadias em Cuiabá, contei com a atenção dos professores João Antonio Barbosa Lucidio e Fernando Tadeu de Miranda Borges, solícitos e acolhedores.

À minha querida Tê, cara metade, que, além do apoio incondicional e afetivo, realizou a revisão do texto, fazendo sugestões valiosas. A toda minha família.

Ao Programa de Pós-Graduação de História da USP pela oportunidade desta publicação.

Este livroi foi impresso em São Paulo pela gráfica Vida e Consciência no outono de 2008. No texto da obra foi utilizada a fonte minion, em corpo 10,5, com entrelinha de 13,7 pontos.